毛泽东思想和中国特色社会主义理论体系概论课实践实训教程

主　审　彭立学
主　编　齐晓明
副主编　张　军　徐冬先

北京大学出版社
PEKING UNIVERSITY PRESS

内 容 简 介

本书与《毛泽东思想和中国特色社会主义理论体系概论》形成配套关系，以该教材的内容和结构为蓝本，主要由“知识提要”“重点搜索”“深度阅读”“案例精选”“实践项目”五部分组成。本书总结了佳木斯大学在思想政治理论课实践教学改革工作中的经验，进一步丰富了思想政治理论课实践教学的理论，为开展学生实践教学活动提供了有力的理论指导。

本书既可作为高等院校的教材，也可供其他人员学习、参考之用。

图书在版编目（CIP）数据

毛泽东思想和中国特色社会主义理论体系概论课实践实训教程/齐晓明主编．—北京：北京大学出版社，2013.9

ISBN 978-7-301-23137-1

Ⅰ.①毛…　Ⅱ.①齐…　Ⅲ.①毛泽东思想—高等学校—教材 ②中国特色社会主义—高等学校—教材　Ⅳ.①A84 ②D616

中国版本图书馆 CIP 数据核字（2013）第 205597 号

书　　　名：毛泽东思想和中国特色社会主义理论体系概论课实践实训教程
著作责任者：齐晓明　主编
责 任 编 辑：陈斌惠
标 准 书 号：ISBN 978-7-301-23137-1/A・0046
出 版 发 行：北京大学出版社
地　　　址：北京市海淀区成府路 205 号　100871
网　　　址：http://www.pup.cn　　新浪官方微博:@北京大学出版社
电 子 信 箱：zyjy@pup.cn
电　　　话：邮购部 62752015　发行部 62750672　编辑部 62752013　出版部 62754962
印　刷　者：北京鑫海金澳胶印有限公司
经　销　者：新华书店
889 毫米×1194 毫米　16 开本　14 印张　320 千字
2013 年 9 月第 1 版　2016 年 7 月第 6 次印刷
定　　　价：28.00 元

前　　言

本书的编写目的着眼于使大学生真正学懂“毛泽东思想和中国特色社会主义理论体系概论”这门课程，让科学理论进课堂、进头脑，使实践教学内容更加丰富，实践环节更加具有可操作性，从而达到理论与实践相统一的效果。本书与学生学习所用教材形成配套关系，以教材的内容和结构为蓝本，力求做到吃透教材，强化重点，贴近学生思想实际，更好体现因材施教，让学生的学习过程更有趣、更生动、更鲜活。

全书主要由“知识提要”“要点搜索”“深度阅读”“案例精选”“实践项目”五个部分组成。

“知识提要”对教学内容和知识结构体系通过集中梳理进行高度地概括和总结，指出教学的针对性和目标要求。

“要点搜索”指出教材中的重点、难点内容，进一步提炼主要知识点。

“深度阅读”选取马克思主义经典著作及中共四代领导集体的经典论述，对原文加以解读，目的是帮助学生更好地理解教学内容。

“案例精选”精编了几十个与教学内容相关的案例，目的是活化教学过程，激发学生的学习兴趣。一方面充分做到理论和实际相结合，让学生对教学内容有更深刻的理解；另一方面，使之成为教学过程有力的辅佐。

“实践项目”设计了灵活多样、丰富生动的实践活动，操作过程明确、易掌握、方便施行。通过实践活动，鼓励学生以主体身份参与教学过程，调动学生学习的积极性和主动性，从而提高其运用理论分析纷繁复杂的社会现象的能力，提高理论修养，使精神气质得到历练和升华。

本书编者在遵照现有国家统编教材的基础上，在教学内容的深度和广度方面做了进一步的拓展和尝试，特别是融入了党的十八大报告中关于中国特色社会主义理论的新提法和新论断。总之，本书在编写上力求融理论性、政治性、知识性与趣味性为一体，通过相关板块的设计、应用、实践、实训，让教学更加具备实效性和针对性、吸引力和感染力，帮助大学生正确理解和掌握毛泽东思想和中国特色社会主义理论体系的基本理论和精神实质，坚定在党的领导下走中国特色社会主义道路的理想和信念。衷心希望本书能对思想政治理论课教学过程起到有效的辅助作用，体现其应有的价值，达到与编者初衷一致的令人满意的效果。

本书的编写工作由佳木斯大学社会科学部毛泽东思想和中国特色社会主义理论体系概论教研室的部分教师共同完成，具体分工如下：彭立学编写第四章；齐晓明编写第一章、第二章、第五章、第七章、第九章；张军编写第六章；徐冬先编写第三章、第十二章、第十三章、第十四章和第十五章；阴燕云编写第八章；蒋红军编写第十章；刘景凤编写第十一章。编者在编写本书的过程中，还得到了佳木斯大学副校长宋远航教授的鼎力支持，得到了佳木斯大学教材中心的大力协助，在此表示衷心的感谢！

本书是对思想政治理论课实践教学经验的概括和总结，而社会实践教学的理论与设计是一个逐步完善的过程，因而在编写方面难免有不足之处，恳请专家批评指正！

编者

2013 年 6 月

目　　录

第一章　马克思主义中国化的历史进程和理论成果

知识提要

中国共产党把马克思主义基本原理同中国的具体实际相结合的过程，就是马克思主义中国化的过程。历史经验证明，马克思主义要在中国发挥指导作用，必须实现马克思主义中国化。马克思主义中国化就要把马克思列宁主义一步一步地同中国革命、建设和改革的实践，同中国历史、中国文化结合起来，使马克思列宁主义在中国具体化。

中国共产党在不断推动马克思主义中国化的过程中，先后实现了两次历史性飞跃。第一次飞跃发生在新民主主义革命时期，形成了毛泽东思想，第二次飞跃发生在党的十一届三中全会以后，形成了中国特色社会主义理论体系。

党的十八大报告指出：在改革开放三十多年一以贯之的接力探索中，我们坚定不移高举中国特色社会主义伟大旗帜，既不走封闭僵化的老路、也不走改旗易帜的邪路。中国特色社会主义道路，中国特色社会主义理论体系，中国特色社会主义制度，是党和人民九十多年奋斗、创造、积累的根本成就，必须倍加珍惜、始终坚持、不断发展。

通过本章的学习，全面了解和掌握毛泽东思想和中国特色社会主义理论体系的形成和发展的过程；掌握其科学内涵和主要内容；明确其历史地位和指导意义。

要点搜索

要点 1：什么是马克思主义

马克思主义是指由马克思和恩格斯所创立的，以 1848 年《共产党宣言》的问世为标志的关于无产阶级解放斗争的科学体系，是无产阶级和所有劳动人民根本利益的思想体现。它是以马克思主义的哲学、政治经济学、科学社会主义为主要组成部分，内容极为深刻和丰富的、严整的科学体系。

马克思主义从狭义上讲是指马克思、恩格斯的观点、理论和学说的体系。从广义上讲，马克思主义不仅指马克思、恩格斯创立的基本理论、基本观点和学说的体系，也包括继承者对它的发展，即在实践中不断发展的马克思主义。马克思主义是博大精深的理论体系，是工人阶级的世界观，是工人阶级认识世界和改造世界的思想武器，是工人阶级争取阶级解放和人类解放的科学理论，它是人类优秀文化成果特别是 19 世纪欧洲重大社会科学成果和工人运动相结合的产物。

马克思主义是关于无产阶级和人类解放的学说，即人的解放学；是无产阶级及其政党十分严整而彻底的世界观，是无产阶级解放运动的理论，是无产阶级根本利益的科学表现；是在资本主义生产方式已经形成、无产阶级和资产阶级的斗争日益尖锐化的时期，国际无产阶级领袖和革命导师卡尔·马克思和弗里德里希·恩格斯创立的思想体系，是无产阶级政党的指导思想的理论基础。

按照列宁 1913 年的提法，马克思主义包括哲学、政治经济学和科学社会主义（根据恩格斯的著作《反杜林论》也可作此分类）。他们阐明了自然、社会和思维的发展规律，揭示了资本主义生产方式的固有矛盾和资本主义社会的特殊运动规律，证明了资本主义必然崩溃、共产主义必然胜利，指出无产阶级是资本主义制度的掘墓人和共产主义社会的创造者。无产阶级专政的学说是马克思主义的精髓。他们同时指出，无产阶级必须通过暴力革命，粉碎资产阶级专政，建立无产阶级专政，并在向共产主义社会过渡的整个历史时期中巩固和加强无产阶级专政。为了建立和巩固无产阶级专政，必须有共产主义政党的领导。

“马克思主义”一词作为马克思、恩格斯创立的学说的总称，在马克思在世时已经出现，在 19 世纪 70 年代末法国社会主义者的著作中曾被广泛使用，但内容受到歪曲，马克思对此提出尖锐批评。恩格斯在 80 年代初开始使用“马克思主义”一词，并在 1886 年专门作了说明。

要点 2：马克思主义中国化的科学内涵和重大意义

内涵：概括地说，马克思主义中国化就是指把马克思主义基本原理同中国具体实际相结合，就是用马克思主义来解决中国的问题，同时又使中国丰富的实践经验上升为理论，并且同中国的历史传统、中国的优秀文化相结合，以形成具有中国特性、中国作风、中国气派的中国化的马克思主义。

具体地说，就是把马克思主义的基本原理更进一步地同中国实践、中国历史、中国文化结合起来，使马克思主义在中国实现民族化、具体化。它包含以下内容：第一，运用马克思主义解决中国革命、建设和改革实际问题；第二，把中国革命、建设和改革的经验上升为理论；第三，把马克思主义植根于中国优秀传统文化之中。马克思主义中国化具有伟大的历史意义。

意义：第一，马克思主义中国化的理论成果指引着党和人民的伟大事业不断取得胜利；第二，马克思主义中国化的理论成果提供了凝聚全党和全国人民的强大精神支柱；第三，马克思主义中国化倡导和体现了对待马克思主义的科学态度和优良学风，不断开拓马克思主义在中国发展的新境界。

要点 3：中国特色社会主义理论体系是马克思主义中国化的第二次理论飞跃

中国共产党第十七次全国代表大会提出了中国特色社会主义理论体系的科学命题，明确指出：“中国特色社会主义理论体系，就是包括邓小平理论、‘三个代表’重要思想以及科学发展观等重大战略思想在内的科学理论体系。”这一理论体系，凝结了几代中国共产党人带领人民不懈探索实践的智慧和心血。全面、系统、深刻地理解和坚定不移地坚持这一理论体系，对于夺取全面建设小康社会新胜利，谱写人民美好生活新篇章，实现中华民族的伟大复兴，具有重大而深远的历史意义。

中国特色社会主义理论体系，在新的时代条件下系统回答了什么是社会主义、怎样建设社会主义，建设什么样的党、怎样建设党，实现什么样的发展、怎样发展等重大理论实际问题。科学地阐明了中国特色社会主义的思想路线、发展道路、发展阶段、根本任务、发展动力、发展战略、依靠力量、国际战略、领导力量等重大问题，是贯通马克思主义哲学、政治经济学、科学社会主义等领域，覆盖经济、政治、文化、社会、国防、外交、统一战线、祖国统一、党的建设等方面的系统的科学理论体系。这个理论体系，创造性地提出了一系列新的重大理论观点和战略思想，从而实现了马克思主义中国化的第二次历史性飞跃。

要点4：毛泽东思想和中国特色社会主义理论体系与马克思主义的一脉相承性

毛泽东思想、中国特色社会主义理论体系与马克思主义虽然形成于不同的历史时期，面对着不同的时代课题，但都贯穿着辩证唯物主义和历史唯物主义的世界观和方法论，都代表着最广大人民的根本利益，是一脉相承的科学思想体系。

第一，世界观和方法论的一脉相承性，都以辩证唯物主义和历史唯物主义作为哲学基础。

第二，理论品质的一脉相承性，都具有与时俱进的理论品质。

第三，社会发展方向的一脉相承性，都把实现共产主义作为崇高的社会理想。

第四，价值取向的一脉相承性，都视人民的利益高于一切。

要点5：以人为本是科学发展观的核心

以人为本就是以最广大人民的根本利益为本。以人为本的实质是以人民群众为本。以人为本中的“人”，首先指的是广大人民群众，“本”指的是发展之本，即实现最广大人民的根本利益是一切发展之根本。以人为本是科学发展观的价值基础，与马克思主义关于人的发展问题的基本思想和我们党的根本宗旨是一致的。以人为本，着眼于新的形势和任务，科学回答了发展的目的问题，说到底发展是为了实现社会的全面进步和人的全面发展。以人为本是发展的出发点和落脚点，是我们党一切工作的着眼点和立足点。以人为本作为科学发展观的重要内容，为实现社会全面进步和促进人的全面发展奠定了坚实的价值基础。

以人为本体现了立党为公、执政为民的本质要求。坚持以人为本，就要坚持立党为公、执政为民，始终做到权为民所用、情为民所系、利为民所谋，始终把最广大人民的根本利益作为我们一切工作的最高标准。

坚持发展为了人民、发展依靠人民、发展成果由人民共享。科学发展观从两方面揭示了发展的本质：其一，“人”是发展的根本动力，发展必须立足于人的能力发展，尽最大可能释放人们的创造力；其二，“人”是发展的根本目的，这里强调的是人的活动与社会发展“为了谁”的问题。

把促进经济社会发展与促进人的全面发展统一起来。把以人为本确立为科学发展观的基本价值取向，既是马克思主义唯物史观的内在要求，也是对历史经验的科学总结。科学发展观是构建社会主义和谐社会、促进人的全面发展始终要坚持的重要指导思想，这是由科学发展观的基本内容和本质规定所决定的。

深度阅读

1. 马克思主义必须通过民族形式才能实现。没有抽象的马克思主义，只有具体的马克思主义。所谓具体的马克思主义，就是通过民族形式的马克思主义，就是把马克思主义应用到中国的具体环境的具体斗争中去，而不是抽象地应用它。成为伟大中华民族一部分而与这个民族血肉相连的共产党员，离开中国特点来谈马克思主义，只是抽象的空洞的马克思主义。因此，马克思主义的中国化，使之在其每一表现中带着中国的特性，即是说，按照中国的特点去应用它，成为全党亟待了解并亟须解决的问题。

——毛泽东，《论新阶段》，《中共中央文件选集》第 11 册，中共中央党校出版社 1991 年版

解析：这是毛泽东于 1938 年党的六届六中全会上提出“马克思主义中国化”这个命题时论述的一番话，目的是倡导把马克思主义的普遍原理和中国的具体实际相结合。之所以提出此命题，是源于对中国革命进程中正反两方面的经验和教训的深刻总结。

2. 恩格斯：“马克思的整个世界观不是教义，而是方法。它提供的不是现成的教条，而是进一步研究的出发点和供这种研究使用的方法。”

——《马克思恩格斯选集》第 4 卷，人民出版社 1995 年版

解析：只有把马克思主义理解为一种科学的世界观和方法论，才是抓住了马克思主义的灵魂，才能在千变万化的世界中，体验和发扬马克思主义旺盛的生命力和创造力，发展出适应于新的历史条件下的马克思主义理论的新成果。

3. 我们要把马、恩、列、斯的方法用到中国来，在中国创造出一些新的东西。只有一般的理论，不用于中国的实际，打不得敌人。但如果把理论用到实际中去，用马克思主义的立场、方法来解决中国问题，创造些新的东西，这样就用得着了。

——《毛泽东文集》第 2 卷，人民出版社 1993 年版

解析：马克思主义中国化包括两个方面，一方面是在中国具体实践中学习和应用马克思主义理论，用科学的理论指导实践；另一方面是在实践的基础上，总结经验和教训，深化对理论的认识，使经验上升为理论，从而使理论得到进一步充实和发展。

4. 我们党坚持把马克思主义基本原理同中国具体实际结合起来，在推进马克思主义中国化的历史进程中产生了两大理论成果。一大理论成果是毛泽东思想。毛泽东思想是马克思列宁主义在中国的运用和发展，系统回答了在一个半殖民地半封建的东方大国，如何实现新民主主义革命和社会主义革命的问题，并对建设什么样的社会主义、怎样建设社会主义进行了艰辛探索，以创造性的内容为马克思主义宝库增添了新的财富。另一大理论成果是中国特色社会主义理论体系。中国特色社会主义理论体系是包括邓小平理论、“三个

代表”重要思想以及科学发展观等重大战略思想在内的科学理论体系，系统回答了在中国这样一个十几亿人口的发展中大国建设什么样的社会主义、怎样建设社会主义，建设什么样的党、怎样建设党，实现什么样的发展、怎样发展等一系列重大问题，是对毛泽东思想的继承和发展。

——胡锦涛《在庆祝中国共产党成立90周年大会上的讲话》，人民出版社2011年版

解析：胡锦涛同志把马克思主义中国化进程中的理论成果高度概括为两大理论成果，即把邓小平理论、“三个代表”重要思想、科学发展观用中国特色社会主义理论体系进行概括，体现了理论的一脉相承性。

5. 中国特色社会主义道路，就是在中国共产党领导下，立足基本国情，以经济建设为中心，坚持四项基本原则，坚持改革开放，解放和发展社会生产力，建设社会主义市场经济、社会主义民主政治、社会主义先进文化、社会主义和谐社会、社会主义生态文明，促进人的全面发展，逐步实现全体人民共同富裕，建设富强民主文明和谐的社会主义现代化国家。中国特色社会主义理论体系，就是包括邓小平理论、“三个代表”重要思想、科学发展观在内的科学理论体系，是对马克思列宁主义、毛泽东思想的坚持和发展。中国特色社会主义制度，就是人民代表大会制度的根本政治制度，中国共产党领导的多党合作和政治协商制度、民族区域自治制度以及基层群众自治制度等基本政治制度，中国特色社会主义法律体系，公有制为主体、多种所有制经济共同发展的基本经济制度，以及建立在这些制度基础上的经济体制、政治体制、文化体制、社会体制等各项具体制度。中国特色社会主义道路是实现途径，中国特色社会主义理论体系是行动指南，中国特色社会主义制度是根本保障，三者统一于中国特色社会主义伟大实践，这是党领导人民在建设社会主义长期实践中形成的最鲜明特色。

——《坚定不移沿着中国特色社会主义道路前进，为全面建成小康社会而奋斗》（党的十八大报告）

解析：党的十八大报告指出，全面建成小康社会，加快推进社会主义现代化，实现中华民族伟大复兴，必须坚定不移走中国特色社会主义道路。以毛泽东同志为核心的党的第一代中央领导集体带领全党全国各族人民完成了新民主主义革命，进行了社会主义改造，确立了社会主义基本制度，为当代中国一切发展进步奠定了根本政治前提和制度基础。党的十一届三中全会后，党的新一代领导集体开创和发展了中国特色社会主义。中国特色社会主义道路、中国特色社会主义理论体系、中国特色社会主义制度三者统一于中国特色社会主义伟大实践，是社会主义长期实践中形成的鲜明特色。

案例精选

案例1

千年第一思想家——马克思

人类在刚过去的一千年中取得了辉煌的成就，谁在过去的千年中对人类文明的贡献最

大？谁最能名留青史、受到万人敬仰？西方媒体决定在网上投票，结果选出：拳王阿里为千年最伟大运动员，印度“圣雄”甘地为千年最伟大世界领袖，意大利的达·芬奇成为千年最伟大艺术家，那么谁是千年第一思想家？

在新千年（2000年）来临之际，在资本主义故乡，接连爆出了四条震惊世界的“千年第一思想家”的新闻。

1999年，由英国剑桥大学文理学院教授们发起，评选“千年第一思想家”，结果是马克思位居第一，而被习惯公认第一的爱因斯坦却屈居第二。其评选具体结果排名为：马克思（德国思想家）、爱因斯坦（犹太裔科学家）、牛顿（英国物理学家）、达尔文（英国科学家）、阿奎那（意大利经院哲学家）、霍金（英国科学家）、康德（德国哲学家）、笛卡儿（法国数学家、哲学家）、麦克斯韦（英国物理学家）、尼采（德国哲学家）。

紧随其后，也就是1999年9月，英国广播公司又以同一命题评选“千年第一思想家”，在全球互联网上公开征询投票一个月。汇集全球投票的结果，仍然是马克思位居第一，爱因斯坦第二。

2002年，法国路透社又邀请政界、商界、艺术和学术领域的名人评选“千年伟人”，结果是马克思以一分之差略逊于爱因斯坦。但这并不影响马克思作为千年伟人的地位。

2005年7月，英国广播公司又以古今最伟大的哲学家为题，调查了三万名听众，结果是马克思得票率第一，休谟第二。西方其他著名思想家柏拉图、康德、苏格拉底、亚里士多德等更是望尘莫及，黑格尔甚至没有进入前20名。

在资本主义文明的发祥地，在现代资本主义的心脏，甚至是在西方社会的知识界，不是一次，而是四次，得出这样的结论，不能不令人信服。

马克思为何能成为千年第一思想家？

挪威的投票者科里森说：“马克思启蒙了数以千计争取自由正义的斗争，他是现代政治思想之父。”西方媒体认为，马克思主义“对过去一个多世纪全球的政治和经济思想产生了深刻的影响”。

马克思之所以成为“千年第一思想家”，原因在于马克思主义在全世界依然具有无比强大的生命力。在苏联解体，东欧剧变，世界社会主义处于低谷、出现严重挫折的情况下，这个评选结果无疑表明：马克思主义具有令人信服的科学性与价值、力量。但是，近年来，一部分人、特别是部分知识分子，崇拜西方，只注意西方为少数人服务的学说，只注意西方社会中过去陈腐的、抽象的理论，忽视了现在正在发展着的有生命力的马克思主义。

在人类思想史上，至今还没有哪一种理论，能够像马克思主义那样，对人类的思想、文化、社会发展产生如此深远的影响。这一点是人们不得不承认的。不管你是赞同马克思主义还是反对马克思主义，都会承认这一点。例如，奥地利经济学家熊彼特是一个对马克思一直持反对态度的资产阶级学者，面对资本主义存在的无法解决的问题，他不得不承认马克思的伟大，他认为马克思的学说是把伟大和生命力联系在一起的。他说：大多数的创作，经过一段时间，短的是饭后一小时，长的达到一个世代，就完全湮没无闻了。但是，马克思的学说不是这样，它遭受了批判，但它又复活了，是穿着自己的服装，带着人们看得见摸得着的自己的瘢痕复活了。马克思思想的完备性就在于，它在每个细节上都表现出正确性，并且使它的所有研究者都能领受到智慧的魔力。

正因为如此，马克思是一个伟人。马克思的伟大是体现在他的人格、他的信念、他的学说中的。马克思具有高尚的人格魅力。他在贫苦的困境中有着崇高的理想，有着强烈的革命事业心和责任感。马克思一家经常为揭不开锅发愁，为交不起房租而被房东赶出门。马克思有严重的肝病，肝病经常发作，买不起药，更谈不上医治了。其实，马克思有很多的机会能够获得较为优厚的收入来解决这些问题。例如，马克思曾经炒过股票，还挣了不少钱，如果继续炒股，他完全可以解决他的经济问题，并且世界上也许会多一个“股神”，但却会失去最伟大的思想家。

德国政府也曾经三次派人劝说马克思进政府任职，但是都被马克思拒绝了。他说：我必须不惜任何代价走向自己的目标，不允许资产阶级社会把我变成制造金钱的机器。从这一点上就可以看出马克思高尚人格的魅力，他无疑是一个为人类大多数人的幸福工作了一生的伟人。

马克思一生有着坚定不移的信念，这就是：为人类大多数人的幸福工作。马克思在17岁时就确立了这一信念。在他17岁写的那篇名叫《青年在选择职业时的考虑》的论文中，马克思说：如果我们选择了最能为人类而工作的职业，那么，重担就不能把我们压倒，因为这是为大家作出的牺牲；那时我们所享受到的就不是可怜的、有限的、自私的乐趣，我们的幸福将属于千百万人，我们的事业将悄然无声地存在下去，但是它会永远发挥作用，面对我们的骨灰，高尚的人们将洒下热泪。马克思以他毕生的作为做到了这些，成为我们的榜样。

马克思是怎样“为大多数人的幸福工作”的？马克思给人类留下了大量的宝贵财富，在他的所有著作中，最有影响的、也是最引起人们关注的著作就是《共产党宣言》和《资本论》。

1848年出版了马克思与恩格斯合作的《共产党宣言》，这本书以警句式的美文阐述了马克思主义的基本原理，揭示了人类社会特别是资本主义社会产生、发展、灭亡的历史规律，探讨了未来社会的基本特征。《共产党宣言》问世160多年来，已用200多种语言在全球出版过，被公认为是传播最广的社会政治学文献。毛泽东、周恩来、邓小平都把《共产党宣言》看作自己学习和坚持马克思主义的入门老师。英美中学联盟列出了20本必读书，其中一本就是《共产党宣言》。

《资本论》是马克思一生最主要的著作，马克思在《资本论》创作上倾注了毕生的精力和心血。马克思在世时只完成了《资本论》第一卷，如果把他对《资本论》第一卷的创作和写作第二卷、第三卷的时间都算上，马克思是花了40年的时间来完成这一巨著的。《资本论》第二、第三两卷，是后来恩格斯根据马克思的手稿整理编辑出版的。因此，我们又说，《资本论》是马克思、恩格斯共同的成果。从总体上看，《资本论》以科学的方法、恢宏的视野、严密的逻辑结构，阐释了剩余价值产生、实现和分配的过程，揭示了资本主义剥削的奥秘，剖析了资本与雇佣劳动的关系，使人们在对资本主义剥削制度的深刻认识中把握人类社会发展的历史规律。

路透社在评述“千年伟人”的评选活动时强调：马克思的《共产党宣言》和《资本论》，对过去一个多世纪全球的政治和经济思想产生了深刻影响。我们要了解马克思，理解、坚持和发展马克思主义，就必须认真地去读《共产党宣言》和《资本论》。

要学好《共产党宣言》和《资本论》，还须结合它们产生的社会历史背景。19世纪上半叶，社会发生了深刻变化，产业革命的发展加剧了资本主义生产方式中生产力和生产关系的矛盾，同时也使资本主义的阶级关系发生了很大变化，资产阶级和无产阶级的矛盾上升为社会的主要矛盾。为了回答什么是人类历史发展的动力，资本主义究竟向何处去的问题，马克思于19世纪40～60年代实现了人类思想史上的伟大革命，创立了后来被人们用他的名字命名的马克思主义。马克思是马克思主义的创造人，没有马克思就没有马克思主义。

然而，马克思并不是天生的马克思主义者，他曾经也信仰过他那个时代占统治地位的唯心主义，也接受过那时风行的资产阶级民主主义思潮。但是，面对无产阶级受剥削、受压迫的处境，马克思不是用怜悯，不是用眼泪，也不是用同情的抚慰，而是带着对剥削制度的憎恨和对劳动群众的深厚感情，用科学的理论来揭示他们的处境，指出他们获得自身解放的途径。这个科学的理论就是他创立的马克思主义。

马克思主义是一个科学的思想理论体系，它必须结合具体情况、根据现存条件才能得到阐明和发挥。马克思主义是发展的，它的内涵是在实践的基础上不断丰富和发展的，马克思主义不等于马克思个人的思想。恩格斯强调了他们创立马克思主义的时代条件，他认为，“我们只能在我们时代的条件下进行认识，而且这些条件达到什么程度，我们便认识到什么程度。”恩格斯认为，他们还差不多处在人类历史的开端，而将来条件发生变化以后，他们的理论还会为后人所纠正。马克思主义与具体实际的结合是一个生生不息的发展过程。因此，马克思主义不可能仅限于马克思、恩格斯的论述，还包括了后人运用他们的立场、观点、方法对其思想的发展。例如，邓小平根据社会主义发展的实际情况，根据中国改革开放的实践，运用马克思主义立场、观点、方法所阐述的社会主义本质理论，实际上就是对马克思主义的丰富和发展。

马克思主义是思想理论领域、现实政治生活中最具有真理性和最具有影响力的学说。马克思主义的产生作为人类思想史上的一次革命性的变革，它在哲学、经济学和社会主义思想方面的贡献是无与伦比的。总的来说，马克思主义给人们以理论思维的逻辑力量，给人们以观察和分析问题的方法，也为人们提供了认识人类社会发展的世界观。这是马克思主义对人类的最大贡献，是马克思主义给我们的最宝贵的财富。这不是其他任何科学、任何思想体系所能做到的。

马克思主义对人类的贡献也受到了西方学者的肯定。美国学者海尔布隆纳在他的一本小册子《马克思主义：赞成与反对》中明确认为，要探索人类社会发展的前景，必须向马克思求教。他说：在社会历史领域，在人类社会发展领域，对马克思是不能回避的，人类社会至今仍然是生活在马克思所阐明的发展规律之中的。马克思主义关于人类社会发展规律的阐释得到了历史实践的证实，这充分说明了马克思主义是具有强大生命力的。

当然，我们也要看到，苏联解体、东欧剧变对人们认识社会主义、理解马克思主义、信仰共产主义产生了巨大冲击。但是，马克思主义并没有“终结”，相反，它历经磨难，在新的世纪开始显露出它的新的光彩。近几年来，西方召开的关于马克思主义的各种学术研讨会日益增多，西方学者对马克思主义的研究走向热潮，不断有写给大学生和一般读者看的马克思主义方面的新书。

例如，2002 年出版了一本有代表性的新书，是英国伦敦经济学院教授梅纳德塞写的《马克思的报复》，还有一本有代表性的新书就是牛津大学出版社出版的《今天为什么要读马克思》。这两本书都对马克思作了高度评价，都强调：马克思遭到了误解，他在许多问题上的看法都是正确的，他应该得到更多的承认。马克思在很多问题上的看法都是正确的，而他的不少东西也遭到了误解，我们必须努力学习马克思主义，因为马克思主义是人类科学思想的结晶、是科学的理论体系，具有巨大的理论指导意义和旺盛的生命力。

翻开国际共运史，我们不难看到，在马克思主义产生之前，有不少资产阶级的思想家试图从不同的角度来解释自然界、人类社会和思维领域的内在规律，但没有一个人能解释清楚。马克思主义的诞生，不仅为无产阶级和劳动人民提供了认识世界的科学方法论，而且也提供了改造世界的思想武器。有了马克思主义，世界社会主义运动的面貌就焕然一新了。马克思主义在不同历史时期、不同国家的发展阶段，都成功地指导了许多革命的胜利。

学习马克思主义理论，就是要学习马克思主义关于分析、解决问题的立场、观点和方法。因为马克思主义是一门科学，而这门科学，它是人类思想文化智慧的结晶，它在知识占有的广度和深度上都有着较高的水平，它提供了分析和解决社会问题的立场、观点和方法。这门科学在对人类社会发展的一般规律的揭示中，在对科学真理的阐释中，体现了理论逻辑的力量和学术价值的魅力。但是，这门科学又具有为无产阶级和劳动人民服务的意识形态功能。所以，对社会问题如现实中存在的腐败问题、地区差距、城乡差距、贫富差距问题等一系列问题，怎样认识并抓住其中最根本的实质性的东西，是需要我们运用正确的立场、观点和方法来进行分析的。这个正确的立场、观点和方法就是马克思主义。

马克思主义是一种让我们透过纷繁复杂的社会现象抓住事物本质的科学理论。青年人正处在日益走向成熟而又未能完全成熟的阶段，世界观、人生观和价值观尚不定型，努力学习马克思主义，练就一双慧眼，对于今后自觉把个人的追求与集体和国家的需要紧密结合起来，正确对待人生挫折和一些社会消极现象，都是非常有必要的。

学习马克思主义理论，也是时代发展的需要。在改革开放和社会主义市场经济建设的新形势下，新的社会问题日益增多，人们的价值观念日益多样化，一些错误的思想观念有所蔓延。东欧剧变以后，西方敌对势力对我“西化、分化”的图谋一刻也没有停止过，而且常常以“民主”、“自由”、“人权”等美妙动听的字眼出现，混淆视听。这些必然会给不很成熟的青年人带来种种思想认识上的混乱和偏差。青年是祖国的希望和未来，是未来社会主义事业的建设者和接班人。要想明天的中国继续沿着中国特色社会主义道路前进，就必须认真学习、掌握马克思主义。

一个民族、一个国家，没有指导思想是不行的。指导思想是一个民族、一个国家的精神和灵魂。一个民族要想站在时代的高峰和前列，更不能没有指导思想。指导思想就像一个人做事情的目标和前进的方向，没有目标和方向将一事无成。因此，一个国家一定要有指导思想。马克思主义作为我们的指导思想，是无数振兴中华的仁人志士在实践中摸索总结出来的，是全国各族人民的共同精神支柱，是我们战胜艰难险阻、抵御错误思想干扰的强大思想武器。90 多年来，在探索中国革命和发展道路的历史进程中，我们坚持把马克思主义基本原理同中国实际相结合，实现了民族独立和人民解放，把一个四分五裂、贫穷落后的旧中国建设成为人民生活总体上达到小康水平、正在蓬勃发展的新中国。如果没有马克思主义的指导，这一切都是不可能的，也是不可想象的。中国的历史发展进程，以具体生动的实践和无可争辩的事实，充分证明了马克思主义作为指导思想的重要意义。

我国现阶段人们的价值观、兴趣爱好、文化选择是多种多样的，有的人喜欢高雅艺术，有的人喜欢通俗艺术，有的人喜欢中国作品，有的人喜欢外国作品，有的人喜欢思想性比较强的作品，有的人喜欢以休闲消遣为主的作品，这些都是由现阶段经济成分多样化、利益关系多样化决定的。在这种多元文化中，必须坚持指导思想的一元化，这个指导思想就是马克思主义。坚持马克思主义的指导地位，就能保证我国文化的社会主义性质，就能使各种不同类型的文化起到为社会主义物质文明、精神文明、政治文明、生态文明建设服务的作用，也可以消除意识形态领域出现的一些与主旋律格格不入的杂音和噪音。所以我们说：坚持了马克思主义的指导地位，就可以“任凭风浪起，稳坐钓鱼船”。

坚持以马克思主义为指导，是党和人民的选择，是中国历史发展的选择，也是中国特色社会主义发展的选择。苏联解体、苏共垮台，一个重要原因就是放弃了马克思主义的指导地位。正反两方面的经验教训告诉我们，能否坚持、巩固和发展马克思主义的指导地位，是一个关系党和国家生死存亡、事业兴衰成败的重大问题。

我们以马克思主义为指导思想，并不等于说我党的每一个成员都掌握了科学世界观，更不能保证他们比较熟练地运用这个世界观指导自己的工作。党的成员（包括其领导人）由于离开科学世界观犯了这样或那样的错误，不能归咎于党的指导思想，不能由此否定马克思主义的科学性、真理性。恰恰相反，它说明马克思主义科学世界观是多么的重要。所以，我们必须坚持马克思主义，不断繁荣发展马克思主义。

思考讨论

1. 马克思为什么能被评为千年最伟大的思想家?
2. 马克思主义为何能历经三个世纪颠扑不破?

点评

本案例讲述了世纪之交，英国广播公司在国际互联网上进行“千年第一思想家”的评选活动，经过反复评选，最后结果是马克思排在第一位。这项活动的开展和报道，应该说是客观、公允的。尤其是这一活动不是由社会主义国家传媒，而是由一个资本主义国家传媒举办的，这就更具有特殊的意义和重要性。

马克思被评为“千年第一思想家”不是偶然的，它是当今社会矛盾的反映，是世界进步人士要求变革社会的情绪的表现。当今诸多社会矛盾和社会问题重新激起了人们研究马克思主义理论的热情，为了解决当代社会问题和全球性问题，人们到马克思主义那里寻找思想武器。这也是马克思被评选为千年以来最伟大思想家的一个重要的现实原因。它既显示了马克思主义真理的力量，又说明了当今时代仍然需要马克思主义，就像自然科学需要爱因斯坦的理论一样。只要不带偏见，人们都会得出。

关于马克思对人类思想的伟大贡献，恩格斯在《在马克思墓前的讲话》一文中，概括为“两个伟大的发现”，即唯物主义历史观和剩余价值学说。他指出：一生中能有这样两个发现，该是很够了。即使只能作出这样的一个发现，也已经是幸福的了。但是马克思在他所研究的每一个领域，甚至在数学领域，都有独到的发现。这样的领域是很多的，而且其中任何领域他都不是浅尝辄止。恩格斯以无比沉痛的心情向世界宣告，“当代最伟大的思想家停止思想了”，这“对于欧洲战斗的无产阶级，对于历史科学，都是不可估量的损失”。一百多年后，马克思被评为“千年第一思想家”，证明了恩格斯的预言。

案例 2

天安门城楼的毛主席像将永远保留下去

1980 年，毛泽东逝世后的第四年，中国的改革开放已进入第二个年头。这年 7 月 30 日上午，在天安门广场上很少见到的一辆大吊车和一辆加长大卡车开到了人民大会堂前。开始，人们并没有注意到，很快当地人和外地观光客便围了过去，看个究竟。他们看见吊车的吊斗把带着工具的人送到人民大会堂前面的巨幅毛泽东画像前，那个工人开始用工具慢慢拆下毛泽东画像。

围观的人越来越多，忽听人群中有人大声喊：“毛主席像不能摘!”然而，更多的则是以严肃的表情默默地注视着眼前发生的事情。但是，当大吊车用钢绳拔下大会堂前两块巨幅标语的一瞬间，则引来了一片斥责声。

同样的行为在全国相继展开。毛泽东的画像从会议室摘下，从教室摘下，从走廊上摘下。楼墙上及砖墙上的粉刷多年的“毛主席语录”、“最高指示”或被覆盖或被清洗。据当时报道，有些塑像因太大太坚固，不得不使用了炸药。

人们总认为天安门广场是中国政治的神经末梢最为敏感之处。这一由天安门广场率先开始的行为立即引起了国人及世界舆论的关注，种种公开的和私下的评论开始了。西方有的报刊说“毛泽东时代从此结束”，港台报刊则预言“大陆批毛，势在必行”，国内的老百姓也越发关注中央的态度。

针对全世界的关注，中共中央在这年 8 月 11 日发了一个文件，要求全国各地“少宣传个人”。这个文件中明确指出，毛主席的画像、语录和诗词，过去在公开场所挂得太多，这样做很不庄重，也有损于毛泽东同志的形象，今后要减少到必要程度。

1980 年 8 月 23 日，意大利著名女记者法拉奇采访邓小平。采访中法拉奇单刀直入地问：“天安门上的毛主席像，是否要永远保留下去?”

邓小平明快、干脆地回答道：“永远要保留下去。过去毛主席像挂得太多，到处都挂，并不是一件严肃的事情，也并不能表明对毛主席的尊重”，又说：“从我们中国人民的感情来说，我们永远把他作为我们党和国家的缔造者来纪念。”

法拉奇坚决地将问题引向尖锐：“对西方人来说，我们有很多问题不理解。中国人民在讲起‘四人帮’时，把很多错误都归咎于‘四人帮’，说的是‘四人帮’，但他们伸出的却是五个手指。”

邓小平并不想躲避法拉奇的暗示：“毛主席的错误和林彪、‘四人帮’的问题的性质是不同的。毛主席一生中大部分时间是做了非常好的事情的，他多次从危机中把党和国家挽救过来。”他坚定地说：“我们要对毛主席的一生的功过作客观的评价。我们将肯定毛主席的功绩是第一位的。他的错误是第二位的。我们要实事求是地讲毛主席后期的错误。我们要继续坚持毛泽东思想。毛泽东思想是毛主席一生中正确的部分。毛泽东思想不仅过去引导我们取得革命的胜利，现在和将来还应该是中国党和国家的宝贵财富。”

思考讨论

1. 毛泽东思想是不是毛泽东个人的思想？
2. 怎样科学评价毛泽东和毛泽东思想？

点评

科学地评价毛泽东和毛泽东思想应该坚持的几个原则。第一，对待毛泽东同志的评价，他的功绩是第一位的，错误是第二位的；邓小平同志曾经说过：毛泽东思想教育了整整一代人，没有毛主席，至少我们中国人民还要在黑暗中摸索更长的时间。第二，把毛泽东思想和毛泽东同志的晚年错误区别开来。第三，要反对在评价毛泽东和毛泽东思想问题上的两种错误倾向，即“两个凡是”（凡是毛主席作出的决策，我们都必须拥护；凡是毛主席的指示，我们要始终不渝地遵循）和全面否定。

案例3

“三落三起”邓小平

邓小平的一生，是20世纪中国革命和中国共产党历史发展的缩影。从20世纪30年代初到70年代末近50年政治生涯中，邓小平曾有过别人不曾有过的“三落三起”的传奇经历。政治上“三落三起”的特殊生涯，使他成为了中国乃至世界政治舞台上的传奇人物。邓小平“三落三起”的坎坷经历都是与党的失误与成功密切联系的。可以说，邓小平的“三落三起”真实而深刻地反映了革命和建设道路的艰难历程，是党的曲折发展史的真实写照。

邓榕在《我的父亲邓小平》一书中这样记载：一生之中，三次被打倒，又三次复出，而且一次比一次更加引人注目，一次比一次走向更大成功。这不是神话，也不是人为的编撰。这就是邓小平真实的故事。

第一次“落起”是在20世纪30年代初期中央苏区时，由于以博古为代表的中央临时政府推行“左”倾冒险主义，邓小平、毛泽覃、谢唯俊等人则坚决支持以毛泽东为代表的正确路线，反对他们的“城市中心论”。为此，邓小平遭批斗，并一度被关进监狱，他的会昌中心县委书记和江西省委宣传部长的职务也被撤销，并受到党内最严重警告处分。这一年邓小平只有29岁。直到1935年遵义会议，这次“落起”才画上句号。当时，他那很有名气的职业革命家妻子、娇小的浙江姑娘阿金——金维映也和他离了婚。1938年春，金维映去了莫斯科，1941年死于苏德战争之中，时年37岁。这是邓小平的第二个妻子。邓小平一生共有三次婚姻。第一个妻子是留苏学生张锡瑗，河北省房山县人，1907年生。他们是1926年在莫斯科中山大学学习时相识的。张锡瑗既美丽端庄又温柔可爱，邓小平称她是“少有的漂亮”，他们是1928年在上海从事地下工作时结的婚。但可惜的是，他们结婚不到两年，仅有23岁的张锡瑗便因产后风去世，女儿也随之夭折。邓小平的第三个妻子是卓琳，原名蒲琼英，1916年生于云南宣威一个巨商之家，其父蒲在廷，是名震西南的著名实业家。蒲琼英1936年以优异的成绩考入北京大学物理系学习，这是西南第一个考入北京大学的人。1937年蒲琼英毅然投奔革命圣地延安，第二年加入了中国共产党，化名卓琳。1939年9月经人介绍和邓小平相识相爱并结了婚，从此开始了他们近60年辉煌灿烂而又艰难曲折的不平凡岁月。

邓小平第二次“落起”，是在“文化大革命”期间。在“文化大革命”初期，邓小平作为“刘邓资产阶级司令部”的第二号“走资派”被打倒，全家受到株连，被下放到江西新建县拖拉机修造厂劳动改造。这是邓小平一生中最痛苦的时期。1971年“九一三”事件发生后，邓小平两次给毛泽东写信，要求出来工作。毛主席在信上作了肯定的批示，1973年邓小平的国务院副总理职务得以恢复。1975年年初，邓小平又被任命为中共中央副主席、国务院第一副总理、中央军委副主席兼总参谋长，并主持党、政、军的日常工作。

第三次“落起”是在1976—1977年。邓小平因“全面整顿”、“文化大革命”的错误，违背了“以阶级斗争为纲”。“四人帮”发动了“批邓、反击右倾翻案风”运动，邓小平再次被打倒。直到1977年7月党的十届三中全会前夕才获得第三次解放。

1987年后，邓小平曾两次与外宾谈到自己这段“落起”的历史。他说，“我是三落三起”呀，他还说：“我参加共产党几十年了……这期间做了不少好事，也做了一些错事。人们都知道我曾经‘三下三上’，坦率地说，‘下’并不是由于做了错事，而是由于办了好事却被误认为错事。”毛泽东曾对邓小平有过中肯的评价，说他：“人才难得，政治思想强。”外国人称邓小平是“永远打不倒的小个子”。

1997年2月19日，正当中国的改革开放事业蒸蒸日上，香港也即将回到中国人民怀抱的时候，邓小平同志却因病医治无效在北京去世，享年93岁。

无私广阔的心胸、坚定不移的信仰、乐观主义的精神支撑着邓小平，使他越过道道险关，攀上了人生的顶峰，创造出指导我们迈向新的伟大征程的伟大理论——邓小平理论。在他生命最后20年里，邓小平开辟了一个时代，创造了历史，为一个国家和一个民族赢得了从未有过的青春。

邓小平曾经说过：“我是中国人民的儿子，我深情地爱着我的祖国和人民……”他把毕生心血和精力都献给了中国的革命和建设事业，他的英名、业绩、思想、风范永载史册，他将永远为中国人民所怀念。

思考讨论

1. 透过邓小平“三落三起”的坎坷经历，你能感受到一代伟人邓小平有哪些宝贵的人格特征？这些人格特征对于邓小平理论的创立有何意义？

2. 邓小平“三落三起”的传奇人生经历，对当代大学生有怎样的启示？

点评

邓小平是中国社会主义改革开放和现代化建设的总设计师，是建设中国特色社会主义理论的主要创立者。他传奇式的“三落三起”的特殊经历，不仅使他对马克思主义有深邃而独到的理解，而且铸就了他的崇高品格和风范。当他受到打击、处于逆境的时候，他从不消沉，总是无私无畏，不屈不挠，沉着坚忍，对党对人民无限忠贞，对党和人民的事业充满信心，并总是由此更加深刻地思索中国革命的经验教训和根本规律问题，发愤要有新的作为。

这使他能够顺应历史和时势的要求，在经历逆境之后重新起来担当重任。特别是他在“文化大革命”中的起落，更引起他对“什么是社会主义，怎样建设社会主义”的深刻反思，从而使他在党的十一届三中全会以后，坚定地领导全党全国人民开拓建设中国特色社会主义的新道路。在开拓新道路的进程中，他尊重实践，敏锐把握时代发展的脉搏和契机，既继承前人又突破陈规，既借鉴别国经验又不照搬别国模式，从中国的现实和当代世界发展的特点出发，去总结新经验，创新新办法，创立了邓小平理论，开拓了马克思主义的新境界。

案例 4

可持续发展——人类走过的道路

人类发现环境问题始于 20 世纪中叶，恶性公害性事件不断发生。例如，1930 年马斯河谷烟雾事件、1943 年洛杉矶光化学烟雾事件、1948 年多诺拉烟雾事件、1952 年伦敦烟雾事件、1953 年和 1956 年水俣病事件、1955 年和 1972 年骨痛病事件、1968 年日本米糠油事件、1984 年印度博帕尔事件、1986 年切尔诺贝利核泄漏事件、1986 年剧毒物污染莱茵河事件。

1962 年，一本读后令人毛骨悚然的作品登上美国畅销书排行榜，即美国海洋生物学家蕾切尔·卡逊的著作《寂静的春天》。书中有这样一段话：“从那时起，一个奇怪的阴影遮盖了这个地区，一切都开始变化……神秘莫测的疾病袭击了成群的小鸡，牛羊病倒和死亡……一种奇怪的寂静笼罩了这个地方，这儿的清晨曾经荡漾着鸟鸣和声浪，而现在一切声音都没有了。只有一片寂静笼罩着田野、树林和沼泽。”她惊呼，人类失去了“阳光明媚的春天”！这种惊世骇俗的语言，像是黑暗中的一声呐喊唤醒了民众，并最终唤醒了人类，从那时起，社会意识和科学讨论中出现了一个崭新的词汇，这就是——环境保护。蕾切尔·卡逊称得上是这方面的先行者。

1968 年，来自世界各地的几十位教育家、经济学家、科学家、名流聚集罗马讨论当时人类的困境和出路，研究世界的未来，并组成了一个非正式的国际民间组织——罗马俱乐部。1972 年麻省理工学院的教授梅多斯发表了罗马俱乐部的第一份研究报告《增长的极限》，震惊了世界。报告预言，全球的增长将会因为粮食短缺和环境破坏于下个世纪某个时段内达到极限，也就是说，地球的支撑力将会达到极限，经济增长将发生不可控制的衰退。继而得出了要避免因超出地球资源极限而导致的世界崩溃的最好方法是限制增长，即“零增长”的结论，引发了争议并招致了批判。报告阐述了合理的持久的均衡发展，是孕育可持续发展的思想萌芽，报告因此被评价为绿色行动的“圣经”。

1972 年，联合国人类环境大会在斯德哥尔摩召开，人类第一次把环境问题纳入国际议事日程，通过了《人类环境宣言》。同年，联合国环境规划署成立。1980 年年初，美国连续出版两份报告《公元 2000 年的地球》、《建设一个可持续发展的社会》，1983 年，作为联合国的独立机构，也是其环境特别委员会的世界环境与发展委员会成立，又称布伦特兰委员会，1987 年向联合国提交了研究报告《我们共同的未来》，正式提出可持续发展的概念，是人类思想史上的一次重要飞跃。报告提出：我们需要一条新的发展道路，这就是“可持续发展的道路”。

1997 年，世界 180 多个国家在日本京都召开《联合国气候变化框架公约》第三次缔约方大会并达成《京都议定书》，议定书要求 38 个发达国家在 2008—2012 年，把二氧化碳等 6 种温室气体的排放量平均比 1990 年削减 5.2%，其中欧盟各国的减排任务为 8%，美国为 7%，日本为 6%。2005 年 2 月 16 日，作为全球范围内现存的唯一关于抑制全球变暖的公约，历经 7 年谈判终于正式生效。人类为防止全球气候变暖，实现可持续发展迈出了重要一步。

思考讨论

1. 怎样理解可持续发展？
2. 大学生能为我国社会可持续发展做些什么？

点评

“可持续发展”（Sustainable Development）是 20 世纪 80 年代提出的一个新概念，是人类对发展的认识深化的重要标志。1987 年，世界环境与发展委员会在《我们共同的未来》报告中，首次阐述了“可持续发展”的概念。报告指出，所谓可持续发展，就是要在“不损害未来一代需求的前提下，满足当前一代人的需求”。换句话说，可持续发展就是指经济、社会、资源和环境保护协调发展，既要达到发展经济的目的，又要保护好人类赖以生存的大气、淡水、海洋、土地和森林等自然资源和环境，使子孙后代能够永续发展和安居乐业。可持续发展的核心是发展，但要求在保持资源和环境永续利用的前提下实现经济和社会的发展。

可持续发展的提出是对工业社会的经济发展模式的反思，世界各国深刻地认识到可持续发展的重要性和紧迫性。1994 年 7 月 4 日，国务院批准了我国的第一个国家级可持续发展战略——《中国 21 世纪人口、环境与发展白皮书》。党的十七大进一步指出，坚持以人为本的全面、协调、可持续发展的科学发展观，正确处理好人口、资源、环境之间的关系，使我国可持续发展能力不断增强，生态环境得到改善，资源利用效率显著提高，促进人与自然的协调，推动整个社会走上生产发展，生活富裕，生态良好的文明和谐发展道路。党的十八大指出，建设生态文明，是关系人民福祉、关乎民族未来的长远大计。面对资源约束趋紧、环境污染严重、生态系统退化的严峻形势，必须树立尊重自然、顺应自然、保护自然的生态文明理念，把生态文明建设放在突出地位，融入经济建设、政治建设、文化建设、社会建设各方面和全过程，努力建设美丽中国，实现中华民族永续发展。

案例 5

道　　路

回首近代以来中国波澜壮阔的历史，展望中华民族充满希望的未来，我们得出一个坚定的结论：全面建成小康社会，加快推进社会主义现代化，实现中华民族伟大复兴，必须坚定不移走中国特色社会主义道路。

道路关乎党的命脉，关乎国家前途、民族命运、人民幸福。在中国这样一个经济文化十分落后的国家探索民族复兴道路，是极为艰巨的任务。九十多年来，我们党紧紧依靠人民，把马克思主义基本原理同中国实际和时代特征结合起来，独立自主走自己的路，历经千辛万苦，付出各种代价，取得革命建设改革伟大胜利，开创和发展了中国特色社会主义，从根本上改变了中国人民和中华民族的前途命运。

……

在改革开放三十多年一以贯之的接力探索中，我们坚定不移高举中国特色社会主义伟大旗帜，既不走封闭僵化的老路、也不走改旗易帜的邪路。中国特色社会主义道路，中国特色社会主义理论体系，中国特色社会主义制度，是党和人民九十多年奋斗、创造、积累的根本成就，必须倍加珍惜、始终坚持、不断发展。

思考讨论

1. 十八大报告中提到的“既不走封闭僵化的老路、也不走改旗易帜的邪路。”对于“老路”与“邪路”你怎么理解？

2. 坚定不移走中国特色社会主义道路的重要意义是什么？

点评

“老路”是指改革开放以前我国闭关锁国的状态，“邪路”是指资本主义的发展之路。“不走老路”就是说在改革开放三十多年中，取得的巨大成就和功绩是不容否定的，改革开放中出现的种种问题，只能通过深化改革开放解决，不能因为困难而停顿或者倒退。另外，实践已经证明了改革开放是发展中国特色社会主义，实现中国民族伟大复兴的必由之路，只有社会主义才能救中国，只有坚持中国共产党的领导才能实现国家富强，人民富裕。

近代以来，面对几千年的历史文化传统和特殊的经济、政治、文化、社会条件，面对民族独立、人民解放和国家繁荣富强、人民共同富裕两大历史任务，无数仁人志士奋起寻求救国救民、振兴中华的道路。在这一过程中，“全盘西化”的道路失败了，教条化理解和运用马克思主义也没行通。把马克思主义普遍原理同中国具体实际相结合，走自己的路，我们实现了民族独立和人民解放；把马克思主义同当代中国发展实践和时代特征相结合，改革开放，走中国特色社会主义道路，中华民族的复兴迎来了光明前景。

改革开放三十多年来，我们取得了辉煌的成就，也经历过各种各样的挑战。改革开放这两个基本点统一于发展中国特色社会主义的伟大实践，使中国特色社会主义在当今世界的深刻变化和当代中国的深刻变革中牢牢站住了、站稳了，成为充满生机活力的社会主义。

实践项目

读书汇报会——我眼中的伟人毛泽东

1. 实践目的

了解毛泽东非凡的一生和伟大贡献。毛泽东引导中国走上社会主义发展道路，确立了社会主义基本制度；毛泽东领导中国人民开辟了社会主义现代化建设道路，开始了沿着社会主义道路实现中华民族伟大复兴的新纪元；开创了人民当家做主的新时代，开始了实现社会主义民主的艰辛而曲折的探索；奠定了中国共产党的执政地位，对保持马克思主义政党的先进性和执政地位作了不懈的探索；奠定了新中国在国际上的大国地位，为开创独立自主的和平外交作了不懈的努力。通过阅读和汇报，加深对伟人的了解，并能对青年学生起到励志的作用。

2. 实践方案

(1) 时间：90 分钟。

(2) 地点：教室。

(3) 方式：以班为单位自愿参加报名，并结合上交的读后感，从中选取优秀的学生参加。

(4) 要求：以“我眼中的伟人毛泽东”为主题，自选角度汇报，时间不超过 10 分钟。

(5) 流程：

① 布置任务，要求学生利用课余时间阅读《毛泽东传》([美] 罗斯·特里尔，中国人民大学出版社 2006 年版)，撰写读书心得并汇报，并撰写读后感。

② 确定读书汇报会地点、时间、方式及相关规则。

3. 实践评价

将评价结果填入表 1-1。

表 1-1　评分表

内容 4 分	语言表达 3 分	形象风度 2 分	综合印象 1 分
要求内容紧扣主题，富有真情实感	要求表达流畅，富有激情	要求衣着整洁，端庄大方，举止自然得体	由评委根据临场的表现作评价
得分：	得分：	得分：	得分：
最后得分：			

《我的法兰西岁月》观后感

1. 实践目的

通过观看影片《我的法兰西岁月》，了解邓小平的这段不平凡的人生经历，走近伟人，更深刻地了解伟人，并用伟人的事迹激励自己，树立远大理想，并为之付出不懈的努力。

2. 实践方案

结合教学进程，在学习第一章的课余时间，组织师生集体观看《我的法兰西岁月》。布置撰写并上交观后感，选择其中优秀的给予表扬，并以自然班级为单位，进行集体交流。

3. 实践评价

将评价结果填入表 1-2。

表 1-2　评分表

评价项目	满分	得分
内容是否具有真情实感	30	
语言是否顺畅及具有逻辑性	30	
是否联系自身实际	30	
整体完成态度	10	
总分	100	

第二章　马克思主义中国化理论成果的精髓

知识提要

实事求是的思想路线是毛泽东在延安时期确立的。在 1957 年下半年，党一度偏离这个思想路线，在改革开放和社会主义现代化的新时期，这条基本路线不仅被重新确立，而且获得了新的丰富和发展。马克思主义中国化理论成果的精髓同党的思想路线的核心是一致的，都是实事求是。

本章重点阐述了解放思想、实事求是、与时俱进的科学内涵，要掌握三者之间的辩证关系；阐述了邓小平在新时期对实事求是思想路线的重新确立及其发展所做出的重大贡献；说明了解放思想、实事求是、与时俱进是马列主义、毛泽东思想、邓小平理论和“三个代表”重要思想以及科学发展观的精髓；党的十八大报告进一步指出：“解放思想、实事求是、与时俱进、求真务实，是科学发展观最鲜明的精神实质。”

通过对本章的学习，学生应了解中国共产党的思想路线是实事求是的思想路线，党的思想路线是马克思主义认识路线在马克思主义中国化实践过程中的运用、丰富和发展，是党制定正确的政治路线及各项方针政策的前提和基础。

要点搜索

要点 1：思想路线的定义

思想路线在哲学上又称认识路线，是指人们在认识世界和改造世界的活动中坚持什么样的世界观和方法论，辩证唯物主义和历史唯物主义是科学的世界观和方法论；一切从实际出发，主观与客观相符合、理论与实践相联系，是辩证唯物主义和历史唯物主义的根本认识路线，也是无产阶级及其政党的思想路线。

要点 2：实事求是思想路线的形成和确立

“实事求是”作为一个命题，最早出现于班固的《汉书》中。班固在文章中称赞河间献王刘德“修学好古，实事求是”。从整个中国古典文论的传统解释来看，“实事求是”是对严谨治学学风的概括，本非哲学命题。

在中国共产党的历史上，第一个明确地提出解决思想路线这个问题的是毛泽东。毛泽东最早是在 1929 年 6 月 14 日写的一封信中使用了“思想路线”的概念。他在这封信中从哲学上对当时红四军党内的一些错误观点进行了分析。他指出：我们是唯物史观论者，凡事要从历史和环境两方面考察才能得到真相。一些错误观点的存在只是“历史的结穴”，是“历史上一种错误的思想路线上的最后挣扎”。同年 12 月，毛泽东主持起草的《古田会议决议》中明确提出反对“本本主义”的问题。

1937 年，毛泽东在《实践论》和《矛盾论》中更加深刻地论述了马克思主义的认识论和辩证法，批评了主观主义特别是教条主义的错误，进一步为党的思想路线作了理论上系统的哲学论证。

1938 年 10 月毛泽东在党的六届六中全会上所作的《论新阶段》的报告中使用了“实事求是”这个概念。他说：“共产党员应是实事求是的模范”，“因为只有实事求是才能完成确定的任务”。

1941 年，毛泽东在《改造我们的学习》一文中对“实事求是”的科学含义作了马克思主义的界定。他指出：“‘实事’就是客观存在着的一切事物，‘是’就是客观事物的内部联系，即规律性，‘求’就是我们去研究。我们要从国内外、省内外、县内外、区内外的实际情况出发，从其中引出其固有的而不是臆造的规律性，即找出周围事变的内部联系，作为我们行动的向导。而要这样做，就须不凭主观想象，不凭一时的热情，不凭死的书本，而凭客观存在的事实，详细地占有材料，在马克思列宁主义一般原理指导下，从这些材料中引出正确的结论。”

1945 年，党的七大确立了毛泽东思想在全党的指导地位，同时也在全党确立了以实事求是为核心的马克思主义思想路线。在领导中国革命的斗争实践中，为了克服中国共产党内的各种错误思想，保证中国革命的顺利发展，毛泽东用“实事求是”四个字来概括一切从实际出发这一辩证唯物主义和历史唯物主义的根本认识路线，并把它确立为中国共产党的思想路线。在这条思想路线的指引下，中国共产党克服了前进道路上的重重障碍，取得了一个又一个革命和建设的胜利。

1978 年 12 月，邓小平在中央工作会议上发表了《解放思想，实事求是，团结一致向前看》的重要讲话。党的十一届三中全会正是依据邓小平的这些讲话精神，重新确立了实事求是这一马克思主义的思想路线，为我们党制定正确的政治路线和组织路线奠定了坚实的思想基础。

1980 年 2 月，邓小平在党的十一届五中全会第三次会议上的讲话中专门谈了思想路线问题：实事求是，一切从实际出发，理论联系实际，坚持实践是检验真理的标准，这就是我们党的思想路线。

要点 3：实事求是思想路线的重要意义

实事求是思想路线具有重要的理论和实践意义。

第一，它是马克思主义认识论在马克思主义中国化实践过程中的运用、发展和丰富。实事求是思想路线集中体现了整个马克思主义的理论基础——辩证唯物主义和历史唯物主义的世界观和方法论；是马克思主义、毛泽东思想、邓小平理论的精髓和灵魂；是坚持和发展马克思主义理论的思想基础。这条思想路线强调从实际出发，用全面的观点和发展的观点看问题；强调思想和实际相结合，主观和客观相结合，理论和实践相结合；强调认识是从实践到理论、再从理论到实践的没有止境的过程；强调没有调查没有发言权、解放思想和实事求是的有机统一，民主是解放思想和实事求是的重要条件，与时俱进是马克思主义的理论品质，实践基础上的理论创新是社会发展和变革的先导等，都充分体现并进一步丰富和发展了马克思主义认识论。

第二，它是制定并贯彻执行正确的政治路线的思想基础。政治路线是党为实现一定历史时期奋斗目标而制定的总路线和总政策，它的正确与否直接关系到人民的根本利益。然而，正确的政治路线不是凭空产生的，它必须建立在对客观情况的深刻了解和科学分析的基础上，必须以正确的思想路线为指导。回顾党的历史，在革命、建设和改革的各个阶段，从根本上说，我们取得的一切胜利，都是因为坚持了实事求是的思想路线，才制定并执行了正确的政治路线，从而推进了党的事业的发展和党本身的成熟；而所遭受的一切挫折，或者是因为违背了实事求是的思想路线因而没有制定出正确的政治路线，或者是因为在实践过程中偏离了实事求是的思想路线而没有能够将原来制定的正确思想路线坚持贯彻下去的结果。

第三，它是加强党的思想作风建设和提高领导能力的重要内容。毛泽东把理论和实践相结合的作风、和人民群众紧密联系在一起的作风及自我批评的作风，概括为中国共产党新的工作作风。在这三大作风中，理论和实践相结合是最根本的，强调的就是实事求是的思想路线。实事求是还是党的基本领导方法和工作方法，无论是在革命、建设还是改革中，我们都必须坚持实事求是。

要点 4：解放思想、实事求是、与时俱进的内在统一关系

实事求是的要求就是要解放思想，解放思想是实事求是的前提和条件，观念僵化和思想保守永远不可能达到实事求是。解放思想，就是在马克思主义指导下，打破习惯势力和主观偏见的束缚，研究新情况解决新问题。如果不解放思想，人类认识活动就会陷入僵化而窒息，囿于原地而止步。思想的落后必然导致发展的落后，思想的大解放必然带来发展的新局面。世界是无限的，发展是无限的，因而解放思想是无止境的。

与时俱进的本质就是解放思想和实事求是的结合和统一。解放思想无止境，实事求是要一贯，它们结合在一起就是要与时俱进。与时俱进不仅意味着人对客观世界的超越，而且是人对人自身的超越，以及人对人和世界现存关系的超越。因而，与时俱进既要以实事求是为前提，又要以解放思想为条件，它是实事求是和解放思想的进一步发展和更高境界。与时俱进就是根据日益发展的人类实践活动，更新我们的观念，得出新的认识结论，形成新的发展思路，采取新的发展举措，发现新的发展路径，实现新的发展目标，总之，与时俱进的实质是超越，是创新，是发展，是更高意义上的解放思想和实事求是。

实践是解放思想、实事求是、与时俱进的基础和根本途径。马克思、列宁、毛泽东和邓小平等革命导师和领袖人物都高度重视实践问题。以实践为基础和出发点的人类活动，就是在主观和客观、人和世界的对立统一中实现的。实践既联系着客观，又联系着主观，是在主客观相统一中实现的，是主客观相统一的历史性活动。所以，实践的本性与解放思

想、实事求是、与时俱进是一致的。一方面，实践活动必须遵循客观规律，因为实践是客观性的物质活动，实践的主体、手段、过程和结果都具有与客观事物及其规律一样的特性，是不以人的主观意志为转移的。另一方面，实践要发展，就必须进行理论创新。理论创新和实践创新互相促进，共同发展。解放思想，不断进行理论创新和实践创新，是人类实践活动向纵深发展和实现自由自觉状态的前提。实践的历史性展开过程就是解放思想、实事求是、与时俱进不断实现的过程。它们是人的活动本质和特性不同层面的表达，是实现社会进步和人的全面发展的共同要求。

深度阅读

1. 我再度申明：出版这个参考材料的主要目的，在于指出一个如何了解下层情况的方法，而不是要同志们去记那些具体材料及其结论。一般地说，中国幼稚的资产阶级还没有来得及也永远不可能替我们预备关于社会情况的较完备的甚至起码的材料，如同欧美日本的资产阶级那样，所以我们自己非做搜集材料的工作不可。特殊地说，实际工作者须随时去了解变化着的情况，这是任何国家的共产党也不能依靠别人预备的。所以，一切实际工作者必须向下作调查。对于只懂得理论不懂得实际情况的人，这种调查工作尤有必要，否则他们就不能将理论和实际相联系。“没有调查就没有发言权”，这句话，虽然曾经被人讥为“狭隘经验论”的，我却至今不悔；不但不悔，我仍然坚持没有调查是不可能有发言权的。有许多人，“下车伊始”，就哇喇哇喇地发议论，提意见，这也批评，那也指责，其实这种人十个有十个要失败。因为这种议论或批评，没有经过周密调查，不过是无知妄说。我们党吃所谓“钦差大臣”的亏，是不可胜数的。而这种“钦差大臣”则是满天飞，几乎到处都有。斯大林的话说得对：“理论若不和革命实践联系起来，就会变成无对象的理论。”当然又是他的话对：“实践若不以革命理论为指南，就会变成盲目的实践。”除了盲目的、无前途的、无远见的实际家，是不能叫作“狭隘经验论”的。

我现在还痛感有周密研究中国事情和国际事情的必要，这是和我自己对于中国事情和国际事情依然还只有一知半解这种事实相关联的，并非说我是什么都懂得了，只是人家不懂得。和全党同志共同一起向群众学习，继续当一个小学生，这就是我的志愿。

——《毛泽东选集》第 3 卷，人民出版社 1991 年版

解析：“序言”反复说明编辑出版《农村调查》一书的主要目的是为了帮助人们找到一个如何了解情况、研究问题的方法。毛泽东重申了“没有调查就没有发言权”的真理，指出对于担负指导工作的人来说，有计划地抓住几个单位，用马克思主义的基本观点，即阶级分析的方法，作几次周密的调查，是了解情况的最基本的方法，这样才能获得关于社会问题的最基础的知识。“一切实际工作者，必然向下作调查。对于只懂得理论而不懂得实际情况的人，这种调查工作尤有必要，否则他们就不能将理论和实际相联系。”毛泽东还着重阐述了调查研究所应采取的态度和方法，强调群众是真正的英雄，只有眼睛向下，对群众满腔热忱，拜群众为师，才能做好调查研究工作。毛泽东在“跋”中提出一个重要思想，即要正确地处理保持共产党员的共产主义纯洁性同实行现行社会经济政策的关系；阐述了共产党的策略路线在不同时期的原则区别；要求每个共产党员和革命干部必须锻炼

自己成为懂得马克思主义策略的战士；指出片面地简单地看问题，是无法使革命胜利的。

《〈农村调查〉的序言和跋》丰富了马克思主义关于调查研究的基本思想，它帮助人们学会应用辩证唯物主义认识论和历史唯物主义的基本观点去从事社会调查。该文曾作为中国共产党"延安整风"运动的学习文件之一，对全党干部从思想上清算王明等人的教条主义错误，端正思想路线，转变工作作风，提高深入实际、调查研究的自觉性，起了重要的推动作用。

调查也好，亲眼所见也好，所得出的结论都未必是正确的。调查必须经过研究才容易得出正确的结论。调查不是目的而是手段，是为了研究。研究是为了求是。所以调查研究的目的，是为了实事求是。求是即是求正确的认识。只有有了正确的认识，才能正确地处理问题和解决问题，才能制定出正确的政策，使社会朝着有利于人民的方向更快的发展。这就是调查研究的目的。

2. 中国革命斗争的胜利要靠中国同志了解中国情况。我们的斗争目的是要从民权主义转变到社会主义。我们的任务第一步是，争取工人阶级的大多数，发动农民群众和城市贫民，打倒地主阶级，打倒帝国主义，打倒国民党政权，完成民权主义革命。由这种斗争的发展，跟着就要执行社会主义革命的任务。这些伟大的革命任务的完成不是简单容易的，它全靠无产阶级政党的斗争策略的正确和坚决。倘若无产阶级政党的斗争策略是错误的，或者是动摇犹豫的，那末，革命就非走向暂时的失败不可。须知资产阶级政党也是天天在那里讨论斗争策略的，他们的问题是怎样在工人阶级中传播改良主义影响，使工人阶级受他们的欺骗，而脱离共产党的领导，怎样争取富农去消灭贫农的暴动，怎样组织流氓去镇压革命等等。在这样日益走向尖锐的短兵相接的阶级斗争的形势之下，无产阶级要取得胜利，就完全要靠他的政党——共产党的斗争策略的正确和坚决。共产党的正确而不动摇的斗争策略，决不是少数人坐在房子里能够产生的，它是要在群众的斗争过程中才能产生的，这就是说要在实际经验中才能产生。因此，我们需要时时了解社会情况，时时进行实际调查。那些具有一成不变的保守的形式的空洞乐观的头脑的同志们，以为社会主义的斗争策略已经是再好没有了，党的第六次全国代表大会的"本本"保障了永久的胜利，只要遵守既定办法就无往而不胜利。这些想法是完全错误的，完全不是共产党人从斗争中创造新局面的思想路线，完全是一种保守路线。这种保守路线如不根本丢掉，将会给革命造成很大损失，也会害了这些同志自己。红军中显然有一部分同志是安于现状，不求甚解，空洞乐观，提倡所谓"无产阶级就是这样"的错误思想，饱食终日，坐在机关里面打瞌睡，从不肯伸只脚到社会群众中去调查调查。对人讲话一向是那几句老生常谈，使人厌听。我们要大声疾呼，唤醒这些同志：

速速改变保守思想！

换取共产党人的进步的斗争思想！

到斗争中去！

到群众中作实际调查去！

——《毛泽东选集》第1卷，人民出版社1991年版

解析：这段文字是《反对本本主义》的精髓。本本主义者往往打着"百分之百的布尔什维克"和"国际路线"的旗帜来吓唬人，毛泽东以彻底唯物主义者的大无畏精神，

针锋相对地提出“中国革命斗争要靠中国同志了解中国情况”。他说，马克思不是什么“先哲”，马克思主义丝毫不包含什么先哲一类的甚至神秘的念头在里面，“本本”不能保障永久的胜利。他呼吁到实际中去通过调查研究，找到认识问题和解决问题的办法。阐明了社会调查的重要意义；揭露了教条主义的错误及其对革命事业的危害，批评了红军中一部分人安于现状、墨守成规、迷信“本本”、不愿做实际调查的保守思想。文中还表达了学习马克思主义必须同中国的实际情况相结合的思想，并在中国共产党的历史上最早明确地提出党的思想路线问题，强调共产党人要坚持从斗争中创造新局面的思想路线。通篇贯穿了实事求是、群众路线、独立自主的精神，在毛泽东思想发展史上占有极其重要的地位。

3.“实事”就是客观存在着的一切事物，“是”就是客观事物的内部联系，即规律性，“求”就是我们去研究。我们要从国内外、省内外、县内外、区内外的实际情况出发，从其中引出其固有的而不是臆造的规律性，即找出周围事变的内部联系，作为我们行动的向导。

——《毛泽东选集》第 3 卷，人民出版社 1991 年版

解析：“实事求是”这个词源于我国古代经典。七十多年前，毛泽东在《改造我们的学习》一文中赋予了它新的时代内涵，明确界定了实事求是的科学含义，并进一步解释了中国共产党人怎样才能做到实事求是。党的七大，“实事求是”被正式确立为我党的思想路线，成为指导社会主义建设实践的一个重要准则。

案例精选

案例 1

一个贫困移民村的发展之路——黑龙江兴十四村新农村建设纪实

黑龙江省甘南县音河镇兴十四村是一个贫困的山东移民村，多年来，在村党总支书记付华廷的带领下，艰苦创业、拼搏争先，紧紧围绕“农”字做文章，以发展现代农业为途径，闯出了一条人与自然和谐发展的农村经济产业化之路，把一个偏僻乡村建设成为拥有 35 家企业、1 800 多名员工、10 多亿元总资产的“龙江第一村”。

一、不让一人掉队，走共同富裕之路

走进雪花飘舞的兴十四村，映入眼帘的是一栋栋宽敞的厂房、一条条平坦宽阔的水泥路、一幢幢精美别致的花园别墅及展览馆、文化宫和绿化带，到处散发出浓郁的塞北城镇的现代风情。兴十四村党总支书记付华廷告诉记者，2006 年兴十四村的人均收入已达到 13 000 多元，全体村民都可以像城里人一样享受免费医疗、教育等福利待遇，实现了生活有保障，吃穿不用愁，走共同富裕之路的理想。

然而，这个村 30 多年前却是个生产靠贷款、吃粮靠返销、生活靠救济的“三靠村”。半个世纪前，付华廷的父辈们从山东临沂迁移到兴十四村。回顾当时的困苦年代，第一代垦荒人刘鹤亭的记忆依然历历在目：“那年代，我们住的是马架子茅草屋，吃的是菜渣馍

馍和糊口粥，一件衣服穿四季，一年到头也挣不来几个零花钱。”

1972 年，人们怀着对富裕生活的向往，推选当时只有 23 岁的付华廷为兴十四村党支部书记。上任第一天，他就向父老乡亲立下誓言，不让一户受穷，不让一人掉队，一定要带领大家过上共同富裕的好日子。

付华廷开始了农业机械化耕作的尝试。他偷偷摸摸地到周边城市去买零件往回背，边背边装，边装边买，村里终于有了第一台拖拉机，开垦出大片耕地。过去一个强壮劳动力最多能耕种 40 多亩地，使用拖拉机后一人能耕种 2 000 多亩，效率提高了 50 多倍。

兴十四村的耕地原来全是沙土地，村民们形象地说：“破皮黄，漏水跑肥，不打粮。”如果不改土造田，就打不出粮食。于是，村里开始了改土造田的创举：全村青壮劳力，带上山东大煎饼，无论是在寒风凛冽的冬季还是烈日炎炎的盛夏，7 年愚公移山式的苦干，硬是把 4 万多立方米河泥搬到了 3 300 亩贫瘠的耕地里，把 600 多亩高低不平的沙土地变成了良田。

大规模的改土造田和机械化生产大大地解放了农村劳动力。如今，兴十四村仅有 2% 的人从事农业生产，其他人员均在村办企业工作。全村 116 户村民都住进了花园别墅，有线电视、电话入户率达 100%。此外，村民们还享受着各种各样的福利待遇：不管大人小孩，每年补助 100 斤大米和 50 斤白面；65 岁以上的老人实行退休制，每年可享受 200 斤大米、100 斤白面的补助，每月还享受 80 元的补贴；村民享受农村合作医疗待遇，村民有了病，大部分医药费由村里报销；儿童入托、入学全部免费。

在第一代山东移民刘维良家，记者看到，宽敞的客厅里一尘不染，淡蓝色的真皮沙发和家庭影院，使人很难相信这是一户 70 多岁中国农民的家。刘维良的老伴对记者说：“如今的日子就跟梦一样，有时掐掐自己，才相信是真的。”

回顾兴十四村创业之路，付华廷说：“不带领群众共同富裕，就没有和谐社会。多年来，兴十四村正是本着‘不让一户受穷，不让一人掉队’的发展宗旨，对人口多劳动力少，老少弱户，除给予经济补偿外，还采取强户包弱户的办法，使困难户尽快脱贫，走出了全村共同富裕的道路。”

二、围绕“农”字做文章，打造“黄金产业链”

30 多年来，兴十四村始终坚持围绕“农”字做文章，利用当地的农业资源，探索出了一条农副产品就地转化的农业产业化的发展新路，实现了人与社会的和谐统一。

付华廷说，有了机械化、水利化护航，光靠种地也就是旱涝保收，最多是个“土财主”，要想富必须发展农畜产品精深加工业，走农业产业化道路。

早在 1985 年，付华廷就带领全村父老乡亲建起来一座日处理 10 吨鲜奶的乳品厂，当时这是全国唯一一家村办乳品厂，投产当年就盈利 65 万元。

此后，兴十四村便在农业产业化的道路上一发而不可收：1988 年，村里建成了一座以玉米为原料，年产 1 500 吨、创产值 5 000 万元的甜蜜素厂；之后又陆续建成了啤酒专用糖浆厂等 33 家企业，组建了 8.7 亿元总资产的大型企业集团——富华集团，形成了生物工程、精细化工、畜禽饲料、乳制品等四大系列、100 多个品种的产业体系。

由于龙头企业的拉动，不仅解决了农民长期面临的卖粮难问题，还增加了农民的收入。兴十四村的玉米，村里企业以每公斤高出国家收购价两分钱的价格全部包销。村里的经济结构也发生了很大变化，第一产业收入只占全村总收入的5%，第二产业、第三产业收入分别占到38%和57%。全村目前1万多亩耕地由8户种植大户经营，98%的农民从土地里解放了出来。

为进一步拓展农民增收渠道，兴十四村还大力发展与农业相关联的林、牧业及旅游业。30多年来，他们坚持植树造林，累计造林1.13万亩，森林覆盖率达到34.2%。据专家测算，目前林木总价值已超过3亿元，而且还以每天10万元的速度递增2005年5月，兴十四村被联合国北北合作委员会冠名为国际生态产业示范基地。

三、保持艰苦本色，紧密干群关系

兴十四村富了，但带领农民致富的领路人付华廷却依然保持着创业时的本色，严于自律，在工作生活上不搞特殊化，他的心里时刻牵挂着荣辱与共的村民。

付华廷给自己约法三章：工资不多拿，奖金不多要，家属不搞特殊化。他是这样说的也是这样做的。富华集团每月给付华廷定的工资是3 000元，可他却坚持只拿1 400元，其余1 600元捐给了当地的小学搞教育；他妻子按理可以进厂里上班，可他却让妻子待在家里养鸡、养猪、种地；自己盖房子时用公家车拉料都按价给钱。还有外地企业曾用月收入两万元的高薪聘他做总经理，他谢绝了。别人很不理解，问付华廷："你一年到头挣那么俩钱，图啥?"

付华廷说："我追求的是全村人的富裕，而你追求的是小家的幸福。你的幸福是小幸福，我的幸福才是大幸福。"

兴十四村村委会主任周普然说："长年的奔波劳累，使付华廷患上了糖尿病，病情的合并症已影响了他的眼睛，医生在他身上安了个注射胰岛素的药泵，可他一刻也不肯躺在床上，坚持外出筹措资金、跑项目。药泵把肉皮磨坏了、化脓了，他就摘下药泵往自己肚皮上扎针，时间长了肚皮几乎都扎烂了，村里的同事都心疼得捂着脸不敢看。"

付华廷对自己的身体不当回事，可心里却时刻装着全村老百姓的冷暖。前些年一个大年三十的夜晚，孩子刚得肺结核不久的村民康寿田又得了结核性胸膜炎，家里没钱看病，患精神病的老伴又不能照顾他。付华廷知道后，披上大衣，一头扎进风雪中向他家奔去。一进家门，只见疯疯癫癫的康大婶穿着件开了花的棉袄呆在炕上，老康蹲在墙角咳嗽不停，又黑又瘦的孩子躺在炕上小脸烧得通红。别人都在过年，可这儿却锅空炕凉，付华廷揪心得落下了眼泪。大年初一付华廷亲自去县城为老康一家买药。老康的病治好后，付华廷又把自己的两头牛和两头猪给了他，感动得老康抱着付华廷老泪纵横，泣不成声。

村委会副主任王振玲告诉记者，这些年来，付书记为群众排忧解难的事儿太多了，说也说不完。付书记的示范作用使干群关系空前融洽。

四、富裕村更要成为文明村

付华廷常说："兴十四村不光要成为富裕村，更要成为文明村，关键要提高咱农民的素质。"

2000年，在付华廷的提议下，村里拿出一笔钱，让妇联主任领着几位村民小组长到北京等地参观了10多天，为的是提高乡亲们的文明生活意识和过现代生活的心气，开了眼界的村民开始注重穿着整洁，谈吐文雅。

满足村民们求知的渴望，兴十四村特意立了条规矩：进村办企业的村民子弟必须有高中毕业证，而且女孩优先。兴十四村对大人的教育也不放松。村里成立了成人职业学校，对村民进行科技知识培训，还先后派出了 310 人次到大中专院校深造，有 126 人获得了中级以上技术职称，成为村办企业的技术骨干。大多数村民家庭自费订阅报刊，买了电脑，农民也同因特网成了朋友。

置身兴十四村，记者最深的感触是这里的和谐氛围。该村连续 20 多年没发生过刑事案件，农村常见的赌博耍钱，在兴十四村看不到。吵架打仗的事很少见，邻里相处和睦。1999 年，兴十四村被中央文明委授予全国文明村称号。

五、吹来清风的村级政治民主

多年来，兴十四村在村级管理民主化、制度化方面，独创地采取了无候选人的选举方式，以充分发挥民主，鼓励村民参与村级管理。

兴十四村制定了全面细致的村规民约，印制成小红本下发到户，村干部带头执行，违反规定一视同仁、一律处罚。村级班子长期坚持走访制度、民主决策、村务公开、党员服务区制度，定期向村民公布村级政务财务情况，让村民参与村级管理。30 多年来，村里每次支部、村委会换届选举从不圈定候选人，都是一张白纸发给村民，村民看谁行就选谁，以村党总支书记付华廷为带头人的七名支委和村委会成员总是连选。

目前，兴十四村已被黑龙江省委确定为全省社会主义新农村建设基层干部培训基地，全省各地基层干部正在该村分期分批接受培训。另外，农业部、人事部和中国科协联合举办的社会主义新农村建设高级研修班等也陆续在这里开班，北京、天津、河北、河南等我国北方近 20 个省市的有关基层干部 150 多人已在村里接受了培训。

兴十四村在新农村建设方面的不断探索，曾先后多次受到国务院和黑龙江省的表彰，兴十四村的带头人付华廷也多次当选全国人大代表和党代表。许多到过兴十四村的干部群众一致认为，兴十四村发扬艰苦创业、团结奋斗、开拓创新、致富争先的拼搏精神，在一个交通闭塞、资源匮乏、气候恶劣的东北偏僻农村，因地制宜，发展现代农业，协调推进农村经济、政治、文化、社会和道德建设，使本村生产生活条件和整体面貌发生了根本性的改变，为我国广大农村特别是农业主产区新农村建设提供了许多有益的经验。

六、续写兴十四新华章

在第十二届全国人民代表大会召开之际，第十二届全国人大代表、黑龙江省甘南县兴十四村党总支书记付华廷——这位全国闻名的新农村建设带头人描述了幸福美好兴十四村推进现代化大农业、新型农业经营体系、产业项目多元发展、新农村城镇化建设、城乡一体化发展、粮食连年稳产增产、农民逐年增高收益、农村经济不断繁荣、幸福指数不断提升的探索历程和发展愿景。

近年来，兴十四村在全国人大代表、全国劳动模范、村党总支书记付华廷带领下，坚决贯彻落实黑龙江省委实施的“八大经济区”和“十大工程”战略，让每个老百姓都得到了实惠。特别是与农民相关的“两大平原农业综合开发试验区、北国风光特色旅游开发区”和“千亿斤粮食产能工程、社会主义新农村建设工程、重点工业项目建设工程、现代交通网络建设工程、科教人才强省富省工程、生态环境建设保护工程、保障和改善人民生活工程”的加快建设，是兴十四村近年来农民得实惠最多的 5 年。

发展是解决一切问题的关键，实现快发展、大发展就必须要有一个好的思路。兴十四村始终没有分田到户，坚持集体化，坚定不移地走共同富裕道路。按照市委的工作部署，兴十四村坚持以“三化”为统领，“依托农业机械化和农田水利化，实行土地规模化经营，依靠科技发展农业产业化，对农产品进行精深加工，提高农产品附加值，吸纳剩余劳动力，带动旅游等第三产业发展。通过一、二、三产业项目的迅猛发展，加快人口聚集，推进城镇化建设进程”。这一发展思路，与十八大提出的发展思路高度一致，实践证明，兴十四村走出了一条符合本地实际的正确道路。2012 年，兴十四村和富华集团总资产达到 18.1 亿元，与 2011 年同比增长 20.7%；总收入实现 15.2 亿元，同比增长 25.6%；固定资产投资达到 3.1 亿元，同比增长 55%；利税实现 8 800 万元，同比增长 19.7%；年人均纯收入 6.58 万元，同比增长 22.8%。

1. 依托大机械大水利大科技，发展现代化大农业

发展现代化大农业，运用最先进大机械、大喷灌的前提就是土地必须实现集中连片种植，规模化经营。目前，兴十四村 2.4 万亩耕地全部由兴十四村大型农机专业合作社统一耕种，合作社拥有各类大型农机 500 多台（套），作业面积辐射本村及周边耕地 10 万多亩，还先后购置大型喷灌 100 多台（套），农田实现 100%高效、节水喷灌。全村耕地由村里 2%的劳动力种植，98%的劳动力成为二、三产业工人，农业实现了产业化，完成了由传统农业向现代化大农业的根本转变。

按照省委吉书记来兴十四村调研时提出的“西有杨凌，北有兴十四”的目标，兴十四村现已建成了黑龙江（兴十四）现代农业示范园区。主要包括一栋万米智能温室、2 543 平方米的实验控制中心、一个 3 000 吨库容的马铃薯种薯窖和 604 栋温室大棚。2012 年，园区示范种植作物 18 大类 105 个品种，应用各类技术 33 项。全村粮食总产量达到 3 200 万斤，同比增长 10.3%。玉米郑单 958 亩产达到了 2 118 斤，水稻最高亩产 1 386 斤，谷子最高亩产 1 112 斤，地瓜最高亩产 10 898 斤，超大西瓜最大的超过了 150 斤，南瓜最大的一个达到 336 斤。园区棚室内从辽宁引进的反季草莓春节前上市，每斤最高卖到 60 元，每栋大棚预计可产草莓 3 000 斤，收入在 6 万元以上。美国提子一个棚能产 3 500 斤，刚下来就能卖 30 元一斤；特别是还千方百计引来了香菇种植能人，引导菜农在棚室内种植香菇，效果非常好，目前看，每个棚一个周期（10 个月）可产香菇 2.4 万斤，一茬香菇的纯收入就能达到 9 万元。实践证明，园区平均一栋棚室的纯收入在 5 万元以上，1 亩棚室的经济效益能顶 100 亩大田，提高了土地的利用率，也大大提高了农民的收入水平，目前来自各地的农民都争着抢着来兴十四承包温室大棚。

经过 3 年大决战，兴十四现代农业示范园区面积由 4 000 亩扩大到 2.4 万亩，示范带动效果进一步增强。吸引了甘南乃至辽宁、大庆等地 130 多户农民来兴十四承包大棚，示范带动周边 300 多户农民从事棚室产业。同时带动全村二、三产业实现快速发展，带动兴十四村民人均纯收入由 2010 年的 3.23 万元增长到了 2012 年的 6.58 万元，实现了“一年一大步、两年翻一番”。带动周边 6 个村、1 万多人，人均收入由原来的不到 6 000 元增加到 1.2 万多元，特别是带动了甘南县乃至周边地区现代农业的大发展、快发展。2012 年 11 月，黑龙江（兴十四）现代农业示范园区被授予“省级农业科技园区”。

2. 依托现代化大农业，带动产业化大项目好项目

王宪魁省长来兴十四检查指导工作时指示：“农村要想发展起来，必须走产业化和农

业现代化道路，农村不发展产业那是死路一条。”现代化大农业的快速发展，为兴十四村发展产业化大项目、好项目奠定了基础。兴十四村采用高新技术、利用当地资源，狠抓了5个（投产）项目即花亭生物植酸酶生产项目、酶制剂生产项目、杂粮加工项目、有机大米加工项目和有机肥生产项目，5个项目年可实现产值2.5亿元，共吸纳1 700余人来兴十四就业居住。

为了进一步加大产业项目的带动效果，加快人口聚集，推动小城镇建设进程，目前兴十四村正全力以赴推进两个大项目的建设。一是中粮集团50万吨玉米深加工项目，2012年，中粮集团50万吨玉米深加工项目取得了突破性进展。中粮生化能源（甘南）玉米深加工项目指挥部在兴十四村正式成立。项目总投资8亿元，年加工玉米50万吨，项目建成后，可实现产值10亿元，利润1.3亿元，税金6 000万元，安置就业3 000人。二是300亩连栋智能温室和万栋棚室果蔬供应基地项目，2012年8月，齐齐哈尔市委书记韩冬炎来兴十四村检查指导工作时提出，要在兴十四村打造可以解决齐齐哈尔市30%人口吃菜问题的果蔬供应基地，同时利用300亩连栋智能温室增加旅游亮点，使之成为“黑龙江的小海南，兴十四的小三亚”。兴十四村将利用中粮玉米加工热电联产余热建300亩连栋智能温室和1万栋温室大棚，发展循环经济，实现可持续发展。300亩连栋智能温室已在2012年10月开始整地，鸟瞰图、规划、设计、可行性研究报告目前已全部做完。

3. 依靠一二产业基础，带动第三产业多元化发展

在现代农业示范园区和产业化项目的带动下，兴十四村旅游产业蓬勃发展。现有村史展览馆、村民别墅群、万亩人工松林、龙头岭、垂钓基地、森林防火观光瞭望塔等旅游观光景点30余处，全年累计接待八方宾客13万多人，旅游等第三产业收入实现2 500多万元。各类培训是兴十四第三产业发展的一项重要内容。2012年，农业部、省农委等部门加大对基层人才的培训力度，兴十四村作为培训基地，全年共接待省部级以上调研组、工作组15个，省部级领导60多人次，接待省国土厅、省科技厅、信用社系统等部门大型会议5次，接待农业部农村实用人才培训班、省委组织部基层组织干部等培训班46期，参培人员1.2万多人。特别是带动了村内餐饮、服务行业的飞速发展，目前村内饭店、超市、商店不断增多，出租车增加到20多台，县城至兴十四的车辆来往不断。2012年6月8日，兴十四村农贸市场正式开业。

4. 通过一二三产业发展加快小城镇建设进程

兴十四村坚决贯彻落实省委吉书记提出的“建设5万人口小城镇”的重要指示精神，按照省委杜家毫副书记“往城乡一体化建设方向走，往现代化大农业方向走，往高科技方向走”的要求，以市委提出的“三化”（即城市化、城镇化、城乡一体化）为统领，加快城镇化建设进程，推进兴十四村与甘南县城实现哑铃式发展。目前，兴十四村人口已由原来的2 000人发展到现在的10 000多人。为了解决新增加人口住房问题，兴十四村在已建村民别墅136幢的基础上，建设村民住宅楼30幢，40万平方米，配套建设了车库、仓房、商服，同时完善了上水、下水和垃圾处理等基础设施。2011年开工建设的商业服务一条街现已投入使用。投资新建省委基层干部兴十四培训中心项目，新增会议室1 918平方米，目前已经投入使用。投资新建4 000平方米的兴十四敬老院、社区服务中心项目，目前主体工程已经完工。依靠产业反哺农民。

1）全体村民共享发展成果

全村社会保障覆盖面持续扩大，保障标准不断提高，医疗、养老服务设施进一步完善。村民实行退休制，享受社保待遇，享受“五七工”政策，享受新型农村合作医疗，享受社保补贴和公益性岗位补贴，还享受吃粮、吃水、物业管理和学生上学等“十免费”待遇。全村教育事业全面发展，兴十四学校实现了12年一贯制，并成立高中二中分校，学校师生总数达到600多人，初高中升学率达到60%。先后成立了富华职业技能培训学校和中国农民大学兴十四学院，全年累计培训农民和各类专业技术人员2 100人次。

2）人与自然和谐发展生态文明再上新台阶

兴十四村始终注重生态环境建设，坚持每年人工植树造林，如今已建成年产5 000万株苗圃1处，农防林网48条，累计人工造林1.5万亩。2012年3月21日，被黑龙江省林业厅批准成立了兴十四村生态林场。全村森林覆盖率达40%，村别墅区内森林覆盖率达90%。全村住宅全部安上了太阳能，全部采用水源热泵取暖，实现了低碳、节约、环保。2012年9月26日，兴十四村花园别墅小区被授予国家AAA级住宅小区。2012年9月17日，黑龙江省授予兴十四镇为可持续发展实验区。

3）创新社会管理成效明显精神文明建设不断加强

兴十四村从4个方面不断创新社会管理。一是思想教育。定期开展学习先进活动，及时传达党的号召和中央文件精神，用新思想武装村民、用新办法教育农民。二是行政约束。经过村民大会表决通过，制定了12条140款村规民约，印制成“小红本”并发放到每个村民手中。三是法制威慑。全面开展普法工作，经常性地进行法制宣传教育，提高村民知法守法意识，对违法行为，绝不姑息。四是村民自治。同时，丰富农民业余文化生活，推动文化建设大发展、大繁荣。

4）围绕发展这一主题，着力加强基层党建工作

兴十四村始终围绕发展这一主题，深入开展“创先争优”活动，不断加强基层党组织的思想建设、组织建设和作风建设。要求广大党员“讲党性、端作风”，胸怀大局，公道正派，立场坚定，旗帜鲜明。目前，村党总支有10个党支部、137名党员，另外还有15名预备党员、32名入党积极分子，党员队伍进一步壮大。全体班子成员心往一处想、劲儿往一处使，拧成一股绳，真心诚意地为群众办实事、办好事，赢得了群众的支持和拥护。村里每次换届选举从不设候选人，都是一张白纸发到村民手中，村民愿意选谁就写谁，村党总支主要成员连续近40年当选。同时，兴十四村始终高度重视人才的引进和使用，目前58名大学生村官在各自的岗位上成绩突出、作用明显！特别值得高兴的是优秀共产党员、村官大学生王淑媛作为党代表，光荣参加了党的十八大，并第一时间把十八大富农、强农、惠农的精神带回了基层，使全体党员干部和村民都倍感振奋，以更饱满的热情去做好本职工作、贯彻落实十八大精神。

作为一名最基层的村党总支书记，付华廷结合40多年来在农村的工作实践经验，总结出了解决“三农”问题的“三个出路”：

一是农业的根本出路，就是要依靠发展现代化大农业，通过“大农机、大水利、大科技、大合作、大市场”，把土地集中起来，实现连片种植，实行公司化管理、产业化经营、市场化运作。

二是农村的根本出路，就是撤消松散分布的自然屯，建设中心村镇，发展小城镇，促进人口集聚，集中人力、财力、物力更好地解决教育、卫生等基础设施不均衡的问题，改善生活环境，提高生活水平。

三是农民的根本出路，就是让多数人从土地上走出来，少数人种多数地，多数人不种地，使农民在获得土地流转金和土地入股分红的同时，还能通过到企业打工成为产业工人，发展规模种养或到家庭农场、合作社、温室大棚打工成为农业工人，从事第三产业成为工商业户，实现多渠道、多元化增收，再加上社保、医保等待遇，使一个农民至少有“四份收入”。

展望未来，兴十四村将坚持以党的十八大和中央一号文件精神为指导，围绕一条主线（推进城乡一体化建设），突出两个重点（设施农业、大项目建设），强力推进三化建设（农村城镇化、农业产业化、农民组织化），用“七个狠抓”推进全村各项工作，坚决实现“一二三四五六七八”目标（即 1 万栋棚室果蔬供应基地项目开建，全村人口达到两万人，300 亩连栋智能温室建成，公寓楼总面积达到 40 多万平方米，50 万吨玉米深加工项目投产，固定资产投资 6 亿元，人均纯收入达到 7 万元，招商引资 8 亿元。付华廷带领下的兴十四人，在向提前建成小康社会的奋进中，让人们看到了澎湃激越的雄心和力量，看到了美好新时代的开启，未来呈现人们面前的将是更加美好的一片崭新天地。

思考讨论

1. 兴十四村 30 多年前是个贫困村，现在走上了富裕发展之路，靠的是什么？
2. 你认为兴十四村发展的前景如何？未来发展应该注意什么问题？

点评

改革开放以来，中国农村发生了翻天覆地的变化，“从贫困走向富裕，从落后走向文明”成为农村发展的主题。随着新农村建设的推进，农村的发展前景更加令人向往。这些农村的成功之路就在于坚持了实事求是的思想路线，在村干部的带领下，脚踏实地的走出来一条适合本村本土的发展道路。

黑龙江省甘南县兴十四村就是这样一个典型。在村支书任华廷的带领下，确立的科学的发展思路，首先，响应国家政策，走共同富裕之路；其次，在经济上围绕“农”字做文章，打造“黄金产业链”，发展现代化大农业，依靠一、二产业基础，带动第三产业多元化发展；再次，发展村级民主政治，建设农村文化，使富裕村成为文明村。这一系列举措都是本着实事求是的基本原则，联系当地农村的生产生活实际，因而是理论与实际密切结合的产物。实事求是我党的思想路线，在任何工作中的地位不能动摇，历史的经验证明，不坚持这个路线就会使中国特色社会主义建设事业受挫。

案例 2

解放思想势在必行——合肥继续解放思想的必要性

2007 年年底，兴泰信托与中国建设银行开始实施战略合作时，有人向建行主要领导写“告状信”，信中称：

“为贵行计，收购兴泰信托将产生非常严重的弊端和后果：资金风险巨大，严重破坏地方金融体系，产生不利政治影响，出尔反尔损害形象。”

“贵行的这种强行收购已经在不到10天的时间内传遍了合肥的大街小巷，其间内幕也已为多数人知晓。对此，群众无不表达了悲凉、愤恨之情，这种收购如果还得不到制止或纠正，很快也将通过网络等多种途径在全国公开，让世人进行评述。”

在2008年2月19号的合肥市市委常委中心组理论学习会议上，孙金龙针对这封信发表意见：兴泰信托公司的例子，比较典型地反映出，在合肥市一些地方、单位和部分干部当中，思想仍然不够解放，发展意识还没有真正树立起来。

兴泰信托公司成立于1987年，是全国较早成立的信托投资公司之一。这些年兴泰信托虽有一定发展，但总体上发展较慢，规模明显偏小，竞争力还不够强。到2007年年底，资产总额6.57亿元，信托产品规模16.43亿元，全年实现营业收入1.27亿元，利润8 970万元，税收3 790万元。在同业竞争中面临着外资金融机构以及国内具有银行等金融集团为背景的信托公司的双重压力，特别是从金融开放的角度看，3～5年后信托从业资质一旦放开，兴泰信托暂时具有的优势将会很快丧失。因此，积极引进战略投资者，推动兴泰信托迅速裂变扩张，尽快做大做强，是十分紧迫的任务。

正是在这种情况下，抓住2007年年底中国建设银行想以增资方式投资并控股兴泰信托的机遇，合肥市果断决策，积极推进兴泰信托与中国建设银行战略合作。因为机遇稍纵即逝，当时河南、云南、甘肃等省市，正为并购地方信托紧锣密鼓地做建行总行工作。合肥市有关部门及兴泰信托经过认真详细的研究论证，认为实施这一重组，不仅有利于短时间内迅速做大做强兴泰信托，而且组建“银行系”信托公司，也是国内信托业发展的新趋势。根据中国建行、合肥市市政府、兴泰控股、国资控股四方共同签署的兴泰信托战略合作框架协议和备忘录，合肥兴泰信托更名为“中国建设银行信托有限公司”，建行出资40.2亿元，占股权67%，兴泰控股和国资控股占股权33%；新公司注册地和运营总部设在合肥，公司存续期间，在合肥缴纳税收分别达到1.6亿元、2.3亿元、3亿元，此后每年税收在3亿元的基础上随公司业务量稳步增长。建行承诺，把合肥作为长江三角地区的中心城市在信贷方面给予重点倾斜，每年向合肥新增信贷占全省建行新增的总规模不低于35%。此外，每年还将安排专项贷款20亿元，并给予利率优惠。应当看到，建行与兴泰信托的合作，不仅对合肥的发展有利，对兴泰信托自身发展有利，对兴泰信托全体员工也有利。

合肥市委公布这封信并让与会人员讨论的做法，引起了与会人员的强烈反响。合肥市政协副主席、合肥市民革主委李晓梅的话说出了大多数人的心声：这次学习会公布了这封信的来龙去脉，我们感到很震惊，也深受震动，正像市领导所说的，对待这封信反映的问题，我们抱持的态度是有则改之无则加勉，而敢于公之于众，并让大家讨论，只有具有大勇气和大智慧、大公无私者方敢如此。以前我们还很担心，公布这封信是否会引起不利影响，事实证明，如果告状信反映的情况属实，说明市委市政府勇于面对；如果不实，则起到了澄清事实、以正视听的效果。所以大家都在为市委市政府的勇气喝彩，也深受这种勇气鼓舞，对合肥的发展更加充满了信心和责任感。

思考讨论

1. 中国建设银行信托有限公司的成立受到了阻挠，合肥市委对“状告信”的处理弘扬了正气，对此你有什么感受？

2. 新生事物的发展会遇到旧观念的阻挠和束缚，你认为对政府而言，怎样才能为新事物开道护航，进而促进社会的进步和发展？

点评

从合肥市市委中心组理论学习会的讨论看，中国建设银行与兴泰信托的合作，不仅对合肥的发展有利，对兴泰信托自身发展有利，对兴泰信托全体员工也有利。但由于一封信的从中作梗，不仅对合作造成严重干扰，也让很多人感到无法理解。事实上，一封告状信，反映了在改革发展进程中，还有落后的不合时宜的观念束缚着人们的头脑，在发展问题上，如果只考虑局部利益，不考虑整体利益，只考虑部门和个人得失，不考虑合肥的发展，好的机遇就会白白失去，发展就只能是句空话。

这个事件表明，从一定意义上说，落后地区与发达地区的差距，主要是思想观念的差距。捆住我们手脚的最大问题，还是思想观念问题；阻碍我们前进的最大障碍，还是思想障碍。虽然发展是硬道理，但是只有解放思想，实事求是，摆脱僵化的思想观念的束缚，才有可能获得好的发展。

实践项目

家乡的发展——30多年来家乡今昔对比摄影展

1. 实践目的

通过家乡新旧变化对比摄影展，让学生比较改革开放前后中国各地区实事求是、与时俱进、开拓发展带来的变化，感受我国各地区建设取得的成就，认识发展变化的根本原因，增强对党的热爱和对建设中国特色社会主义的信心。

2. 实践方案

(1) 时间：课余时间。

(2) 地点：学生自己的家乡。

(3) 方式：以个人或集体为主体进行实地考察。

(4) 要求：可以外出采集摄影资料，选择体现我国改革开放后变化的场景和人物。可以是家乡某一地区、某一产业的典型变化，可以是家庭生活的变化，也可以是环境、经济或社会面貌的变化等。

学生拍摄各种反映家乡变化的事物或图片资料，捕捉能够体现中国改革开放成果的瞬间，以弘扬中国科学发展的主旋律为内容。

(5) 流程：

① 学生收集体现我国改革开放成果的、反映家乡变化的图片，分析研究并确定摄影内容。

② 冲洗、筛选并上交摄影资料，规格为 8～12 寸。

③ 评比、选择并组织准备摄影展板。

④ 确定恰当时间并展览摄影。

⑤ 举办学生座谈会。请学生发言，谈自己家乡的变化、看改革开放的成就及这种变化和成绩带给自己的启示，或结合个人成长中家乡的变化坚定建设中国特色社会主义的信心和决心。

3. 实践评价

将评价结果填入表 2-1。

表 2-1　评分表

评价项目	满分	得分
拍摄主体	10	
拍摄技巧	20	
照片质量	10	
群众反馈	20	
课堂反思	30	
总分	100	

“解放思想，与时俱进”的生活演绎讨论会

1. 实践目的

此活动宗旨是组织学生解读解放思想和与时俱进的理念，让他们懂得为什么要解放思想、与时俱进，在社会发展的各个阶段，应该如何转变落后观念为先进观念，保持观念与实践的一致性。通过这种形式的讨论，培养学生独立思考和自我发展的能力。

2. 实践方案

（1）时间：1～2 小时。

（2）地点：教室。

（3）方式：以班级或专业为单位。

（4）要求：以学生自己有感触的生活事件为出发点，围绕解放思想和与时俱进的理念展开讨论。

（5）流程：

① 布置学生在生活中寻找针对大学生自身体现与时俱进、解放思想的素材，并通过班级或专业集体选择陈列，确定讨论的核心事件。

② 确定地点、时间、演绎的方式及相关规则；由主讲教师做指导并掌控展现内容的方向。

③ 辩论或讨论结束。

3. 实践评价

学生集体评议、教师总结，将评价结果填入表 2-2。

表 2-2　评分表

评价项目	满分	得分
体现实事求是、与时俱进的观点	30	
观点明确、逻辑清晰	20	
有独到的见解	30	
态度积极主动	20	
总分	100	

第三章　新民主主义革命理论

知识提要

本章主要论述新民主主义革命理论的形成、新民主主义革命的总路线和基本纲领、新民主主义革命的道路和基本经验。重点分析新民主主义革命理论是怎样形成的，经过了一个怎样的发展过程，突出强调新民主主义革命理论形成的历史背景、时代特征和实践基础，强调这一理论是党在不断总结中国革命经验的基础上形成的，是中国革命实践经验的结晶。

党的十八大报告指出：以毛泽东同志为核心的党的第一代中央领导集体带领全党全国各族人民完成了新民主主义革命，进行了社会主义改造，确立了社会主义基本制度，成功实现了中国历史上最深刻最伟大的社会变革，为当代中国一切发展进步奠定了根本政治前提和制度基础。

通过本章学习，学生应能够深入了解和掌握新民主主义革命理论的形成、基本内容及其意义，认识这一理论是中国革命实践经验的结晶，是中国革命胜利的指南，是马克思主义中国化的重要成果。

要点搜索

要点 1：近代中国国情和两大历史任务的关联

近代中国国情和两大历史任务的关联，主要是分析新民主主义革命理论形成的历史背景。毛泽东指出，认清中国的国情，乃是认清和解决一切革命问题的基本的根据。近代中国，已经沦为一个半殖民地半封建性质的社会，这是近代中国最基本的国情。鸦片战争前，中国是一个独立的封建国家，随着帝国主义的不断入侵，改变了中国社会一般发展的轨道，使社会性质发生了两个根本性的变化：一个独立的中国逐步沦为半殖民地的中国，封建的中国逐步变为半封建的中国。

近代中国半殖民地半封建的社会性质，决定了中国社会的主要矛盾是帝国主义和中华民族的矛盾、封建主义和人民大众的矛盾。而帝国主义和中华民族的矛盾又是各种矛盾中最主要的矛盾。近代中国社会的性质和主要矛盾，决定了近代中国革命的首要任务也是根本任务，就是推翻帝国主义、封建主义和官僚资本主义的统治，从根本上推翻反动腐朽的政治上层建筑，变革阻碍生产力发展的生产关系，为建设繁荣富强的国家和实现人民的共同富裕扫清障碍，创造必要的前提。这两大历史任务是相互关联着的，只有完成反帝反封建的革命任务，才能为完成后一个任务创造条件。

要点 2：新民主主义革命理论是对中国革命经验的概括和总结

新民主主义革命理论的形成，经过了一个曲折发展的过程。新民主主义革命理论不是凭空产生的，而是中国革命实践经验的概括和总结。马克思主义中国化的内涵之一，就是把党领导中国革命的丰富的实践经验经过提炼和总结，上升为理论，实现“中国实际的马克思主义化”。实践是理论的基础，理论是随着实践的发展而发展的。中国共产党领导的革命实践是新民主主义革命理论形成和发展的基础。

中国共产党成立后，开始把马克思主义与中国革命的具体实际相结合。1922 年党的二大提出了中国革命分“两步走”和党在民主革命阶段的纲领，这是马克思主义与中国实际相结合的最初表现形式。1923 年党的三大总结了京汉铁路工人罢工失败的教训，认为单靠工人阶级的力量不可能取得革命的胜利，提出了建立国共合作统一战线的思想。1925 年党的四大总结了在统一战线中与资产阶级争夺领导权斗争的经验，提出了坚持无产阶级领导权和农民同盟军的思想。1926 年前后，毛泽东发表了《中国社会各阶级的分析》、《国民革命与农民运动》、《国民党右派分离的原因及其对于革命前途的影响》、《答少年中国学会改组委员会问》、《湖南农民运动考察报告》等文章，集中全党智慧，形成了新民主主义革命的基本思想。

大革命失败后，在领导创建井冈山革命根据地的过程中，毛泽东认真总结创建农村革命根据地、实行“工农武装割据”的经验，潜心研究中国革命道路的理论，从 1928 年 10 月到 1930 年年初，毛泽东先后发表了《中国的红色政权为什么能够存在?》、《井冈山的斗争》、《星星之火，可以燎原》等文章，认为中国革命不能走“以城市为中心”的道路，而是应该走相反的道路——“先占乡村、后取城市”，初步形成了关于中国革命道路的理论。红军长征到达陕北后，1940 年前后，毛泽东又发表了《中国革命和中国共产党》、《〈共产党人〉发刊词》、《新民主主义论》等著作，系统总结了中国革命“两次胜利”、“两次失败”的经验教训，使新民主主义革命理论在多方面得到展开而达到成熟，形成一个完整的理论体系。

毛泽东 1962 年 1 月在《在扩大的中央工作会议上的讲话》中指出，党对中国民主革命规律的认识，是通过革命的实践，经过了从没有经验到有经验，从有较少的经验到有较多的经验，从未被认识的必然王国经过逐步地克服盲目性，在认识上起了一个飞跃，而到达自由王国这样一个艰难曲折的发展过程。“在抗日时期，我们才制定了合乎情况的党的总路线和一整套具体政策。这时候，中国民主革命这个必然王国才被我们认识，我们才有了自由。到这个时候，我们已经干了二十来年的革命。过去那么多年的革命工作，是带着很大的盲目性的。”只有到抗日战争期间，中国革命经过了“两次胜利”和“两次失败”，即北伐战争的胜利和失败、土地革命战争的胜利和失败再次走向新胜利的比较，有了比较完整的实践经验，才使以毛泽东为主要代表的中国共产党人对中国革命的规律有了完整、充分和深刻的认识，才使新民主主义革命理论达到成熟。新民主主义革命理论是马克思主义中国化的重要理论成果。

要点 3：新民主主义革命的总路线

新民主主义革命总路线经过了一个逐步形成的过程。1939 年毛泽东在《中国革命和中国共产党》一文中，第一次提出了新民主主义革命的科学概念和总路线的基本内容，1948 年《在晋绥干部会议上的讲话》中，完整地表述了总路线的内容。其主要内容包括新民主主义革命的对象、动力和领导等问题。

新民主主义革命的对象从总体上来说是帝国主义、封建主义和官僚资本主义，但在中国革命的不同阶段，由于中国社会主要矛盾的变化，革命的对象是不同的。国民革命时期中国革命的主要敌人是帝国主义支持下的北洋军阀，土地革命战争时期的主要敌人是代表大地主大资产阶级的国民党新军阀，抗日战争时期的主要敌人是日本帝国主义，解放战争时期的主要敌人是美帝国主义支持下的国民党反动派。

新民主主义革命的动力是人民大众，包括无产阶级、农民阶级、小资产阶级和民族资产阶级。其中无产阶级和农民阶级是中国革命的根本动力，无产阶级又是中国革命的领导力量，在这里，可以通过分析一般无产阶级的特点和中国无产阶级的特殊优点，说明无产阶级能够担负起领导中国革命的重任：无产阶级对于中国革命的领导是通过中国共产党的领导来实现的；无产阶级及其政党对中国革命的领导是历史发展的必然；党对中国革命的领导经过了一个与资产阶级争夺领导权的斗争过程。这里应该重点强调的是，中国革命的领导权是区别新、旧民主主义革命的根本标志。

农民是无产阶级可靠的同盟军，农民是中国革命的主力军。小资产阶级也是中国革命的动力。中国资产阶级分为官僚资产阶级和民族资产阶级两部分。官僚资产阶级是革命的对象，民族资产阶级既具有反帝反封建的革命性，又具有软弱性和妥协性，对民族资产阶级应采取慎重的政策。小资产阶级包括小商人、小手工业者、知识分子和自由职业者，他们是劳动者而不是剥削者，不属于资产阶级的范畴。

关于中国革命的性质和前途。新民主主义革命仍然属于资产阶级民主主义革命的范畴，但是，革命的性质发生了变化，属于无产阶级领导的新民主主义革命，新就新在中国革命处于世界无产阶级社会主义革命新的时代，有了马克思主义这一新的指导思想和中国共产党这一新的领导，其前途是社会主义而不是资本主义。中国革命分新民主主义革命和社会主义革命两步走，新民主主义革命是社会主义革命的必要准备，社会主义革命是新民主主义革命的必然趋势。革命的第一步是建立各革命阶级联合专政的新民主主义社会，然后发展到第二阶段，建立社会主义社会。两个革命中间必须衔接，不容横插一个资产阶级专政。

在这一问题上，有两种错误观点，一方面是来自"左"倾教条主义的"一次革命论"，只看到了民主革命和社会主义革命的联系，而忽略了二者的区别，主张"毕其功于一役"，把民主革命和社会主义革命的任务放在一起来完成，在反帝反封建的同时，也反对民族资产阶级，把资产阶级作为革命的对象。来自右的"二次革命论"只看到了民主革命和社会主义革命的区别，而没有认识到二者的联系，主张民主革命应该由资产阶级来领导，革命的前途是资本主义，将来再进行社会主义革命。"二次革命论"和"一次革命论"错误的实质，在于混淆了民主革命和社会主义革命的性质。而毛泽东的新民主主义论，既区别了两个革命阶段的性质，又分析了两个革命阶段的联系，在理论上成功地解决了两个革命阶段的衔接和革命发展的前途问题。

要点 4：新民主主义革命的道路

中国革命道路理论是新民主主义革命理论的重要内容。近代中国国情决定了中国革命道路的特殊性，中国共产党对中国革命道路进行了艰辛的探索。党成立初期，首先把工作重心放在城市，领导工人阶级，开展工人运动，有利于扩大党的阶级基础。1924 年国共合作的统一战线建立后，走的是以城市为中心的道路。这一时期，党在城市站稳了脚跟，开展了工农运动，促进了中国革命形势的向前发展。但是，对于发动农民参加革命、建立农村革命根据地的重要性缺乏足够的认识。

1927 年大革命失败后，党的工作重心开始转向农村。秋收起义失败后，毛泽东创建了井冈山革命根据地，把武装斗争的主攻方向首先指向农村。1928 年，毛泽东在《中国的红色政权为什么能够存在?》和《井冈山的斗争》等文章中，分析了处于白色政权包围的环境中，农村革命根据地政权发生、发展的原因和条件，提出了“工农武装割据”的思想，为农村包围城市道路理论的形成奠定了基础。

1930 年 1 月，毛泽东在《星星之火，可以燎原》一文中，批判了照搬外国经验的“左”倾教条主义和怀疑“红旗到底能打多久”的右倾思想，初步提出了以乡村为中心，先在农村建立和发展红色政权，待条件成熟时再夺取全国政权的思想，成功地开辟了一条农村包围城市、武装夺取政权的革命发展道路，并从理论上回答和阐述了中国革命发展道路的一系列问题，形成农村包围城市、最后夺取全国胜利的基本理论。

深度阅读

1. 在抗日时期，我们才制定了合乎情况的党的总路线和一整套具体政策。这时候，中国民主革命这个必然王国才被我们认识，我们才有了自由。到这个时候，我们已经干了二十来年的革命。过去那么多年的革命工作，是带着很大的盲目性的。如果有人说，有哪一位同志，比如说中央的任何同志，比如说我自己，对于中国革命的规律，在一开始的时候就完全认识了，那是吹牛，你们切记不要信，没有那回事。过去，特别是开始时期，我们只是一股劲儿要革命，至于怎么革法，革些什么，哪些先革，哪些后革，哪些要到下一阶段才革，在一个相当长的时间内，都没有弄清楚，或者说没有完全弄清楚。我讲我们中国共产党人在民主革命时期艰难地但是成功地认识中国革命规律这一段历史情况的目的，是想引导同志们理解这样一件事：对于建设社会主义的规律的认识，必须有一个过程。必须从实践出发，从没有经验到有经验，从有较少的经验，到有较多的经验，从建设社会主义这个未被认识的必然王国，到逐步地克服盲目性、认识客观规律、从而获得自由，在认识上出现一个飞跃，到达自由王国。

——《毛泽东文集》第 8 卷，人民出版社 1999 年版解析：中国共产党对民主革命规律的认识有一个曲折的过程，是通过革命的实践，经过了从没有经验到有经验，从有较少经验到有较多经验，从未被认识的必然王国经过逐步地克服盲目性，在认识上有了一个飞跃，而达到自由王国这样一个艰难曲折的发展过程。

2. 领导的阶级和政党，要实现自己对于被领导的阶级、阶层、政党和人民团体的领导，必须具备两个条件：（甲）率领被领导者（同盟者）向着共同敌人作坚决的斗争，并取得胜利；（乙）对被领导者给以物质福利，至少不损害其利益，同时对被领导者给以政治教育。没有这两个条件或两个条件缺一，就不能实现领导。

——《毛泽东选集》第 4 卷，人民出版社 1991 年版

解析：毛泽东就如何实现对统一战线的领导权，阐发了自己的观点。以共产党实现对中农的领导为例来说明这个问题。他指出，首先，共产党必须率领中农和自己一道向封建阶级作坚决的斗争，并争取胜利，如果没有坚决的斗争，或者虽有斗争而没有胜利，中农就会动摇。其次，在土地改革中，必须以地主土地财产的一部分分配给中农中的较贫困者，对于富裕中农则不要损害其利益。再次，在农会中和乡区政府中，必须吸收中农积极分子参加工作。最后，不要定错中农的成分，对中农的土地税和战争勤务要公道。同时，还要给中农以政治教育。“如果没有这些，我们就要丧失中农的拥护”。就不能实现对中农的领导。“城市中工人阶级和共产党要实现对于被反动势力所压迫和损害的中产阶级、民主党派、人民团体的领导，也是如此。”

3. 马克思、列宁从来没有说过农村包围城市，这个原理在当时世界上还是没有的。但是毛泽东同志根据中国的具体条件指明了革命的具体道路，在军阀割据的时候，在敌人控制薄弱的地区，领导人民建立革命根据地，用农村包围城市，最后夺取了政权。列宁领导的布尔什维克党是在帝国主义世界的薄弱环节搞革命，我们也是在敌人控制薄弱的地区搞革命，这在原则上是相同的，但我们不是先搞城市，而是先搞农村，用农村包围城市。如果没有实事求是的基本思路，能提出和解决这样的问题吗？能把中国革命搞成功吗？

——《邓小平文选》第 2 卷，人民出版社 1994 年版

解析：邓小平评价中国革命道路的独特性，中国的革命道路理论，马克思从来没说过，也没有照抄照搬俄国十月革命的经验，而是从中国的实际出发，独创性地发展了马克思列宁主义关于革命的理论。它是以毛泽东为主要代表的中国共产党人运用马克思主义的立场、观点和方法，分析、研究和解决中国革命具体问题的光辉典范，对于推进马克思主义中国化具有重要的方法论意义。

4. 中国社会是一个两头小中间大的社会，无产阶级和地主大资产阶级都只占少数，最广大的人民是农民、城市小资产阶级以及其他的中间阶级。任何政党的政策如果不顾到这些阶级的利益，如果这些阶级的人们不得其所，如果这些阶级的人们没有说话的权利，要想把国事弄好是不可能的。中国共产党提出的各项政策，都是为着团结一切抗日的人民，顾及一切抗日的阶级，而特别顾着及农民、城市小资产阶级以及其他中间阶级的。共产党提出的使各界人民都有说话机会、都有事做、都有饭吃的政策，是真正的革命三民主义的政策。在土地关系上，我们一方面实行减租减息，使农民有饭吃；另一方面又实行部分的交租交息，使地主也能过活。在劳资关系上。我们一方面扶助工人，使工人有工做，有饭吃；另一方面又实行发展实业的政策，使资本家也有利可图。所有这些，都是为了团

结全国人民，合力抗日。这样的政策我们叫作新民主主义的政策。

——《毛泽东选集》第3卷，人民出版社1991年版

解析：毛泽东同志指出，新民主主义革命时期的中国社会是两头小中间大，“两头小”是指封建地主阶级、官僚买办资产阶级这一头同无产阶级这一头，占全国人口都少；“中间大”是指广大的农民和其他小资产阶级，以及民族资产阶级，占全国人口多。两头虽小，但作为革命阵线和反革命势力的代表，力量都很大；无产阶级人数很少，但战斗力很强。在党领导的中国革命战争进程中，党提出使各界人民都有事做、都有饭吃的政策，许多革命的贫苦农民加入人民军队和共产党，党和革命队伍不断壮大，成为中国革命胜利的重要保证。

案例精选

案例1

毛泽东关于统一战线“内方外圆”的策略

1943年春我去延安，这是第一次到中央去。到延安的第二天，毛泽东同志找我去谈话。这也是我第一次见到毛泽东同志。他是那样和蔼可亲，平易近人，谈话非常引人入胜，甚至他的话题已经开始了，我还没有感觉到，还以为是闲谈呢。毛泽东同志问我：你就是薄一波同志？我答是。这时，他紧紧地握着我的手，口中反复地说着：“如履薄冰，如履薄冰”，这也许是为了记住我的姓名。他又问我是哪里人？我说是山西省定襄县人。他说：汉文帝的母亲也姓薄，她的弟弟叫薄昭，汉文帝曾被立为代王，建都在你们山西的中都。我当时怔住了，对于这段历史，我一点也不知道，后来翻阅了《史记》，果然如此。毛泽东同志对中国的历史是多么熟悉啊！

……

我还汇报了我们在山西做统一战线工作的情况。1936年秋，出狱不久，党就派我们几个人到阎锡山那里去做统一战线工作。阎锡山是大地主、买办资产阶级的代表人物，工作怎样做呢？当时我们就是以毛泽东同志在瓦窑堡会议后所作的报告为武器的。在这前后，我们听说毛泽东同志讲过：做统一战线工作，就像到大海里去游泳，既要放开胆量，又要使自己不被淹死；还讲过：共产党员做统一战线工作，要像“制钱”那样“内方外圆”，既要有原则性，又要有由原则性决定的、适应各种条件的灵活性。“七七事变”后不久，刘少奇同志从延安来到太原，传达了洛川会议的精神，讲到毛泽东同志的意见：要独立自主地放手发动群众，广泛发展敌后游击战争，不要受阎锡山的“框框”束缚了。初到山西的时候，小心谨慎地建立统一战线，反对“左”倾冒险主义，以合法身份利用合法形式去开展工作，是完全正确的。现在，形势不同了，我们的策略应当是放手发动群众，壮大自己的力量，实行“统一战线中的独立自主”的原则。这个重要意见，在策略转变的关键时刻，为我们进一步指点了方向，使我们避免了迷误。1937年秋天，朱德同志和彭德怀同志率领八路军来到山西，他们告诉我：你赶快带决死队到晋东南去吧！毛泽东同志说

过，要像下围棋“做眼”一样，在敌后发展游击战，建立抗日根据地。1938 年武汉失守后，国民党加紧反共活动，彭德怀同志传达毛泽东同志的意见：要同国民党的反共活动进行针锋相对的斗争。1939 年，阎锡山发动“十二月事变”之前，叫嚷：天快下雨了，赶快准备“雨伞”。这就是要准备进攻在山西的共产党、八路军和牺盟会、决死队的力量。这时，党组织派人到延安向党中央汇报，毛泽东同志说：阎锡山准备“雨伞”，你们也赶快准备嘛；还说：目前的形势是天下大乱，到处为“王”。那几年，我们就是根据这些明确的指示，结合山西的具体情况，部署和开展工作的。经过艰苦的工作，我们在同阎锡山联合抗日的过程中，大胆地发展党和革命的力量，逐步取得了山西牺盟会和山西新军的实际领导权。山西新军在粉碎顽固派的进攻之后，加入八路军的战斗序列，成为我们党直接领导和指挥的人民抗日武装；牺盟会的上层领导人员和基本会员，绝大多数都站到我们党的方面来了。

当我汇报这些情况时，毛泽东同志深刻地指出：教条主义不承认在民族矛盾超过阶级矛盾的时候，应该转变我们的策略。这种时候，不仅要团结工人、农民、小资产阶级，而且要做民族资产阶级的工作，还要做大资产阶级的工作。蒋介石、阎锡山就是大资产阶级。没有大资产阶级参加，抗日民族统一战线是建立不起来的。他又说：但是，大资产阶级加入抗日民族统一战线，是被迫的和勉强的，要警惕他们投降，要壮大左翼力量，争取中间力量向进步方面转变。他最后说：你们以少数人团结了多数人，取得了胜利，这是我们党统一战线政策的一个成功的例子。

——薄一波，《我眼中的毛泽东》上册，河北人民出版社 1990 年版

思考讨论

1. 统一战线在中国革命中具有怎样的重要作用？

2. 中国共产党在革命统一战线中如何处理同资产阶级的关系？

3. 统一战线两个联盟之间是怎样的关系？

点评

统一战线问题是无产阶级政党策略思想的重要内容，建立最广泛的统一战线，是由中国半殖民地半封建社会的阶级状况决定的，半殖民地半封建社会的中国，诸多矛盾交织在一起，客观上为无阶级及其政党利用这些矛盾建立和发展统一战线提供了可能性。

党在领导建立和巩固抗日统一战线的实践中，必须坚持独立自主的原则，保持党在思想上、政治上和组织上的独立性。在统一战线中，存在着不同阶级、不同政治力量和不同派别，共产党员做统一战线工作，要像上文中指出的那样“内方外圆”，既要有原则性，又要有由原则性决定的、适应各种条件的灵活性。

案例 2

四大家族敛财

四大家族掠夺全国人民膨胀官僚资本主要通过以下的手段：

(1) 发行公债。1938—1944 年，国民政府财政部发行内债 18 种，有的按法币和关金

计算，有的按英镑、美元计算。总计法币 1 519 200 万元，关金 1 亿单位，英镑 2 000 万，美元21 000万。此外还有谷麦粮食债券。除 1937 年的救国公债在民间“劝募”外，其余都不公开发行，而以总预约券的方式向银行抵押，再由银行垫款给国民党。银行则利用它作为发行纸币的准备，发行不兑现的钞票。官僚资本既发了公债财，又发了法币财。

(2) 增加捐税。由于工商业发达的沿江沿海地区相继沦陷，关、盐、统三税收入大为减少。国民政府便通过扩大征税范围和增加税率的办法，来弥补减少的税收。国民政府将统税扩大为货物税，形成几乎无物不税的状况。1943 年 10 月开征食盐附加税，开始每斤征 3 元，到 1945 年 1 月增至 60 元。由于通货膨胀，从 1941 年下半年起，实行田赋征实，按田赋的正税和附加税的税额，每元折征稻谷二市斗，1942 年增至四市斗。从 1942 年起普遍实行粮食随赋征购，征购价格远低于市价，而且多数不付现款，只付粮食库券或法币储蓄券。1943 年普遍实行粮食征借，概不付息，还本也只是空话。从 1941 年到 1945 年 6 月，国民政府通过“三征”，共实收稻谷和麦子 24 000 万石。这是对广大农民最直接最厉害的掠夺。

(3) 通货膨胀。抗战开始后 4 个月，国民政府决定用增发纸币的办法弥补财政赤字。法币发行额，据官方公布的数字，1937 年年底为 16 亿元。1945 年年底为 10 319 亿元。8 年中增加了 738 倍。实际上还不止此数。滥发钞票的结果，使四大家族的财富迅速膨胀，而广大人民则越来越贫困。

(4) 外汇管制和买卖黄金。国民党从 1938 年 3 月起实行外汇管制。从此官价外汇被垄断，黑市交易随之而起。伴随法币的贬值，官价与黑市之间的差额越来越大。抗战期间，外汇中美元与法币的兑换率一直是 1∶20，而黑市 1943 年 12 月为 1∶85.4，1944 年 12 月为1∶542.2。四大家族利用特权，以官价买进大量外汇和黄金，以黑市价格抛出，转手之间，牟取暴利。

(5) 实行专卖制度。1941 年 4 月，国民政府成立专卖事业管理局。从次年初开始，先后对食盐、糖、卷烟、火柴、茶叶、酒等 6 类物品实行专卖。这一制度，使国民政府收入大增。增收数额，1942 年为 47 800 万元，1943 年为 174 700 万元，1944 年为 18 亿元左右。这一制度大大加重了人民的负担。国民党官员和有关机构乘机营私舞弊，套取专卖品转投黑市，从中牟取暴利。

(6) 统购统销。1937 年 9 月，在国民政府之下成立贸易委员会，该会下设复兴、富华、中国茶叶三大公司，对国统区的丝、茶、桐油、猪鬃等主要出口物资，实行统购统销。钨、锑、锡、汞等主要出口矿产品，则由资源委员会统购统销。1942 年 2 月，成立物资局，对棉纱实行统购。在统购统销政策下，国民政府实行低价强购，利用买卖之间的差价获取重利。以桐油为例，1942 年收购价比内销市场价每担差 100 元，1943 年差1 100元。

总之，国民政府用种种手段对人民实行公开的掠夺，使官僚资本在抗战期间迅速膨胀起来。

四大家族官僚资本对国民经济的垄断，在抗战前即已开始，抗战中不但金融垄断更为加强，而且将垄断扩展到工商业的各个部门。

在金融方面，抗战初期设立了中央、中国、交通、农业四银行联合办事总处，作为国民党集中的金融机构。蒋介石自任总处理事会主席，“总揽一切事务”。1942 年 7 月，国民政府又规定全国货币的发行都集中统一于中央银行。从而一步一步地加强了四大家族官僚资本在全国金融业中的垄断地位。在抗战期间四行存款数额在四年中增加六倍，是各银行中增长最快的。在全部银行存款中，四行的存款占到了 80%～90%，而战前的 1936 年只占 59%。

抗战期间，官僚资本在商业方面形成了正式的公开的垄断。前述专卖事业管理局、贸易委员会、物资局等机构的成立及专卖、统购统销政策的实行，是官僚资本实现商业垄断的重大步骤。此外，原属孔家系统的农本局福生庄，后改组为花纱布管制局，统治着花纱布的贸易。以上这些官方机构，作为国民党反动政权的组成部分，假借抗战的名义，垄断了国统区的国内外贸易。抗战期间，四大家族以私人名义设立了不少商业公司。著名的有孔家的庆记纱号、强华公司、大元公司，宋家的中国棉业贸易公司、重庆中国国货公司、西宁兴业公司，陈家的华绸缎公司、棉花运输公司等。这类公司既有政治特权，又有极大的金融势力，具有操纵市场的垄断地位。

四大家族对于工矿业的垄断在抗战前还较小，1935 年年底全国官营民营工厂资本总额中，官营部分只占 11%。抗战开始后，1937 年 9 月设立工矿调整委员会，作为扩张官营工业，吞并民营工业，实行国家垄断工矿业的机构。四大家族官营工业主要有隶属于资源委员会和军政部兵工署的两大直属系统。1944 年，资源委员会下面有 105 个单位，兵工署下面有数十个单位。此外还有各省所办的官营工业，如贵州企业公司、四川川康兴业公司、湖南实业公司等，数目也不少。1943 年国民党经济部的报告，说明了官营工业的垄断地位。在国统区 3 700 余家工业中，官营的 600 余家，民营的 3 100 余家。但官营的占资本总额 69%，民营的只占 31%。四大家族除官营工业外，还有所谓商办形式的私营工业，这类工业著名的有：以孔家为主的中国兴业公司，1939 年 7 月成立时的资本额为 1 200万元，到 1943 年增为 12 亿元，为后方资本额最大的公司，它共有 13 个厂，经营的中心是钢铁。在宋家控制下的雍兴实业股份有限公司，1940 年成立，1942 年 5 月已完成及未完成的有 18 个分厂，其中绝大部分分布在陕甘两省，主要经营纺织业。除了资源委员会主办的各厂外，它是西北最大的垄断企业。1942 年，它的已开工纱锭占大后方全部纱锭的 1/4。陈家的有大华企业公司、华西建设公司、中国工矿建设公司等，也是规模很大的垄断企业。

在农村，四大家族是最大的高利贷主。根据 15 个省的调查，在农民借款来源中，受四大家族直接间接操纵的银行、合作社、合作金库所占比重，1938 年为 26%，1940 年为 38%，1942 年为 59%，1944 年为 52%。1937 年 9 月，国民党设置了农产调整委员会，作为控制和垄断农业生产的机构。抗战时期棉花、蚕丝、茶叶、猪鬃、桐油等由国民党统购统销。在征实征购征借的措施下，大量的粮食纳入四大家族直接掌握之中。四大家族还直接占有大量农村土地，陈家的华西垦殖公司、蒋经国的新赣南国民经济建设公司，都是这类机构。

四大家族的国家垄断资本主义，是劳动人民的最大剥削者，严重地阻碍社会生产力的发展，是社会进步的极大障碍。由于官僚资本残酷剥削所激起的阶级矛盾的尖锐化，是中国革命发展的根本原因之一。

思考讨论

为什么反对官僚资本主义是新民主主义革命的题中应有之义?

点评

官僚资本主义是依靠帝国主义、勾结封建势力、利用国家政权力量而发展起来的买办的封建的国家垄断资本主义。它背靠帝国主义，通过国家垄断金融机构滥发纸币和国债而疯狂侵吞社会财富，通过建立国家专卖制度控制大量商品和物资而大肆牟取暴利。四大家族的发家过程，就是一部中国官僚资本主义的成长史，它的发展兴盛是国民党政权支持的结果，它和帝国主义紧密联系，是帝国主义在中国的代理人。官僚资本主义对广大劳动人民的残酷剥削和对民族工商业的巧取豪夺，严重束缚了中国社会生产力的发展，是中国革命的对象。

案例 3

《星星之火，可以燎原》的来历

1927 年大革命失败以后，党的工作重点由城市转入农村，中国革命暂时进入低潮，毛泽东同志领导建立了第一个农村革命根据地——井冈山根据地。但是，当时党内有“左”倾思想的人，仍幻想以大城市为中心举行武装起义；而以林彪为代表的有悲观思想的右倾机会主义者，在强敌进攻面前，怀疑革命根据地发展的前途，提出了“红旗到底能打多久”的疑问。他们不相信革命高潮很快就要到来，不愿经过艰苦奋斗创建农村革命根据地，主张用轻便的流动游击方式去扩大政治影响，等到全国各地争取群众的工作做好了，再来一个全国武装起义。

1930 年 1 月 5 日，毛泽东为了批判党内存在的悲观思想，给林彪写了一封信，这封信就是后来收入《毛泽东选集》第 1 卷的《星星之火，可以燎原》。

毛泽东在信中批评了林彪的错误思想，指出：（一）现在中国革命的主观力量虽然弱，但是立足于中国落后的脆弱的社会经济组织之上的反动统治阶级的一切组织（政权、武装、党派等）也是弱的。（二）1927 年革命失败以后，革命的主观力量确实大为削弱了，但是“星星之火，可以燎原”，现在虽只有一点小小的力量，它的发展会是很快的。（三）对反革命力量的估量，绝不可只看它的现象，要去看它的实质。1928 年年底到 1929 年年初，敌人对井冈山根据地进行三次“会剿”，好像很有力量，其实英、美、日在中国的斗争已十分露骨，军阀混战业已形成，实质上这是反革命潮流开始下降，革命潮流开始复兴。（四）现实的客观情况是，各种矛盾都向前发展了，全国布满了干柴，很快就会燃成烈火。

毛泽东在信中运用唯物辩证法，科学地分析了国内政治形势和敌我力量对比，批判了夸大革命主观力量的盲动主义和看不到革命力量发展的悲观思想，认为这是“与中国革命的实情不适合的”。信中充分估计了建立和发展红色政权在中国革命中的意义和作用，提出了农村包围城市、武装夺取政权的思想。明确指出：“红军、游击队和红色区域的建立和发展，是半殖民地中国在无产阶级领导之下的农民斗争的最高形式”，“是促进全国革命高潮的最重要因素”。

毛泽东在给林彪的这封信中，实际上已经开始形成了以农村包围城市，然后夺取城市的思想，这是在中国这样一个半殖民地半封建的东方大国里进行革命斗争所作出的新结论，是对马克思主义关于武装夺取政权理论的重大发展。

附：毛泽东给林彪的信（一九三〇年一月五日）

林彪同志：

新年已经到来几天了，你的信我还没有回答。一则因为有些事情忙着，二则也因为我到底写点什么给你呢？有什么好一点的东西可以贡献给你呢？搜索我的枯肠，没有想出一点什么适当的东西来，因此也就拖延着。现在我想得一点东西了，虽然不知道到底于你的情况切合不切合，但我这点材料实是现今斗争中一个重要的问题，即使于你的个别情况不切合，仍是一般紧要的问题，所以我就把它提出来。

我要提出的是什么问题呢？就是对于时局的估量和伴随而来的我们的行动问题。我从前颇感觉、至今还有些感觉你对于时局的估量是比较的悲观。去年五月十八日晚上瑞金的会议席上，你这个观点最明显。我知道你相信革命高潮不可避免地要到来，但你不相信革命高潮有迅速到来的可能，因此在行动上你不赞成一年争取江西的计划，而只赞成闽粤赣交界三区域的游击；同时在三区域也没有建立赤色政权的深刻的观念，因之也就没有由这种赤色政权的深入与扩大去促进全国革命高潮的深刻的观念。由你相信×××式的流动游击政策一点看来，似乎你认为在距离革命高潮尚远的时期做建立政权的艰苦工作为徒劳，而有用比较轻便的流动游击方式去扩大政治影响，等到全国各地争取群众的工作做好了，或做到某个地步了，然后来一个全国暴动，那时把红军的力量加上去，就成为全国形势的大革命。你的这种全国范围的、包括一切地方的、先争取群众后建立政权的理论，我觉得是于中国革命不适合的。你的这种理论的来源，据我的观察，主要是没有把中国是一个帝国主义最后阶段中互相争夺的半殖民地一件事认清楚。如果认清了中国是一个帝国主义最后阶段中互相争夺的半殖民地，则一，就会明白全个世界里头何以只有中国有这种统治阶级混战的怪事，而且何以混战一天激烈一天，一天扩大一天，何以始终不能有统一的政权。二，就会明白农民问题意义的严重，因之，也就明白农村暴动何以有现在这样的全国形势的发展。三，就会明白工农政权口号之绝对的正确。四，就会明白相应于全个世界中只有中国有统治阶级混战的一件怪事而产生出来的另外一件怪事，即红军与游击队的存在与发展，以及伴随红军与游击队而来的，成长于四围白色政权中的小块红色政权（苏维埃）之存在与发展（中国以外无此怪事）。五，也就会明白红军游击队及苏维埃区域之发展，它是半殖民地农民斗争的最高形式，也就是半殖民地农民斗争必然走向的形式。六，也就会明白无疑义的它（红军与农民苏维埃）是半殖民地无产阶级斗争最重要的同盟力量（无产阶级要走上去领导它），无疑义的它是促进全国革命高潮的重要因素。七，也就会明白单纯的流动游击政策是不能达到促进全国革命高潮的任务，而朱毛式、贺龙式、李文林式、方志敏式之有根据地的，有计划地建设政权的，红军游击队与广大农民群众紧密地配合着组织着从斗争中训练着的，深入土地革命的，扩大武装组织从乡暴动队、区赤卫大队、县赤卫总队、地方红军以至于超地方红军的，政权发展是波浪式向前扩大的政策，是无疑义地正确的。必须这样，才能树立对全国革命群众的信仰，如苏俄之于全世界然；必须这样，才能给统治阶级以甚大的困难，动摇其基础而促进其内部的分解；也必须这样，才能真正地创造红军，成为将来大革命的重要工具之一。总而言之，必须这样，才能促进革命的高潮。

我现在再要说一说我所感觉得的你对于时局估量比较悲观的原因。你的估量我觉得恰是党内革命急性病派的估量的对面。犯着革命急性病的同志们是看大了主观的力量，而看小了客观的力量，这种估量多半从唯心观点出发，结果无疑地要走上盲动主义的错误道路。你没有这种错误，但你似乎有另一方面缺点，就是把主观力量看得小一些，把客观力量看得大一些，这亦是一种不切当的估量，又必然要产生另一方面的坏结果。你承认主观力量之弱与客观力量之强，但你似乎没有认识下面的那些要点：

（一）中国革命的主观力量虽弱，但立足于中国脆弱的社会经济组织之上的统治阶级的一切组织（政权、武装、党派、组织等）也是弱的。这样就可以解释西欧各国革命的主观力量虽然比中国革命主观力量要强得多，但因为他们的统治阶级的力量比中国统治的力量更要强大得许多倍，所以他们仍然不能即时爆发革命，中国革命的主观力量虽弱，但因为客观力量也是弱的，所以中国革命之走向高潮一定比西欧快。

（二）大革命失败后革命的主观力量的确大为削弱，剩下的一点小小的主观力量，若据形式上看，自然要使同志们（作这样看法的同志们）发生悲观的念头，但若从实质上看便大大不然。这里用得着中国的一句老话："星星之火，可以燎原"。即是说现在虽只有一点小小的力量，但它的发展是很快的，它在中国的环境里不仅是具备了发展的可能性，简直是具备了发展的必然性，这在五卅运动及其后的大革命运动已得了充分的证明。我们看事决然的是要看他的实质，而把它的形式只看作入门的向导，一进了门就要抓住它的实质，而把那做向导的形式抛在一边，这才是科学的可靠的而且含了革命意义的分析方法。

（三）对客观力量的估量亦然，也决然不可只看它的形式，要去看它的实质。当湘赣边界割据的初期，有少数同志在当时湖南省委的不正确估量之下，真正相信湖南省委的话，把阶级敌人看的一钱不值，到现在还传为笑话的"十分动摇""恐慌万状"两句话，就是那时（前年五月至六月）湖南省委估量湖南的统治者鲁涤平的形容词。在这种估量之下，就必然要产生政治上的盲动主义。但到了前年十一月至去年二月（蒋桂战争未爆发前）约四个月间，最大的第三次"会剿"临到了井冈山的时候，一部分同志又有"红旗到底打得多久"的怀疑出来了。其实那时英、美、日在中国的斗争已经走到十分露骨的地步，蒋桂冯混战的形势业已形成，实质是反革命潮流开始下落，革命潮流开始复兴的时候。但那时不但红军及地方党内有一种悲观的心理，就是中央那时亦不免为那种形式上的客观情况所迷惑，而发出了悲观的论调；二月七日中央来信就是代表那时候党内悲观分析的证据。

（四）现时的客观情况，还是容易给只观察形式不观察实质的同志们以迷惑，特别是我们在红军工作的人，一遇到败仗，或四面围困，或强敌跟追的时候，往往不自觉地把这种一时的特殊的小的环境，一般化扩大化起来，仿佛全国全世界的形势概属未可乐观，而革命胜利前途殊属渺茫得很。所以有这种抛弃实质的观察，是原因于他对一般情况的实质未曾科学地了解到。如问中国革命高潮是否快要到来，只有详细地去察看引起革命高潮的各种矛盾是否向前发展才能决定。如果我们确切认识了国际上帝国主义相互间、帝国主义与殖民地间、帝国主义与无产阶级间的矛盾是发展了，因而帝国主义争夺中国的需要就更迫切：帝国主义争夺一迫切，帝国主义与整个中国的矛盾和帝国主义者相互间的矛盾，就同时在中国境内发展起来，因此就造成中国统治阶级间的一日扩大一日、一日激烈一日的混战——中国统治阶级间的矛盾，就越益发展起来；伴随统治者间的矛盾——军阀混战而来的赋税之无情的加重，就促令广大的负担赋税者与统治者间的矛盾日益发展；伴随帝国主义与中国资本主义的矛盾，即中国资产阶级得不到帝国主义的让步，就即刻发展了中国资产阶级与中国工人阶级之间的矛盾，即中国资产阶级不得不加重对工人阶级的剥削；伴随于帝国主义商品侵略，商业资本剥蚀，与赋税负担加重等，对于地主阶级的矛盾，使地主阶级与农民的矛盾越益深刻化，即地租与利钱的剥削越益加重；为了外货的压迫，工农广大群众消费力的枯竭和政府赋税加重，使国货商人及独立小生产者，日及于破产之途；为了无限制增加军队于粮饷不足的条件之下及战争之日多一日，使得士兵群众天天在饥寒奔走伤亡的惨痛中；为了国家赋税加重，地主租息加重及战祸日广一日，造成了普遍全国的灾荒与匪祸，使广大的农民及城市贫民走到求生不得的道路；因无钱开学，使在学学生有失学之忧；因生产落后，使毕业学生无就业之望；认识了以上这些矛盾，就知道中国是怎样的在一种惶惶不可终日的局面之下，怎样的在一种无政府状态之下，就知道反帝反军阀反地主的革命高潮，是怎样的不可避免而且是很快的要到来。中国是全国都布满了干柴，很迅速的就要燃成烈火；“星火燎原”的话，正是现时局面的适当形容词。只要看一看各地工人罢工、农民暴动、士兵哗变、商人罢市，学生罢课之全国形势的发展，就知道已经不仅是“星星之火”，而距“燎原”的时期，是毫无疑义的不远的了。

上面的话的大意，在去年四月五日前委给中央的信中就已经表明出来了。那封信上说道：“中央此信（指二月九日来信）对客观形势和主观力量的估量，都太悲观了。三次进剿井冈山表示了反革命的最高潮，然至此为止，往后便是反革命潮流逐渐低落，革命潮流逐渐升涨。党的战斗力组织力虽然弱到如中央所云，但在反革命潮流逐渐低落的形势之下，恢复一定很快，党内干部份子的消极态度也会迅速消灭。群众是一定归向我们的；屠杀主义固然是为渊驱鱼，改良主义也再不能号召群众了。群众对国民党的幻想一定很快的消灭。在将来形势之下，什么党派都不能和共产党争群众的。六次大会指示的政治路线和组织路线是十分对的：革命的现时阶段是民权主义而不是社会主义，党的目前任务是争取群众而不是马上武装暴动。但革命的发展是很快的，武装暴动的宣传和准备应该采取积极的精神。在大混乱的现局之下，只有积极口号积极精神才能领导群众，党的战斗力的恢复也一定要在这种积极精神之下才有可能。我们感觉党在从前犯了盲动主义的错误，现在却在一些地方颇有取消主义的倾向了。……无产阶级领导是革命胜利的唯一关键，党的无产阶级基础之建立，中心区域产业支部之创造，是目前党在组织方面的最大任务。但同时农村斗争的发展，小区域苏维埃的建立，红军之创造与扩大，亦是帮助城市斗争，促进革命潮流高涨的条件。所以抛弃城市斗争，沉溺于农村游击主义是最大的错误，但畏惧农民势力发展，以为将超过工人的领导而不利于革命，如果党员中有这种意见，我们以为也是错误的。因为半殖民地中国的革命，只有农民斗争不得工人领导而失败，没有农民斗争发展超过工人势力而不利于革命本身的”。

这封信对红军行动策略问题有如下之答复：“中央要我们将队伍分得很小，散向农村中，朱、毛离开队伍，隐匿大的目标，目的在保存红军和发动群众。这是一种理想。以连或营为单位，单独行动，分散在农村中，用游击的战术发动群众避免目标，我们从前年冬天（一九二七）就计划起，而且多次实行都是失败的。因为：（一）红军多不是本地人，与地方赤卫队来历不同。（二）分小则领导机关不健全，恶劣环境应付不来容易失败。（三）容易被敌人各个击破。（四）愈是恶劣环境愈须集中，领导者愈须坚决奋斗，方能团结内部应付敌人。只有在好的环境里才好分兵游击，领导者也不如在恶劣环境时之刻不能离。……”这一段的缺点是：所举不能分兵的理由，都是消极的，这是很不够的。兵力集中的积极理由应该是：集中了才能打破大一点的敌人，才能占领城池。打破了大一点的敌人，占领了城池，才能发动大范围的群众，建立几个县份联在一块的政权。这样才能耸动远近的视听（所谓扩大政治影响），才能于促进革命高潮上发生些实际的效力。如我们前年干的湘赣边界政权，去年干的闽西政权，都是这种兵力集中政策的结果。这是大的原则。至于也有分兵的时候没有呢？有的。前委给中央的信上说了红军的游击战术，那里面包括了近距离的分兵。大要如下："我们三年来从斗争中所得的战术，真是和古今中外的战术都不同。用我们的战术，群众斗争的发动是一天一天广大的，任何强大的敌人是奈何我们不得的。我们的战术就是游击的战术。大要说来是：'分兵以发动群众，集中以应付敌人'。'敌进我退，敌驻我扰，敌疲我打，敌退我追'。'固定区域的割据。用波浪式的推进政策。强敌跟追，用盘旋式的打圈子政策'。'很短的时间，很好的方法，发动很大的群众'。这种战术正如打网，要随时打开，又要随时收拢。打开以争取群众，收拢以应付敌人。三年以来都是用的这种战术"。这里所谓"打开"，就指近距离的，或如湘赣边界第一次打下永新时，二十九团与三十一团之永新境内的分兵；第三次打下永新时二十八团往安福边境，二十九团往莲花，三十一团往吉安边界的分兵；又如去年四月至五月之赣南各县分兵，七月之闽西各县分兵，都是适例。至于远距离的分兵，则要在好一点的环境和在比较健全的领导机关两个条件之下才有可能。因为分兵的目的，是为了更能争取群众，更能深入土地革命和建立政权，更能扩大红军和地方武装。若不能这到这些目的，甚至反因分兵而遭失败，削弱了红军势力，如前年八月湘赣边界分兵打郴州一样，则不如不分的好。如果具备了上述两个条件，那是无疑地应该分兵的，因为在这两个条件下分兵比集中更有利。至于在严重环境下为保存实力避免目标集中而分兵，此点我在原则上是反对的，前头所引前委给中央的信内业已说明。此外，将来是否有因为经济情况不许可集中而应该分兵工作的时候呢？那也或许会有，但我不能对此下一肯定的断语，因为我们还没有这种情况的具体经验。

中央二月来信的精神是不好的，这封信给了四军党内小部分同志以不良影响，即如你也似乎受了些影响。中央那时还有一个通告谓蒋桂战争不一定会爆发。但从此以后中央的估量和指示，大体说来都完全是对的了。对于那个估量不适当的通告（其实只通告内一部分），中央已发了一个通告去更正。对于红军这一信，虽没有形式的更正，但后来的指示，就完全没有那些悲观的精神了，对红军行动的主张也完全与前委的主张一致了。但中央那个信给一部分同志的不良影响是仍存在的。前委覆中央那个信虽然是与中央来信同时在党内发表了；但对于这一部分同志似乎没有发生很大的影响，因为中央那个信恰合了这一部分同志的脾胃，而中央后头许多对于时局估量的正确指示，或反不为这部分同志所注意，注意了或仍不能把从前的那个印象洗干净。因此，我觉得就在现时仍有对此问题加以解释的必要。

关于一年争取江西的计划，也是去年四月前委向中央提出的，后来又在雩都有一次决定。当时指出的理由见之于给中央信上的，现录如下："蒋桂部队在九江一带彼此逼近，大战爆发即在眼前。国民党统治从此瓦解，革命高潮很快的会到来。在这种局面之下来布置工作，我们觉得南方数省中粤湘两省买办地主的军力太大，湖南则更因党的盲动主义政策的错误，党内党外群众几乎尽失。闽赣浙三省则另成一种形势。第一，三省军力最弱。浙江只有蒋伯诚的少数省防军。福建五部虽有十四团，但郭旅已被击破；陈卢两部均土匪军，战力甚低；陆战队两旅在沿海从前并未打过仗，战力必不大；只有张贞比较能打，但据福建省委分析张亦只有两团好的；且现完全是无政府，不统一。江西朱培德、熊式辉两部共有十六团比闽浙军力为强，然比起湖南来就差得多。第二，三省的盲动主义错误比较少。除浙江情况我们不大明了外，江西福建两省党和群众的基础，都比湖南好些。以江西论，赣北之德安、修水、铜鼓尚有相当基础。赣西宁冈、永新、莲花、遂川党和赤卫队的势力是依然仍在的；赣南的希望更是很大，吉安、永新、兴国等县的红军第二第四团有日益发展之势；方志敏的红军并未消灭。这样就造成了向南昌包围的形势。我们建议中央在国民党军阀长期战争期间，我们要和蒋桂两派争取江西，同时兼及闽西、浙西。在三省扩大红军的数量，造成群众的割据，以一年为期完成此计划。此一年中，要在上海、无锡、宁波、杭州、福州，厦门等处建立无产阶级的斗争基础，使能领导浙赣闽三省的农民斗争。江西省委必须健全，南昌、九江、吉安及南浔路的职工基础须努力建立起来"。

上面一年为期争取江西的话，不对的是机械地规定着一年为期。至于争取江西，在我的意识中除开江西的本身条件之外，还包含有全国革命高潮快要到来的意义，因为如果不相信革命高潮快要到来，便绝不能得到一年争取江西的结论。那个建议的缺点就是不该机械地说为一年，因此，影响到革命高潮快要到来的所谓"快要"，也不免伴上了一些机械性和急躁性。但你不相信一年争取江西，则是由于你之过高估量客观力量和过低估量主观力量，由此不相信革命高潮之快要到来，由此而得到的结论。至于江西主客观条件是很值得注意的。除主观条件仍如前头所说，没有新的意见增加外，客观条件现在可以明白指出的有三点：一是江西的经济主要是封建残余即地租剥削的经济，商业资产阶级势力较小，而地主的武装在南方各省中又比哪一省都有力。二是江西没有本省的军队，自来都是外省军队前往驻防。外来军队"剿共""剿匪"，情形不熟，又远非本省军队之关系切身，而往往不很热心。三是距离帝国主义干涉的影响比较小一点，不比广东接近香港，差不多什么都要受英国的支配。我们懂得了这三点，就可以解释为什么江西的农村暴动比哪一省要普遍，红军游击队比哪一省要多了。

我要对你说的话大致已经说完了。扯开了话匣，说的未免太多。但我觉得我们的讨论问题是有益的，我们讨论的这个问题果然正确地解决了，影响到红军的行动实在不小，所以我很高兴的写了这一篇。

末了还有两点须要作个申明。一是所谓革命高潮快要到来的"快要"二字作何解释，这点是许多同志的共同问题。马克思主义者不是算命先生，未来的发展和变化，只应该也只能说出个大的方向，不应该也不能机械地规定时日。但我所说的中国革命高潮快要到来，决不是如有些人所谓"有到来之可能"之完全没有行动意义的，可望而不可即的一种空的东西。它是站在地平线上遥望海中已经看得桅杆尖头了的一支航船，它是立于高山之岭远看东方光芒四射喷薄欲出的一轮朝日，它是躁动于母腹中的快要成熟了的一个婴儿。二是我说你欲用流动游击方式去扩大政治影响，不是说你有单纯军事观点和流寇思想。你显然没有此二者，因为二者完全没有争取群众的观念，你则是主张"放手争取群众"的，你不但主张，而且是在实际做的。我所不赞成你的是指你缺乏建立政权的深刻的观念，因之对于争取群众促进革命高潮的任务，就必然不能如你心头所想的完满地达到。我这封信所要说的主要目的就在这一点。

我的不对的地方，请你指正。

思考讨论

1. 井冈山斗争初期为什么会出现"红旗到底打得多久"的疑问？
2. 毛泽东在《星星之火，可以燎原》这封信中主要阐述了什么观点？

点评

1927年大革命失败以后，中国工农红军在井冈山创办了第一个革命根据地。在初期，根据地党内的一些人和党的个别上层领导对农村包围城市，武装夺取政权道路理论产生了怀疑，对革命的前途丧失了信心。毛泽东在给林彪的信中全面分析了当时的时局，从现实出发，科学地回答了红军中普遍存在的种种疑虑，为中国革命指明了方向，为增强红军取得胜利的信心提供了充分的理论依据。

实践项目

观看影片《甲午战争》

1. 实践目的

通过观看影片《甲午战争》，使学生了解甲午中日战争爆发的历史背景和战争过程，使学生对甲午战争中的民族英雄有更多细节的了解和认识，从而了解近代中国屈辱的历史，激发学生深厚的爱国主义情感，促使他们更加奋发学习，准备为祖国的繁荣昌盛做出自己的贡献。

2. 实践方案

(1) 时间：利用课余时间组织学生观看。

(2) 地点：校多媒体教室。

(3) 形式：组成讨论小组，观后讨论。

(4) 流程：

① 以班级为单位，按照每组5～8人划分小组，分组讨论。

② 布置讨论题目，写出讨论提纲，写小组发言记录一定。

讨论提纲要求如下：

讨论题目：帝国主义侵略中国的目的是什么？给中国带来了什么后果？

主持人姓名：
参加人姓名：
参加人发言：
③ 讨论后每个小组上交一份讨论提纲。
④ 每个小组选出一名代表，利用课堂时间进行集中发言。
⑤ 发言结束后教师对每个小组的讨论情况点评。
3. 实践评价
(1) 活动结果：让每个学生谈“落后就要挨打”的感受，谈学习的目的。
(2) 评价方式：评分表。将评价结果填入表 3-1。

表 3-1　评分表

评价项目	满分	得分
是否认真对待，认真准备	20	
讨论材料是否翔实，丰富	30	
能否体现对“落后就要挨打”的认识	30	
能否体现对帝国主义本质的认识	20	
总分	100	

辩论赛：帝国主义的侵略促进了中国发展还是阻碍了中国的发展？

1. 实践目的

帝国主义的侵略是近代中国灾难深重、贫穷落后的总根源。帝国主义是中国革命的首要对象，是中国人民第一个和最凶恶的敌人。近代中国所遭受的最大的压迫是来自帝国主义的民族压迫。通过开展此项活动，使同学们认清帝国主义侵略中国的本质。

2. 实践方案
(1) 时间：40 分钟左右。
(2) 地点：教室。
(3) 方式：分小组辩论。
(4) 流程：
① 辩论赛开始。
② 宣布辩题。
③ 介绍参赛代表队及所持立场。
④ 介绍参赛队员。
⑤ 介绍规则、评委及点评嘉宾。
⑥ 辩论赛比赛。
⑦ 规则评委及点评嘉宾退席评议。
⑧ 宣布比赛结果。
⑨ 辩论赛结束。

3. 实践评价

将评价结果填入表 3-2。

表 3-2　评分表

评价项目	满分	得分
语言风度	30	
团体配合	30	
临场反应	30	
时间把握	10	
总分	100	

第四章　社会主义改造理论

知识提要

中华人民共和国成立后，我国开始了从新民主主义到社会主义的转变。以毛泽东为代表的中国共产党人根据马克思列宁主义的基本原理，结合我国具体实际，创造性地开辟了一条适合中国特点的社会主义改造道路，成功地完成了生产资料的私有制改造，实现了中国最深刻最伟大的社会改革。

本章主要阐述社会主义改造的理论。通过阐述从新民主主义向社会主义转变的思想、社会主义改造的道路及其历史经验、社会主义制度在中国的基本确立及其重大意义，使学生深入了解社会主义改造的历史必然性，掌握社会主义改造的原则、方针、从低级向高级发展的形式及历史经验；使学生懂得我国实现从新民主主义向社会主义的转变，走上社会主义建设道路是历史的选择，只有社会主义能够救中国，社会主义改造的理论是马克思主义基本原理与中国实际相结合的重大成果。

要点搜索

要点 1：新民主主义社会是一个过渡性质的社会

从中华人民共和国成立到社会主义改造完成，是我国从新民主主义到社会主义的转变时期，这一时期中国社会的性质是新民主主义社会。第一，新民主主义社会不是一个独立的社会形态，而是介于半殖民地半封建社会和社会主义社会之间的过渡性质的社会。在新民主主义社会中，既有社会主义的因素，又有资本主义的因素。第二，政治上建立了工人阶级领导的以工农联盟为基础的人民民主专政的政权。第三，经济上存在着五种经济成分，即社会主义性质的国营经济、半社会主义性质的合作社经济、农民和手工业者的个体经济、私人资本主义经济和国家资本主义经济。第四，文化上要发展马克思主义指导下的民族的、科学的、大众的文化。由于社会主义的因素在政治上和经济上都处于领导地位并起着决定作用，因此，它属于社会主义的体系，并必然过渡到社会主义社会。

新民主主义社会主要矛盾的两重性：在国民经济恢复时期的主要矛盾是中国共产党领导的全国各族人民与国民党残余势力之间的矛盾，主要任务是完成民主革命遗留的任务；随着土地改革的基本完成，工人阶级和资产阶级的矛盾逐步成为国内的主要矛盾，主要任务是进行社会主义改造。

要点 2：关于党在过渡时期总路线的评价问题

党在过渡时期的总路线是依据列宁关于过渡时期的理论，结合我国的实际情况提出的。中国必须走社会主义道路，新民主主义社会要过渡到社会主义社会，这在民主革命时期已经明确。但是对于何时过渡，怎样过渡，毛泽东和党的其他领导人的认识经历了一个从先搞工业化建设，再一举过渡到建设和改造同时并举、从彻底完成民主革命起即逐步过渡的发展变化过程。

1953 年 6 月，毛泽东在中央政治局会议上正式提出了过渡时期的总路线和总任务，同年 12 月形成了关于总路线的完整表述。过渡时期的总路线的主要内容是“一化三改”，其中“一化”就是工业化，逐步实现国家的社会主义工业化是党在过渡时期的总路线的主体。要从根本上改变中国贫穷落后的面貌，把中国从一个落后的农业国变为一个先进的工业国，就必须实现国家的工业化。而在中国的具体条件下就是必须实行社会主义工业化。而为了实现社会主义工业化，必须加快对农业、手工业和资本主义工商业的社会主义改造，因为随着大规模经济建设的开展，个体经济和私营资本主义工商业越来越不适应国家工业化建设的需要。

在对过渡时期总路线的理解上，毛泽东认为，党在过渡时期的总路线的实质，就是使生产资料的社会主义公有制成为我们国家和社会的唯一的经济基础。“唯一”这个提法反映了当时我们党对我国社会主义的发展阶段还缺乏科学的认识。一方面强调过渡时期总路线的主体是实现国家的社会主义工业化，是发展生产力；另一方面又认为总路线的实质是变革生产关系，是使生产资料的社会主义公有制成为我国国家和社会的唯一的经济基础。而总路线提出后，毛泽东将注意力更多地放在社会主义改造方面，而且越来越觉得社会主义改造的步子慢了。在实际工作中，作为“两翼”的社会主义改造，越来越走在了社会主义工业化这个“主体”的前面。对“右倾机会主义”和“小脚女人”的批判，直接导致了社会主义改造“要求过急”、“改变过快”、“工作过粗”等急于求成的偏差。使生产资料的社会主义公有制成为唯一的经济基础，正是由于这种认识，导致了在中国这样一个经济文化相对落后的国家建立起社会主义社会后，在相当长的时期里所有制形势过于简单划一，从而给后来的经济社会发展带来了负面的影响。

总之，党在过渡时期的总路线反映了历史的必然性，是一条社会主义建设和社会主义改造同时并举的路线，体现了社会主义工业化和社会主义改造紧密结合，解放生产力与发展生产力、变革生产关系与发展生产力的有机统一。实践证明，党在过渡时期的总路线是正确的，党在过渡时期总路线的提出和实践过程，是不断突破苏联模式的束缚，不断解放思想，在理论上超越自我的过程，也是不断认识中国国情和特殊规律，探索适合中国实际情况的社会主义改造道路的过程，又是不断推进马克思主义中国化，实现中国社会 20 世纪又一次历史性变革的过程。

要点 3：如何认识社会主义改造和社会主义改革的关系

从某种意义上说，20 世纪 50 年代中国共产党领导的社会主义改造就是为了将非公有制变为社会主义的公有制。而在改革开放中鼓励、支持和引导非公有制经济发展，能不能因此就认为当年的社会主义改造搞早了、搞糟了呢？要科学地认识这个问题，必须正确地认识社会主义改造和社会主义改革之间的历史关联。

第一，社会主义改造和社会主义改革的目的，都是为了解放和发展生产力，尽管两者之间有着本质的区别，前者是为了在中国确立社会主义基本经济制度，后者则是社会主义制度的自我完善，但它们之间同时又是紧密联系，不可分割的。

第二，无论是社会主义改造还是社会主义改革，都是时代发展的要求，都有其发展的内在必然性，是中国共产党人在中国建立和发展社会主义历史进程中两个前后相继、不可或缺的环节。没有社会主义改造，就不会有社会主义制度在我国的确立。同样，没有社会主义改革也就没有中国特色社会主义建设事业的巨大发展。

第三，社会主义改革不是对社会主义改造的否定，而是对社会主义改造的继承、纠正和发展。社会主义改造后期过于急促和粗糙，出现了一些偏差和失误，遗留了一些问题。这些问题在后来一个相当长的时期内，不但没有得到及时纠正和克服，甚至在一些方面又有发展，特别是此后不久出现的人民公社化运动、“大跃进”和经济建设中的高度集中的管理体制，使社会主义生产力没有得到应有的充分发展，社会主义的优越性没有能够得到充分的展示。社会主义改革是对社会主义改造的一些遗留及其以后出现的偏差和失误的纠正，并在此基础上继续前进。因此，社会主义改革不是对社会主义改造的否定，也不是要回到改造前的状态，而是对生产关系和上层建筑中不是一个生产力发展要求的部分进行调整和改革，是社会主义制度的自我完善和发展，目的是进一步解放和发展生产力。

第四，不能因为社会主义改造过程中出现了某些不足就否定社会主义改造。要坚持社会主义改造留下的积极成果，也需要妥善地解决社会主义改造中的遗留问题。无论是改造还是改革，都统一于建设中国特色社会主义的实践，二者有着内在的、历史的逻辑关系。

要点 4：适合中国特点的社会主义改造道路及其历史经验

合作化道路是使个体农业和个体手工业达到集体化，从而跨入社会主义的必由之路。农业合作化是发展农业生产力的需要，是社会主义工业化的需要。在我国实现合作化的可能性：一是广大农民愿意在党的领导下逐步走上社会主义道路；二是党有能力领导农民进入社会主义。我国对个体农业和手工业进行社会主义改造遵循自愿互利、典型示范和国家帮助的原则；采取积极领导、稳步前进的方针；实行依靠贫下中农，团结中农的阶级路线；采取从互助组到初级社再到高级社，由低级到高级逐步过渡的方法。

我国对资本主义工商业的社会主义改造是通过国家资本主义的形式实现的。这里所说的国家资本主义经济，是在人民政府管理之下的、用各种形式和国营社会主义经济联系着的，并受工人监督的资本主义经济。它主要不是为了资本家的利润而存在，而是为了满足人民和国家的需要而存在，因此，是一种对工人和社会主义国家有利的新型的国家资本主义经济。国家资本主义又区分为初级形式和高级形式。所谓赎买，就是国家有偿地将私营企业改变为国营企业，将资本主义私有制改变为社会主义公有制。赎买的具体方式不是由国家支付一笔巨额补偿资金，而是让资本家在一定年限内从企业经营所得中获取一部分利润。1953年国家规定，私营企业所得利润，按国家所得税、企业公积金、职工福利奖金、资方股息红利四部分进行分配。国家所得税采取累进税率，一般占利润总额的30%左右，归国家所有；企业公积金一般占10%～30%；职工福利奖金一般占5%～15%；股息红利约占20%。全行业公私合营后，经过清产核资，资本家领取5%的定息，一共10年。

在对私营企业实行利用、限制和改造方针的同时，对资本家个人实行团结、教育和改造的方针，使私营企业在转变为社会主义性质的同时，资本家也由剥削者转变为自食其力的社会主义劳动者。

社会主义改造的经验主要是从理论上和实践上实现了以下突破：在国家工业化建设和社会主义改造的关系上，创造性地走出了一条工业化和改造同时并举的道路；在向社会主义过渡的方式上，从一举过渡变为逐步过渡、瓜熟蒂落、水到渠成；在农业社会主义改造上，突破了先机械化、后集体化的设想，创造出从互助组到初级社再到高级社等适应不同生产力发展水平和地区特点的过渡形式；在对资本主义工商业的改造上，创造出从初级到高级的各种国家资本主义的过渡形式，实现了对资本的和平赎买，避免了“流血革命”；在对资本主义工商业改造的同时，把资本家也改造成为自食其力的社会主义劳动者；在公有制的实现形式上，形成了国营经济、公私合营经济、集体所有制经济三足鼎立的新格局。集中到一点就是，在一个政治经济文化落后的农业大国里，走出了向社会主义社会过渡的新路子，解决了社会变革与物质基础、和平过渡与阶级斗争的矛盾问题。

要点5：如何正确认识社会主义改造过程中出现的失误和偏差

对于社会主义改造中的失误和偏差，主要是“要求过急，工作过粗，改变过快，形式也过于简单划一，以至长时间遗留了一些问题”。其主要原因是当时对我国社会主义发展阶段问题还没有来得及形成科学的理论，对什么是社会主义还没有完全搞清楚。因此在社会主义经济模式的选择和理解上过于单一，追求单一的社会主义经济成分；在公有制的实现形式的选择和理解上，过于简单化，只注意到集体所有制和全民所有制这两种基本的实现形式；对社会主义改造完成以后农民个体生产和私人资本长期存在的必要性和积极作用，也缺乏正确的认识。

在我国社会主义改造的过程中，有两个事实是世界历史上各种革命大变动中罕见的：一是在一个有几亿人口的大国中比较顺利地实现了如此复杂、困难和深刻的社会变革，不仅没有造成生产力的破坏，反而促进了工农业和整个国民经济的发展；二是这样的变革不仅没有引起巨大的社会动荡，反而极大地加强了人民的团结，并且是在人民普遍拥护的情况下完成的。

将我国社会主义改造时期同苏联的社会主义改造时期和法国资产阶级大革命时期相比，可以看得很清楚，情况完全不同。一般来说，在疾风暴雨的大革命时期和社会阶级关系大变动时期，社会的动荡和生产力的暂时下降是常规，而中国社会主义改造却打破了这种常规。

因此，整体来说，就其成绩和失误比较起来，在一个几亿人口的大国中比较顺利地实现了如此复杂、困难和深刻的社会变革，促进了工农业和整个国民经济的发展，这的确是伟大的历史性胜利。

要点 6：基本确立社会主义制度的重大意义

社会主义改造的基本完成，使我国社会经济结构发生了根本变化，社会主义经济成分已占绝对优势，社会主义公有制已成为我国社会的经济基础。社会主义改造的顺利进行和基本完成，极大地推动了我国社会生产力的解放和发展，奠定了我国社会主义工业化的初步基础。在社会主义经济基础建立的同时，1954 年第一届全国人民代表大会第一次会议制定了我国第一部具有社会主义性质的宪法——《中华人民共和国宪法》，我国的政治领域也发生了重大变化。随着社会经济制度和社会经济结构的根本变化，我国社会的阶级关系和主要矛盾也发生了根本变化。社会主义改造的基本完成和由此带来的社会各方面的变化，表明社会主义基本制度已经在我国的经济领域、政治领域、社会生活和其他领域确立起来。从此，中国开始进入社会主义初级阶段，进入社会主义建设的新时期。

社会主义制度的确立，实现了中国几千年来最深刻、最伟大的社会变革。社会主义制度的确立，为此后中国社会的一切进步和发展奠定了坚实的基础。中国社会主义制度的确立，是马克思列宁主义关于社会主义革命理论在中国正确运用和创造性发展的结果，又以其独创性的理论原则和经验总结，丰富和发展了科学社会主义理论。我们党创造性地完成了由新民主主义到社会主义的过渡，实现了中国历史上最伟大最深刻的社会变革，开始了在社会主义建设道路上实现中华民族伟大复兴的历史进程。

深度阅读

1. 现在我们能造什么？能造桌子椅子，能造茶碗茶壶，能种粮食，还能磨成面粉，还能造纸，但是，一辆汽车、一架飞机、一辆坦克、一辆拖拉机都不能造。

——《毛泽东文集》第 6 卷，人民出版社 1999 年版

解析：新中国刚刚成立时，基础工业薄弱，我国经过八年抗战的历程，国家处于百废待兴的状态，因此毛主席才说“现在我们能造什么？能造桌子椅子”。从侧面反映社会的现状，更多的是鼓励我们独立自主，独立创新的开拓精神！实现国家工业化，是国家独立和富强的当然要求和必要条件。实现工业化一直是近百年来中国人民为之奋斗的目标和强烈愿望，但是旧中国受尽了帝国主义的欺凌，经济根本不可能独立，更谈不上工业化。

新中国成立后，即使是国民经济恢复时期结束后，整个国家生产水平还相当落后。工业布局极不合理，许多工业部门仍然空白，没有现代化国防工业；教育、科学和文化十分落后。一部中国近代史用血的事实告诉我们，落后就要挨打。新中国成立后，经过三年的努力，我国国民经济得到恢复，为工业化的起步创造了条件。

2. 我们现在不但正在进行关于社会制度方面的由私有制到公有制的革命，而且正在进行技术方面的由手工业生产到大规模现代化机器生产的革命，而这两种革命是结合在一起的。在农业方面，在我国的条件下（资本主义国家内是使农业资本主义化），则必须先有合作化，然后才能使用大机器。由此可见，我们对于工业和农业、社会主义的工业化和

社会主义的农业改造这样两件事，决不可以分割起来和互相孤立起来去看，决不可以只强调一方面，减弱另一方面。

——《毛泽东文集》第6卷，人民出版社1999年版

解析：社会主义改造就是变革不适应工业化发展要求的生产关系，是围绕着社会主义工业化建设这个中心任务进行的；引导个体农民、个体手工业者走集体化的道路，改造私人资本主义工商业，目的都是为了适应社会主义工业化建设的要求，更好地发展生产力。因此，在改造过程中，党和政府所采取的实际步骤，总是力求使之与促进工业化进程和经济发展的要求相适应，而不允许对生产力造成破坏。到1956年，我国社会主义改造完成时，“一五”计划的主要指标提前完成，到1957年，各项指标均超额完成。经过“一五”期间的大规模建设，我国以重工业为重点的社会主义工业化基础已初步形成。实践证明，党坚持社会主义改造与社会主义工业化同时并举的方针，对于在深刻的社会变革中保持社会稳定，促进生产力发展，逐步改善人民生活，推动社会进步，都具有十分重要的意义。

3. 从世界的历史来看，资产阶级工业革命，不是在资产阶级建立自己的国家以前，而是在这以后；资本主义的生产关系的大发展，也不是在上层建筑革命以前，而是在这以后。都是先把上层建筑改变了，生产关系搞好了，上了轨道了，才为生产力的大发展开辟了道路，为物质基础的增强准备了条件。当然，生产关系的革命，是生产力的一定发展所引起的。但是，生产力的大发展，总是在生产关系改变以后。

——《毛泽东文集》第8卷，人民出版社1999年版

解析：毛泽东在长期探索和领导我国革命和建设的实践中，在马克思主义的指导下，考查了人类社会发展的历史，总结出，人类社会的发展归根结底是由生产力进步推动的，人类社会的进步最主要的标志就是社会现代化的程度。因而，他提出，我国只有大力解放和发展生产力，只有大力推进现代化事业，才能从根本上推动我国社会的持续快速发展。所以，为了能使我国社会不断向前发展，他特别重视解放和发展我国生产力的问题。

案例精选

案例1

“穷棒子”创业史——遵化县西铺村合作化历史回顾

1955年12月，毛泽东同志在《中国农村的社会主义高潮》一书的按语中写道：遵化县的合作化运动中有一个王国藩合作社。23户贫农只有三条驴腿，被人称为“穷棒子社”。他们用自己的努力，在三年时间内，从山上取来了大批的生产资料，使得有些参观的人感动得下泪，我看这就是我们整个国家的形象，“穷棒子社”的历史是一部创业史。

新中国成立前，西铺村的广大农民过着“糠菜半年粮，祖居破草房，全家一条被，三载着一装”的苦日子，有20多户常年靠讨饭度日，全村每年都有30多口人被饿死。新中国成立后，党和政府每年都要拨给他们5万多斤救济粮和100多套寒衣。1952年秋，王国藩带领本村23户贫农办起了初级社。当时这23户当中有11户是靠讨饭度日的。这个社

总共的家产只有“三条驴腿”（因为1/4的驴是属于社外单干户的），被富裕户称为“穷棒子社”（“穷棒子”是指讨饭时用来打狗的棍）。

用“穷棒子”精神建成合作社。1952年9月，这23户当中有11户是靠讨饭为生的，那10户除去给人家当长工就是打短工，谁也没有念过书，这时全社达到23户，共有230亩土地，83口人，有男劳力19个，女劳力9个。统计集体财产时没有一件大农具，只勉强有“三条驴腿”是唯一的生产工具了。这头驴社里用三天，社外用一天，过个把月再给社外补一天。一些富裕户看了后说：“看他们这23户除去要饭的罐子就是打狗的棍子。还有什么？这样的‘穷棒子社’早晚也得穷散了。”王国藩说：“他们说我们‘穷棒子’，但我们人穷志不穷，只要有志气什么困难都不怕。”这样，大伙有的把土改分的房子腾出来当作社址，有的把家中散了架的算盘和破桌凳拿到了社里，合作社总算建起来了。

由杜奎带队来到三十里外的王寺峪山上打柴。寒冬腊月，大雪纷飞，他们吃的是稀粥白薯，穿的是破棉衣，住着透天的草棚，十几个人合扯着四条小被，苦干了二十多天，打回了4万多斤柴，卖了430多元钱，“穷棒子社”开天辟地有了自己的资金，过春节的时候，大家眼巴巴瞅着这些钱一分也没舍得花，而是买了一辆大车、一头牛、一头骡子、19只羊和部分小农具。

“穷棒子社”从“三条驴腿”起家，依靠自己的力量，克服重重困难，赢得了第一个丰收年，用事实对那些散布合作社要“穷散架”的人，作出了强有力的回答。这一年（1953年）粮食亩产达到254斤，超过互助组上年平均产量将近一倍，粮食总产量45 800多斤，扣除集体留粮以后，平均每户分配的收入达190多元。老贫农王生摸着那些几乎没地方盛的粮食，激动得热泪盈眶，他说：“这是走毛主席、共产党指引的路才得到的，这条路我是走定了！”

“穷棒子社”一年中巨大变化的事实，使西铺村更多的农民看到了合作社的优越性，它像磁石一样，强烈地吸引着社外农民特别是那些比较贫困的农民的心。他们迫切地要求入社。按照党的过渡时期总路线的精神和上级党委的统一部署，西铺党支部积极领导扩社工作，到1954年秋天扩充增加到148户，除一户住在偏远山沟外，凡能入社的全部取得资格，实现了全村合作化。历史从这里又揭开新的一页。

思考讨论

1. 西埔村办合作社过程中，党委提出了“稳步前进的方针”，为什么要采取这样一个政策？

2. 如何继承和发扬“穷棒子社”的艰苦奋斗精神？

点评

中国共产党人从农村实际出发，制定并执行了一整套适合中国特点的对农业进行社会主义改造的方针、政策和办法。上文讲述了河北省遵化县西铺村合作化的过程，通过遵循自愿互利的原则，积极引导和组织“穷棒子”入社，走互助合作的道路，“穷棒子社”在社员发扬艰苦奋斗的精神，一年后实现了粮食增产、收入增多的目标，“穷棒子社”的典型示范作用下，西铺村很快实现了全村合作化。通过合作化的改造，从而激发了广大农民生产积极性，促进了农村生产力的巨大发展。

案例 2

辉煌的成就

我国对农业、手工业和资本主义工商业的社会主义改造是中国共产党领导的新民主主义革命向社会主义革命的历史性转变和中国革命历史发展的必然产物。通过社会主义改造运动，中国全面地进入社会主义初级阶段，一个人口众多，由无产阶级政党执政的社会主义国家屹立在世界东方，开始了她新的航程。

社会主义改造完成以后，极大地解放了生产力，国民经济各方面都获得了飞速的发展，下面我们通过不同时期的数据，以及和同期国外经济发展数据的比较，来回顾一下社会主义改造给中国社会发展带来的巨大成果。

1. 我国不同时期经济发展状况相比

工农业总产值见表 4-1。

表 4-1　工农业总产值

年份	工农业总产值/亿元	农业总产值/亿元	工业总产值/亿元
1949	466	326	104
1952	810	461	349
1957	1 241	537	704
1978	5 634	1 567	4 067

（资料来源：柳随年，吴群敢．中国社会主义经济简史［M］．哈尔滨：黑龙江人民出版社，1985：468.）

从表 4-1 中可见：第一，工业增长速度快于农业增长速度，工业总产值 1957 年比 1952 年增长 102%，1978 年比 1957 年增长 477%，而农业总产值 1957 年比 1952 年增长 16.5%，1978 年比 1957 年增长 192%；第二，在工农业总产值中工业所占比重越来越大，1949 年工业总产值为工农业总产值的 30%，农业为 70%，1952 年分别为 43 %和 57%，1957 年为 57%和 43%，1978 年为 72%和 28%。

主要产品产量见表 4-2。

表 4-2　主要产品产量

年份	粮食/亿斤	棉花/亿斤	油料/亿斤	原煤/亿吨	发电量/亿度	钢/万吨	水泥/万吨
1949	2 263.6	888.8	5 127.0	0.32	43	15.8	66
1952	3 278.3	2 607.4	8 386.3	0.66	73	135	286
1957	3 900.9	3 280.0	8 391.9	1.31	193	535	686
1978	6 095.3	4 334.0	10 435.8	6.18	2 566	3 178	6 524

从表 4-2 中可见：1952—1978 年粮食产量增长 1.86 倍；棉花产量增长 1.7 倍；油料产量增长 1.24 倍；煤产量增长 9.36 倍；发电量增长 35.2 倍；钢产量增长 23.6 倍；水泥产量增长 22.8 倍。

2. 与其他国家经济发展状况相比

同印度相比。①“一五”计划期间，印度工业生产增长 25%，农业生产增长 22.2%；中国“一五”期间工农业增长见表 4-1。主要工农业产品产量，印度 1951—1977 年粮食产量增长 1.8 倍，棉花产量增长 1.7 倍，油料产量增长 1.6 倍，煤产量增长 2.5 倍，发电量增长 16 倍，钢产量增长 4.5 倍，水泥产量增长 6 倍；中国情况见表 4-2。② 国民生产总值年平均增长率，1949—1989 年中国为 7.37%，印度为 4.01%；人均国民生产总值年平均增长率，中国为5.44%，印度为 1.73%。(胡绳.《中国共产党的七十年》，中共党史出版社 1991 年版，第 567 页)

同发达国家相比。①“一五”计划期同，我国工业发展速度，大大高于资本主义国家。1953—1957 年工业生产平均每年增长速度，中国为 18%，美国为 2.8%，英国为 4.1%。② 1949—1989 年国民生产总值增长率中国为 7.37%，美国为 3.17%，日本为 6.98%。人均国民生产总值年平均增长率，中国为 5.44%，美国为 1.87%，日本为 5.95%。

从以上数据我们可以清楚地看到，经过社会主义改造，在社会主义制度确立后，我国经济建设虽然经历过曲折，但总的来说，它的成就是极为辉煌的。正如《关于建国以来党的若干历史问题的决议》中所说：“这（指我国的社会主义改造）的确是伟大的历史性的胜利”。

思考讨论

1. 如何正确认识社会主义改造与社会主义改革之间的关系？

2.《关于建国以来党的若干历史问题的决议》中指出，我国的社会主义改造，“这的确是伟大的历史性的胜利”。如何理解这一论断？

点评

以上数据资料显示，新中国成立后，通过社会主义改造，解放了生产力，我国国民经济各方面都获得了飞速的发展，为社会主义工业化奠定了重要的基础，社会主义建设取得了辉煌成就。可见，社会主义建设和社会主义改造是相辅相成、相互促进的，社会主义改造促进了社会主义建设的发展，社会主义发展也促进了社会主义改造的顺利完成。

实践项目

新中国建设成就图片展

1. 实践目的

通过本次学生自制有关“中国建设成就”PPT 的实践活动，加深学生对“新中国成立以来中国建设成就”的认识和理解，使学生认识我们伟大祖国的成就并感到骄傲和自豪。

2. 实践方案

(1) 时间：利用课余时间进行搜集和准备资料（大约一周时间)。

(2) 地点：不限。

(3) 形式：每 3～5 名同学组成一个调研小组，协调分工合作，最后上交一份 PPT。

(4) 流程：

① 以班级为单位，按照每组 5～8 人划分小组，每个小组上交一份 PPT。

② 在上一次课就以布置作业的形式，要求学生利用课余时间搜集相关的图片信息，为本次课的实践项目做好准备。

③ PPT 的内容可以分为两个部分：一是通过网络、报纸、杂志等搜集相关的图片；二是学生自己绘制的图片、版画、油画、手工剪纸和摄影作品等。

④ 借助学校的多媒体网络室，组织学生在多媒体网络室里完成 PPT 制作，课时计划 2 学时。

⑤ 小组内的学生团结协作，学生可自行协调彼此的任务。例如，有的负责搜集网络图片，有的负责拍摄，有的负责文字内容处理，有的进行图片的筛选与文字匹配等。

3. 实践评价

(1) 活动结果：制作 PPT。

(2) 评价方式：评价表。将评价结果填入表 4-3。

表 4-3　评分表

评价项目	满分	得分
准备工作是否充分	20	
图片丰富、逻辑顺序合理	30	
能体现对祖国建设成就的认识	30	
图片质量和数量	20	
总分	100	

第五章　社会主义的本质和根本任务

知识提要

十八大报告指出："以邓小平同志为核心的党的第二代中央领导集体带领全党全国各族人民深刻总结我国社会主义建设正反两方面经验，借鉴世界社会主义历史经验……深刻揭示社会主义本质，确立社会主义初级阶段基本路线，明确提出走自己的路、建设中国特色社会主义，科学回答了建设中国特色社会主义的一系列基本问题，成功开创了中国特色社会主义。"

"什么是社会主义、怎样建设社会主义"是建设中国特色社会主义的首要的基本理论问题。本章从毛泽东提出马克思主义同中国实际的"第二次结合"及中国特色社会主义建设道路初步探索的理论成果开始，主要分析社会主义本质理论。

通过本章的学习，使学生明白建设中国特色社会主义的首要的基本理论问题是什么、为什么。帮助学生理解：什么是社会主义的本质？什么样的理论和实践的背景要求提出社会主义本质的理论？这个理论怎样使我们对社会主义的认识提高到了一个新的科学水平？为什么说准确理解和把握社会主义本质理论，对于中国特色社会主义现代化建设事业具有重大的政治意义、理论意义和实践意义？明白我们在社会主义建设中的失误和曲折，归根到底就在于对"什么是社会主义、怎样建设社会主义"这一问题没有完全搞清楚。在此基础上，使学生掌握邓小平对社会主义本质的概括及其理论和实践意义，把握解放和发展社会主义生产力这一根本任务。

要点搜索

要点 1：毛泽东对"马克思主义基本原理与中国实际第二次结合"的探索过程

在我国社会主义改造即将基本完成、开始全面建设社会主义的时候，毛泽东就向全党提出，要探索马克思主义同中国实际的"第二次结合"，走出中国自己的社会主义建设道路。

毛泽东对适合中国国情的社会主义建设道路的思考，是同总结第一个五年计划执行过程中的经验教训，从中国实际出发深入思考如何借鉴苏联社会主义建设的经验相联系的。他认为，新中国成立初期，"因为我们没有经验，在经济建设方面，我们只得照抄苏联"，"这在当时是完全必要的，同时又是一个缺点，缺乏创造性，缺乏独立自主的能力。这当然不应当是长久之计"（毛泽东文集．第 8 卷．北京：人民出版社，1999：305）。1956 年，苏共 20 大以后，毛泽东认为它对我们最重要的教益是要独立思考，把马克思列宁主义的基本原理同中国革命和建设的具体实际相结合，提出要“以苏为鉴”，探索自己道路。他明确指出，现在是社会主义革命和建设时期，我们要进行马克思主义与中国实际的第二次结合，找到在中国进行社会主义革命和建设的正确道路。在这个探索中形成了一些正确的和比较正确的理论观点、方针政策和实践经验。例如，党的八大的正确思想、毛泽东在1956年和1957年先后作的《论十大关系》和《关于正确处理人民内部矛盾的问题》等重要讲话，以及许多关于中国社会主义建设的重要观点，涉及政治、经济、文化、国防、外交、党的建设等各个方面。这些都具有长远的指导意义。以毛泽东为代表的中国共产党人初步探索中提出的许多重要思想观点，尽管有的还是不够成熟的设想，有的并未付诸实施，有的后来也没能坚持下去，但它们都为后来的探索做了开创性工作，有着十分重要的理论和实践价值。同时，也为改革开放后中国共产党实现马克思主义基本原理和中国具体实践相结合的第二次历史性飞跃提供了良好的开端，为我们在新的历史条件下坚持和发展马克思主义提供了基础。

要点 2：怎样全面、准确地把握邓小平同志关于社会主义本质的科学论断

十一届三中全会以后，邓小平同志总结多年来离开生产力抽象地谈论社会主义，把许多束缚生产力发展的、并不具有社会主义本质属性的东西当作“社会主义原则”加以固守，把许多在社会主义条件下有利于生产力发展的东西当作“资本主义复辟”加以反对的历史教训，经过深邃的思考，创造性地对社会主义本质进行了新的概括，深化了对社会主义的认识。

首先，为了推动全党对社会主义进行再认识，邓小平同志提出了关于社会主义本质的科学论断：“社会主义的本质，是解放生产力，发展生产力，消灭剥削，消除两极分化，最终达到共同富裕。”

其次，认真领会社会主义本质的科学内涵。邓小平对社会主义本质的新概括，既坚持了马克思主义的科学社会主义，同时又赋予社会主义以新的含义和时代内容。它的基本内涵包括两个方面。其一，把解放和发展生产力纳入社会主义的本质。这是社会主义本质理论的一个十分明显和突出的特点。邓小平强调，只讲在社会主义条件下发展生产力，没有讲还要通过改革解放生产力，不完全。应该把解放生产力和发展生产力两个讲全了。其二，突出强调消灭剥削、消除两极分化，最终达到共同富裕。指出了社会主义社会的发展目标，并从生产力和生产关系两个方面阐明了实现这个目标的途径。

最后，认识社会主义本质的重要意义。其一，社会主义本质理论把我们对社会主义的认识提高到了一个新的科学水平。社会主义本质理论的提出，把我们对社会主义的认识，从主要强调关于公有制、按劳分配等特征，进一步深入到理解实现共同富裕这个建设社会主义的根本目的和目标。其二，社会主义本质理论为探索怎样建设社会主义开辟了广阔的前景。社会主义本质理论把搞清楚“什么是社会主义、怎样建设社会主义”紧密地结合起来，揭示了实现社会主义本质与建设社会主义的道路之间的内在逻辑关系。

总之，邓小平对社会主义本质所作的理论概括，对科学社会主义理论既是坚持和继承，又是发展和创新，为我们真正搞清楚什么是社会主义、怎样建设和发展社会主义这个

问题并在实践中创造出充满活力的社会主义奠定了科学的思想基础。

要点 3：为什么说发展才是硬道理，发展是党执政兴国的第一要务

改革开放以来，邓小平同志在总结历史经验的基础上一再强调了发展社会生产力的重要性。1992 年他提出了“发展才是硬道理”的著名论断。

发展才是硬道理，把发展生产力作为社会主义的根本任务，符合马克思主义基本原理，是巩固和发展社会主义制度的必然要求。社会主义在同资本主义的较量中，能否不断地巩固和发展自己，能否体现出其优越性，最根本的是生产力能否比资本主义发展得更快更好。只有生产力发展了，才能从根本上巩固社会主义制度；发展才是硬道理，是对社会主义实践经验教训的深刻总结。中国在改革开放前的 20 多年的时间里，社会主义现代化建设发展得不尽如人意，一个重要的原因是在相当长的时间里没有能切实将发展生产力作为社会主义建设的根本任务。社会主义决不能长期建立在生产力水平低下和贫穷的基础上。中国解决所有问题的关键是要靠自己的发展。这是对国内外社会主义建设的经验教训进行科学分析得出的最重要的结论；发展才是硬道理，是适应时代主题变化的需要。和平与发展是当今世界的两大主题。作为一个社会主义国家，中国是维护和平和稳定的力量，是世界和平力量发展的重要因素。中国的发展正在成为世界经济发展新的推动力量。

把发展作为执政兴国的第一要务是由中国共产党的执政地位所决定的，是对执政规律认识的深化，也是党实现对所承担的历史责任的需要。中国共产党的执政地位是人民的选择，而人民之所以选择中国共产党，从根本上说是因为它能够领导中国实现民富国强、振兴中华。只有紧紧抓住发展这个执政兴国的第一要务，党才能实现自己在新世纪新阶段的历史使命，承担起自己的历史责任；把发展作为执政兴国的第一要务也是深入落实科学发展观的需要。科学发展观的第一要义是发展，核心是以人为本，基本要求是全面协调可持续，根本方法是统筹兼顾。按照统筹城乡发展、统筹经济社会发展、统筹人与自然和谐发展、统筹国内发展和对外开放的要求，全面推进社会主义现代化建设事业。坚持以发展的办法解决前进中的问题，是实行改革开放以来我们党的一条主要经验。

改革开放三十多年来，我国综合国力大幅度跃升，是人民得到最多实惠的时期，是我国社会长期保持安定团结、政通人和的时期，是我国国际影响显著扩大、民族凝聚力极大增强的时期。这些历史性成就充分证明，坚持以发展为主题，用发展的眼光、发展的思路、发展的办法解决前进中的问题，就能把中国特色社会主义事业不断推向前进。

要点 4：如何理解科学技术是第一生产力

马克思曾经提出科学技术是生产力的一部分、生产力中包含科学的论断，强调科学技术是生产力和社会发展的强大动力。中国共产党历来重视科学技术在国家经济社会发展中的地位和作用，并在科学技术和社会发展实践中丰富和发展了科学技术是生产力的理论。1953 年，毛泽东就提出要学习先进的科学技术来建设我们的国家。十一届三中全会以后，邓小平提出“科学技术是第一生产力”，江泽民、胡锦涛继承和发展了邓小平关于“科学技术是第

一生产力”的思想，进一步提出“科学技术是先进生产力的集中体现和主要标志”、科学技术“是推动人类文明进步的革命力量”等重要论断，成为中国特色社会主义理论的重要内容。

“科学技术是第一生产力”有其丰富的内涵，择其要者如下。第一，社会主义的根本任务是发展生产力。要发展生产力，必须注重发展科学技术这个第一生产力，必须依靠科技和教育。第二，科学技术不仅是第一生产力，而且是先进生产力的集中体现和主要标志，科技进步和创新是发展生产力的决定因素。科学的本质是创新，创新的关键在人才，人才的成长靠教育。科学技术实力和国民教育水平，始终是衡量综合国力和社会文明程度的重要标志，也是每个国家走向繁荣昌盛的两个不可缺少的飞轮。在“科学技术是第一生产力”思想的指导下，党中央相继提出了科教兴国和人才强国的战略。

要点 5：如何理解党必须始终代表中国先进生产力的发展要求

始终代表中国先进生产力的发展要求，就是党的理论、路线、纲领、方针、政策和各项工作，必须努力符合生产力发展的规律，体现不断推动社会生产力的解放和发展的要求，尤其要体现推动先进生产力发展的要求，通过发展生产力不断提高人民群众的生活水平。第一，始终代表中国先进生产力的发展要求，大力促进先进生产力的发展，是中国共产党站在时代前列，保持先进性的根本体现和根本要求。第二，人类社会的发展，是先进生产力不断取代落后生产力的历史进程。社会主义现代化必须建立在发达生产力的基础之上。第三，先进生产力的发展是同生产关系、上层建筑的不断完善密切联系在一起的。党要始终代表中国先进生产力的发展要求，就要使生产关系和上层建筑的各个方面不断体现先进生产力的发展要求。第四，人是生产力中最活跃的因素。党要始终代表中国先进生产力的发展要求，就必须充分发挥全体人民的积极性、主动性、创造性，不断提高工人、农民、知识分子和其他劳动群众及全体人民的思想道德素质和科学文化素质，不断提高他们的劳动技能和创造才能。第五，党要始终代表中国先进生产力的发展要求，还必须大力推进科技进步和创新，努力实现生产力的跨越式发展。先进生产力是用先进科学技术武装起来的生产力。

深度阅读

1. 无产阶级取得国家政权以后，它的最主要最根本的需要就是增加产品数量，大大提高社会生产力。

——《列宁选集》第 4 卷，人民出版社 1995 年版

解析：列宁对马克思主义的发展做出了重要贡献，创立了列宁主义，其思想极其丰富，其中科学发展的思想，成为我党提出科学发展观的极其宝贵的理论源泉。列宁把大力发展生产力和提高劳动生产率的思想摆在首位。列宁认为，建设社会主义最重要的任务就是大力发展生产力。“十月革命”以后，俄国就社会制度来说高于资本主义，但是在经济、文化、科学技术等方面还远远落后于西方发达资本主义国家。列宁从长远的战略的高度提

出了社会主义最终一定要创造比资本主义更高的劳动生产率这个宏伟战略任务。否则，社会主义就没有资格取代资本主义。他深刻指出："劳动生产率，归根到底是使新社会制度取得胜利的最重要的东西。资本主义创造了在农奴制度下所没有过的劳动生产率。资本主义可以被最终战胜，而且一定会被最终战胜，因为社会主义能创造新的高得多的劳动生产率。"他还说："这是很困难长期的事业，但这个事业已经开始，这是最主要的。"

2. 生产力的这种发展……之所以是绝对必须的实际前提，还因为如果没有这种发展，那就只会有贫穷、极端贫困的普遍化；而在极端贫困的情况下，必须重新开始争取必需品的斗争，全部陈腐污浊的东西又要死灰复燃。

——《马克思恩格斯选集》第 1 卷，人民出版社 1995 年版

解析：只有发展生产力，才能消除贫穷的普遍化。马克思和恩格斯再三强调，一切历史冲突都源于生产力和交往形式之间的矛盾。而生产力的发展，最终决定着生产关系，决定着国家和一切上层建筑的存在和发展。生产力的这种发展之所以成为绝对的必须的实际前提，还因为没有这种发展，那就只有贫穷的普遍化，而在极端贫困的情况下，就必须重新开始争取必需品的斗争。

3. 马克思去世以后一百多年，究竟发生了什么变化，在变化了的条件下，如何认识和发展马克思主义，没有搞清楚。绝不能要求马克思为解决他去世之后上百年、几百年所产生的问题提供现成答案。列宁同样也不能承担为他去世以后五十年、一百年所产生的问题提供现成答案的任务。

——《邓小平文选》第 3 卷，人民出版社 1993 年版

解析：马克思主义不是教条，它并不提供对一切问题的现成答案。那种试图从马克思主义经典著作中寻章摘句，寻找对现实问题直接答案的做法，不仅达不到目的，而且是十分有害的。真正的马克思列宁主义者必须根据现在的情况，认识、继承和发展马克思主义。

4. 我们马克思主义者过去闹革命，就是为社会主义、共产主义崇高理想而奋斗。现在我们搞经济改革，仍然要坚持社会主义道路，坚持共产主义的远大理想，年轻一代尤其要懂得这一点。但问题是什么是社会主义，如何建设社会主义。我们的经验教训有许多条，最重要的一条，就是要搞清楚这个问题。

——《邓小平文选》第 3 卷，人民出版社 1993 年版

解析：对于什么是社会主义，应当说，过去我们的认识，有清楚的一面，也有不清楚的一面。邓小平对什么是社会主义，使用的是"没有完全搞清楚"这样的用语。就是说，对社会主义的认识，从社会发展的趋势上讲，从根本制度方面讲，我们是清楚的。而从社会主义发展的具体模式、社会主义的具体实现形式等方面讲，又是不完全清楚的。因此，我们说，邓小平的论断是完全符合实际的，是科学而准确的论断。从社会发展趋势上讲，马克思主义揭示了人类社会发展的客观规律，科学地论证了社会主义代替资本主义的历史必然性，对此，我们党从来都是清楚的。从社会主义的基本制度方面讲，我们也是清楚的。邓小平说，我们在马列主义、毛泽东思想指导下"建立的社会主义制度是个好制度，必须坚持"。他还说："过去行之有效的东西，我们必须坚持，特别是根本制度，社会主义制度，社会主义公有制，那是不能动摇的。"如果对什么是社会主义我们完全不清楚，还

谈什么必须坚定不移地坚持四项基本原则，坚持社会主义的基本制度？应当说，对什么是社会主义，过去确有不清楚的一面。只有搞清楚在哪些方面还“没有完全搞清楚”，我们才能在坚持社会主义的前提下，兴利除弊，自我完善和发展，完成建设有中国特色社会主义的宏伟事业。具体地说，主要是对社会主义的发展阶段、社会主义的本质、社会主义的主要矛盾和根本任务、社会主义的经济体制等认识不完全清楚。

5. 我们的现代化建设，必须从中国的实际出发。无论是革命还是建设，都要注意学习和借鉴外国经验。但是，照抄照搬别国经验、别国模式，从来不能得到成功。这方面我们有过不少教训。把马克思主义的普遍真理同我国的具体实际结合起来，走自己的道路，建设有中国特色的社会主义，这就是我们总结长期历史经验得出的基本结论。

——《邓小平文选》第 3 卷，人民出版社 1993 年版

解析：建设中国特色社会主义，强调走自己的路，不把书本当教条，不照搬外国模式，以马克思主义为指导，以实践作为检验真理的唯一标准，解放思想，实事求是，尊重群众的首创精神。

6. 我们的生产力发展水平很低，远远不能达到人民和国家的需要，这就是我们目前时期的主要矛盾，解决这个主要矛盾就是我们的中心任务。

——《邓小平文选》第 2 卷，人民出版社 1994 年版

解析：这段话从思想理论上进行拨乱反正，恢复党的八大关于当前我国社会主要矛盾和中心任务的正确判断。邓小平指出：“多少年来我们吃了一个大亏，社会主义改造基本完成了，还是‘以阶级斗争为纲’，忽视发展生产力，‘文化大革命’更走到了极端。”这段话从理论上解决了 1957 年整风“反右”以后党内长期存在的一个逻辑矛盾，即一方面认定当前我国社会的主要矛盾是两个阶级两条道路的矛盾，另一方面又提出要把党的工作重心转移到经济建设方面来，从而把社会主要矛盾和党的中心任务统一了起来。后来，在邓小平的许多讲话中，对这个观点作了多方面发挥，明确地提出了“社会主义的首要任务是发展生产力，逐步提高人民的物质和文化生活水平”的论断，指出：社会主义是共产主义的第一阶段，共产主义是各尽所能按需分配的社会，那是一个物质极为丰富的社会，不发展生产力，物质极为丰富从哪里来？所以社会主义的任务就是发展社会生产力。

7. 党要承担起推动中国社会进步的历史责任，必须始终紧紧抓住发展这个执政兴国的第一要务，把坚持党的先进性和发挥社会主义制度的优越性，落实到发展先进生产力、发展先进文化、实现最广大人民的根本利益上来，推动社会全面进步，促进人的全面发展。

——《全面建设小康社会，开创中国特色社会主义事业新局面》，人民出版社 2002 年版

解析：江泽民同志在党的十六大报告中的这段话，是站在历史和时代的高度，深入思考人类社会发展规律，敏锐把握当今世界发展潮流得出的科学结论，是对马克思主义执政党规律的深刻认识，也是对我们党执政基本经验的深刻总结。它与邓小平同志提出的“以经济建设为中心”、“发展是硬道理”的重要思想一脉相承，进一步强调了我们党作为执政党，在领导和促进国家经济发展中的历史责任，为我们党更好地执政兴国指明了方向。我们必须紧紧围绕“全面建设小康社会”这一奋斗目标，抓住“发展”这一要务，解放思想、实事求是，与时俱进、开拓创新，努力实践“三个代表”重要思想。

8. 贯彻“三个代表”要求，最根本的是要不断实现好、发展好、维护好最广大人民的根本利益。这是我们党一切工作的出发点和落脚点，也是正确处理改革、发展、稳定关系的结合点。

——《全面建设小康社会，开创中国特色社会主义事业新局面》，人民出版社 2002 年版

解析：人民是我国社会的主人，是决定我国前途和命运的根本力量，是历史的真正创造者。建设中国特色社会主义，是我国各族人民为实现自己利益、创造美好生活的共同事业，是亿万人民群众广泛参与的创造性事业。尊重人民群众的利益，就是尊重历史发展的规律。只有实现好、发展好、维护好人民群众的利益，才能把人民群众的积极性引导好、保护好、发挥好。不断实现好、维护好、发展好最广大人民的根本利益，是建设中国特色社会主义的根本目的。始终站在最广大人民根本利益的立场上，为实现最广大人民的根本利益而奋斗，是无产阶级政党必须坚持的根本立足点。是否站在最广大人民根本利益的立场上，是检验一个政党是真马克思主义政党还是假马克思主义政党的最高政治标准。因此，我们党的一切工作的出发点和落脚点都必须是广大人民的根本利益。

案例精选

案例 1

票证经济

1955 年 8 月 25 日，国务院第 17 次会议通过《市镇粮食定量供应凭证印制暂行办法》。从此，各种粮食票证便铺天盖地地进入千家万户，拉开了中国“票证经济”的帷幕。

票证是从 1953 年开始发展起来的，先起自粮食、食油，至 1962 年，为保证人民生活的最低需要，稳定社会，已有百余种与人民生活息息相关的商品凭票证限量供应。

1953 年，粮食、食油率先凭票供应。1954 年，又将棉布、棉絮、煤油纳入凭票供应范围。1957 年，少数大城市实行凭购货证供应猪肉、食糖。1958—1959 年，北京、上海、天津等大城市对肥皂、面碱、鸡蛋、鱼、糕点、香烟、自行车、手表、毛衣等货源不足的商品，采取了限量供应办法，分别凭专用票或购粮证供应。有的地区，凭票证供应的商品已达几十种。1960 年粮票开始走入餐馆，1962 年上半年，北京市的票证就有 20 种，即粮票、面票、油票、高级油票、布票、鞋票、肉票、糕点票、饼干票、豆票、儿童副食票、针织品票、购粮证、居民购货证、个人购货证、煤油证、购货券等，凭票供应的商品高达 102 种。其中凭居民购货证供应的商品 24 种，主要是副食品；凭购货券供应的商品 56 种，都是日用工业品。

票证时代，政府定量发放粮、棉、布、油、家具、自行车、蔬菜副食、煤炭、染料，直至香烟、肥皂、火柴、针头线脑等日常生活最基本的物资票证，五花八门。无论买什么，都要带着票拿着本。老太太不识字，买块豆腐得带上所有的票，一不小心，碰落一地票证。计划票证是我国经济形势的“晴雨表”。经济下滑，物资紧缺，票证就增多；经济上扬，票证就减少。三年困难时期，一些大城市每户居民发放的票证多达 30 余种。那时

候，粮票比什么都重要。外出开会、学习、办事，都要带上粮票，出市得带省票，出省得换全国粮票。“全国粮票”一度成为畅销商品和杰出人物的共同代名词。那时候，每人月定量30来斤米、半斤油。粮票是必不可少的吃饭凭证，光有钞票没有粮票，不一定有饭吃。没有钱，可以四处旅游，没有粮票可能寸步难行。人们的饭碗中，一半多是青菜，戏称“瓜菜代”；二两米加两次水蒸两次，看起来多，吃了就饿，美其名曰“双蒸饭”。1966年“文化大革命”开始，导致国民经济几乎崩溃，市场供应紧张，所以1970年以后，许多商品又恢复凭票证供应，这一时期却是票证的黄金时期，一般把此时发行的票称为“文革票证”，其最明显的特点是，在票证最显眼处印有红色毛主席语录。

1976年后，国民经济开始全面恢复，商品日益丰富，国家逐步放宽凭证限量供应商品范围。1983年遵照国务院〔1983〕177号文，布票正式退出历史舞台，标志着票证时代步入末期，特别是20世纪80年代末期以后，中国实行市场经济，物资大为丰富，人民生活水平不断提高。1993年4月1日，粮票光荣离休，成为收藏品市场中的新宠。走过了38年的踉跄小路，粮票终于结束了它的特殊使命和流通历程。“票证经济”的结束预示着中国开始由计划经济的短缺时代走向市场经济的充裕时代。

思考讨论

“票证经济”的教训是什么？

点评

新中国成立以后，我国的经济文化非常落后，人民的物质文化生活水平很低，为保证人民生活的最低需要，稳定社会，就产生了“票证经济”。这本是一时的权宜之计，但由于我们党对我国社会的主要矛盾作出了错误判断，没有制定出正确的基本路线，导致国民经济处于崩溃的边缘，人民生活难以提高，使得“票证经济”长期存在。这告诉我们：社会主义制度建立以后，必须把工作中心转移到社会主义建设上来，在生产发展的基础上，不断满足人民日益增长的物质文化生活的需要。

案例2

“大跃进万岁”

1957年11月13日，《人民日报》发表社论，批评经济工作中的“右倾保守”现象，提出“我们就有条件也有必要在生产战线上来一个大的跃进”。同月，毛泽东同志在莫斯科提出要在十五年内钢产量赶超英国。12月，刘少奇同志向全国公布了15年在钢铁和其他重工业产品的产量方面赶超英国的口号。1958年5月的八大二次会议肯定了当时全国出现的“大跃进”形势，认为中国正经历着“一天等于二十年”的伟大时期。会议还调整了“二五”计划的指标，钢产量由1 200万吨提高到3 000万吨，粮食从5 000亿斤上升到7 000亿斤。会后，“大跃进”在全国范围内全面展开。农业提出“以粮为纲”，要求5年、3年甚至1～2年达到12年发展纲要规定的指标。工业提出“以钢为纲”，将赶超英国的目标缩短为7年、5年以至3年。1958年8月，这些指标又进一步夸大了2倍。随后全国各行各业都出现了“浮夸风”，以及一些荒诞不经的口号。作为一场运动，“大跃进”的错误直到1960年才得以有效地纠正，而作为一个口号和工作思考方式在20多年后才得以最终纠正。

自1953年起，我国的经济建设实行了第一个“五年计划”，到1957年顺利完成。工农业生产都有大幅度的提高，当时社会安定、民风良好。大家为了建设新中国，都有一股子干劲，争先恐后地贡献自己的力量。就是在这样的大好形势下，1958年2月，《人民日报》发表了“鼓足干劲，力争上游”的社论，明确地提出国民经济要全面大跃进。大跃进的提出，不仅停留在思想上，而且要落实到实际工作当中。因此，大家都在努力工作，不甘落他人之后，各个企业生产蒸蒸日上，月月完成生产计划和工作任务。

到1958年6月初，国家计委提出《第二个五年计划要点》，其中提出5年超过英国，10年赶上美国。这个文件得到了毛泽东同志的首肯，并批示：“这是一个很好的文件，值得认真一读。”到了6月17日，又提出“两年超过英国”的报告，毛泽东同志看后，非常高兴。人们既兴奋又茫然。兴奋的是落后的中国能够超过英国、赶上美国，确实是一件了不起的事情。茫然是大家不知道如何赶超，英、美国家到底是一个什么样的水平，无人知晓。

1958年7月，从农业战线传来喜讯，各媒体先后刊登湖北省长风农业生产合作社，早稻亩产15 361斤，放了一个大“卫星”。随即农业部公布夏粮产量同比增长69%，总产量比美国还多出40亿斤。亩产万斤粮的消息见报后，在社会上引起了很大的轰动。之后，各地区抓农业的领导干部，亲自抓“试验田”。秋收季节，亩产万斤粮的报道便接踵而来，比比皆是。更有甚者，亩产不仅能够产万斤粮，而且还能够产10万斤粮。1958年10月1日《天津日报》报道，天津市的东郊区新立村水稻试验田，亩产12万斤，并称在田间的稻谷上可以坐人，让群众参观。10月8日和10日两天，《天津日报》又分别报道天津市双林农场“试验田”，亩产稻谷126 339斤的特大消息，一时轰动全国，可称得起亩产之最了。新立村的“试验田”，毛泽东同志亲自视察过，并且予以肯定，因此，它在全国也就名声大噪了。徐水县在“大跃进”的过程中，曾经放了一亩地产山药120万斤、小麦12万斤、皮棉5 000斤、全县粮食亩产2 000斤等高产“卫星”，徐水县一时成为“大跃进”的明星。当时徐水县到处都是巨大的标语口号：“共产主义是天堂，人民公社是桥梁”、“人有多大胆，地有多大产”。

1958年8月17日，中共中央政治局北戴河会议上研究了超英赶美、大炼钢铁和成立人民公社等重大问题。随后，会议精神很快就传达到基层单位。由9月开始，在工业企业当中，打破了常规，为了完成全年的生产计划，实行大干苦战，每日工作12个小时。职工之间展开了你追我赶的火热局面，管理人员也走出科室到现场办公，为生产第一线服务。每到中班或夜班，职工食堂的炊管人员，把饭菜送到车间。即便是节假日，职工也放弃了公休，主动到工厂上班。

中共中央政治局北戴河会议上，确定要把钢铁作为全党的第一位大事来抓，年计划要完成1 070万吨，实现翻一番。于是便号召全民大炼钢铁，大搞群众运动。在“没有干不到的，只有想不到的”的口号指引下，还是从农村开始，农民在田间垒起了小土炉开始炼钢。顿时，田野间的小土炉星罗棋布，火光冲天。

1958年年底，中共中央发表公报，宣布粮食、钢铁的产量都翻了一番，实现了特大的跃进。从此，“大跃进”、“总路线”和“人民公社”并称为“三面红旗”，“大跃进万岁”也喊了整整20年。

思考讨论

1. 如何认识大跃进时期的社会主义？
2. 结合我国社会主义初级阶段的实际探讨如何建设社会主义。

点评

1958年年初，由中央领导人发动的“大跃进”运动，参加人员之广、声势之大，真可谓历史上少有。“大跃进”已经过去了五十多年，但是它的影响却是深远的。1958年以后，一直作为一面红旗高举若干年，对“大跃进”的经验与教训，应当认真地总结与思考。

首先，用大搞群众运动的办法去抓经济建设是不可取的。“大跃进”对曾经因为落后挨打的中国人来说，本来是个美妙的字眼。中国又是个大国穷国，不跃进行吗？国家领导人明确地认识到这一点。因此，就试图用几年的时间超过英、美等国家。办法只有一个，就是放手发动群众，搞“大跃进”。进入1959年后，各个工业企业废品增多，事故频出，火灾不断，事实证明，良好的愿望并不能促进经济的发展。只有尊重和掌握经济发展规律，尊重科学技术，靠先进的管理，才能高速发展经济。其次，在发展经济的过程中，要从实际出发，做到实事求是。1958年“大跃进”，最惨痛的教训是脱离了实事求是的精神，说大话、搞弄虚作假。农业放高产“卫星”，亩产万斤粮，甚至12万斤粮食，又有哪个是真实的呢？全民大炼钢铁，浪费了大量的能源，砍伐了树木，所炼出来的钢铁都是豆腐渣状的废物，根本没有用处。在农业方面，粮食产量比1957年只提高3.4%，比前五年的平均产量增幅3.8%还略少了一些，这样的产量怎么能够谈得上“大跃进”呢？

案例3

忆小平视察南方历史时刻 话当年“东方风来”前后

——记《东方风来满眼春》作者陈锡添在深圳市民文化大讲堂上的演讲

《香港商报》副社长兼总编辑陈锡添的一场精彩演讲成为深圳市民文化大讲堂系列的首讲，正是当年由陈锡添撰写、刊发在《深圳特区报》的长篇通讯《东方风来满眼春——邓小平同志在深圳纪实》让国人坚定了改革开放的信念，深圳特区改革开放的步伐才更坚实。

小平同志1992年视察南方是一件对深圳、对中国乃至对世界都意义深远的大事件，而时任《深圳特区报》副总编辑的陈锡添有幸成为了这一事件的见证者和记录者。从1992年1月19日到23日，他全程跟随了小平同志在深圳5天的活动，并于当年3月26日在《深圳特区报》发表了著名新闻通讯《东方风来满眼春》。

陈锡添首先向大家介绍了小平同志视察南方的历史背景。他谈道，20世纪90年代初中国处于一个历史的关键时期，即改革开放如何深入进行、怎么样搞社会主义、怎么样发展经济、怎么样进行现代化建设等，这些问题都摆在中国人民面前，中国人民正在选择。而那时“左”的势力抬头，什么事情都要问一个姓“社”姓“资”，以此反对和干扰改革开放。当时很多言论满天飞，如“多一个外资企业就多一分资本主义”、“资产阶级自由化的根源来自经济领域”等。针对这些言论，小平同志在1991年到了一次上海，在上海讲了很多话，讲到资本主义也有计划，社会主义也有市场，不应该这样区分社会主义和资本主义，不应该争论等。当时《解放日报》发了4篇评论，把小平同志的讲话精神传达出去，叫大家不要争论了，否则会影响工作，误了发展的时机。但是这些文章发表后，受到北京舆论界的热议与质疑。这使人们在改革开放面前不敢越雷池一步，胆子不大，步伐不快，束缚了经济建设的发展。

20世纪80年代末90年代初东欧剧变、苏联解体，这时中国人民就面临着怎样面对和平演变的问题，反和平演变的呼声非常高，当时一种气氛是要把反和平演变当成一项中心工作。

在这种情况下，经济发展非常缓慢。这样的情况使得改革开放的总设计师小平同志非常忧虑，也由此小平同志决定了视察南方。

陈锡添回忆说，小平同志在深圳5天，没有作任何报告，全部是闲聊天，但是闲聊天却没有闲话，谈的都是非常重要的话题。他记得，小平同志在任何场合只要停下来就谈，而且他讲话很慢，掰着手指，打着手势，娓娓道来，“但是在这个过程中，就谈出了中国的前进方向，谈出了中国走向繁荣富强的必由之路”。

陈锡添把小平视察南方谈话概括为几个方面。一个方面是谈姓“社”姓“资”问题，针对一些人说特区引进外资就是搞资本主义，小平同志驳斥说：“有的人认为多一个外资企业就多一分资本主义，三资企业多了，就是资本主义的东西多了，就是发展资本主义了，这些人连基本常识都没有。”小平同志还说：“资本主义的东西也可以用，股票也可以拿来尝试，成功了就放开，不成功收了就是了。”当时有人攻击深圳是姓“资”，小平同志就明确地说“深圳姓‘社’不姓‘资’”，斩钉截铁地反对那些攻击深圳、攻击改革开放的人。另外，谈到姓“社”姓“资”的问题时，小平同志提出不要争论，并提出三个标准——发展生产力、提高综合国力、提高人民生活水平，按这三个标准去干就行了，不要争论，“不争论是我的发明”。另外，他强调“发展才是硬道理”。

小平同志视察南方谈话第二个主要的内容就是谈改革开放的问题，当时改革开放停滞不前，一个新的措施出台，唯恐人家说姓“资”不姓“社”，小平同志说这是“左”，“左”的危害非常严重。他说深圳的经验就是敢闯，要求大家改革开放的胆子要大一些，敢于试验，不能像小脚女人那样，要大胆试、大胆闯，没有一点闯的精神，就走不出一条新路，就干不出新的事业。

小平同志视察南方谈话第三个问题谈的是关于经济建设的问题，他说“我们要抓住经济建设这个中心不放”。当时反和平演变很可能成为全国的中心，可能又要搞政治运动，所以小平视察南方这番话，使反和平演变成不了中心，而是抓住经济建设这个中心不放，而且经济建设要搞快一点。他讲了很多，如搞得慢了要挨打，能快的，尽量要快。小平同志还提出广东20年要超过“亚洲四小龙”，是对广东最大的鼓励。到2007年，广东的经济已经超过中国台湾、中国香港、新加坡，提前实现了小平同志提出的目标。小平同志要求坚持十一届三中全会的方针政策，他说：“不坚持社会主义、不改革开放、不发展经济、不改善人民的生活，只能是死路一条。”

小平同志还谈了很多话，谈了要“两手抓，两手都要硬”，搞好廉政建设，不要搞政治运动，要实事求是。“他在国贸大厦里面，指着外面那群高楼大厦就说，你看看深圳全是高楼大厦，这些都是实干干出来的，不是写文章写出来的，不是开会开出来的，他说要实干，会太多、文章太长不行，类似这样的话讲了很多。”陈锡添表示，小平同志的谈话对当时的指导性非常强，针对性也非常强，为我们指明了航向，最主要的是打碎了束缚在人们头脑里的精神枷锁，使全国人民得到了一次大的思想解放，这对中国的改革开放和现代化建设有着非常重要的现实意义和历史意义。

全程跟随小平同志在深圳的5天活动，听了小平同志许多激励人心的谈话，陈锡添胸中时刻涌动着要把小平同志的谈话精神报道出去的激情。而事实上，后来名满天下的新闻通讯《东方风来满眼春》的出炉并不简单。“其实在小平同志到深圳两天之后，上头就通知我们没有报道任务，就让我们跟着跑。听说小平同志来了深圳有‘三不’——不题词，不接见，不报道。”但是陈锡添感到小平同志的谈话非常重要，对当时的问题都一一作了指示。如果把这些话传达出去，改革开放将会掀起一个新的高潮，不报道太可惜了。所以在后面三天里他没有放弃采访，还是紧紧地跟在小平同志身后采访。“白天采访，晚上做大事记，非常辛苦，但是非常认真，绝不放弃采访，否则将来可以写了，却没有材料，那就麻烦了。”

但是小平同志走后一直没开“绿灯”，而陈锡添对这些材料已烂熟于心，在等待的过程中他参与编写了八篇评论，把小平同志的谈话精神原汁原味地说出去，然后发了一版小平在深圳的图片，并为记录小平同志视察南方的电视纪录片写了解说词。后来一直拖到1992年的3月22日这一天，他翻开《南方日报》，突然发现一篇《小平同志在“先科”人中间》的稿件，不由得眼前一亮：这是否意味着自己精心整理的那些关于小平同志在深圳的纪实性材料也同样可以公开见报了？他跟时任《深圳特区报》社长区汇文讲了后，回到家摊开稿纸就写下了“东方风来满眼春”这个标题，这是唐朝著名诗人李贺诗中的一句，他感到这个题目最合适。“铺开纸写的时候，真是激情澎湃，文思泉涌，思路冒出来了，手写还跟不上，我用了两天半的时间把这11 000多字的文章写出来了。”

陈锡添还记得，在他写这篇文章之前，曾有两家媒体约他写稿，但他都婉拒了，表示要么不发，要发就只能在《深圳特区报》发。文章写完后，3月25日上午，他把文章向时任市委常委、宣传部长的杨广慧送审，杨广慧同志却说：“发吧，稿子我就不看了，你们社里自己把关，但一定注意，要把小平同志写成人，不要写成神。”陈锡添说，这篇文章之所以能够发表，应该首先归功于深圳市委和市领导。当夜，长篇通讯《东方风来满眼春》被排上了次日出版的《深圳特区报》一版头条位置。陈锡添当晚也失眠了，怕有什么纰漏。第二天《羊城晚报》也几乎全文刊发了这篇通讯，再过几天，《文汇报》、《光明日报》、《北京日报》等越来越多的报纸都转发了这篇通讯。新华社在3月30日全文播发了这篇文章，到这个时候，陈锡添心中的石头才算是落了地。而不仅是国内的传媒，国外的各大通讯社和大报也几乎都全部播发或刊登了这篇通讯。真是“忽如一夜春风来，千树万树梨花开”。

虽然这篇通讯后来给陈锡添带来了无数荣誉，但他也表示自己还存有遗憾，就是没有把小平同志当时讲到的“不要搞政治运动，不要搞形式主义，领导头脑要清醒，不要影响工作”这四句话报道出来。

演讲中，陈锡添还和大家谈到了小平同志视察南方的意义和他对小平同志视察南方谈话的理解。他认为，小平同志视察南方谈话的意义主要在于打破了束缚在人们头脑中的姓“社”姓“资”的精神枷锁，促成了一次思想大解放；使中国计划经济迅速的变为市场经济；给当时的“左”的势力以致命的打击。

思考讨论

1. 邓小平是在怎样的背景下视察南方并发表谈话的？

2. 邓小平南方谈话对中国历史的发展进程产生了什么样的影响？

点评

中国的改革开放，从最初就伴随着社会主义与资本主义在理论上和实践上的争论与斗争。在改革开放之前，中国的社会主义是意识形态领域高度统一，经济运转以计划经济为主体的苏联模式的社会主义，邓小平的四项基本原则就是在第一次思想大解放过程中，针对资产阶级自由化倾向提出的。在国际上，当时的社会主义国家都在搞改革，以苏联总统戈尔巴乔夫为代表的改革派，放弃了苏联对东欧社会主义阵营的领导权，提出了各个国家有权选择自己国家的发展道路，在不到两年的时间里，东欧社会主义国家纷纷改弦易辙，庞大的苏联也在1991年年底宣告解体。中国的改革开放向何处去？走下去，“六四”的阴影不散，国际上的教训历历在目，风险不可小视；停下来，就意味着要走回头路，这在当时刚刚登上历史舞台的第三代领导集体是一个严峻考验。人民在观望，领导在思考，整个社会在“稳定压倒一切”的口号下艰难运行，邓小平的讲话恰逢其时，《东方风来满眼春》之所以一石激起千层浪，就很容易理解了。

邓小平是中国改革开放的总设计师，虽然年事已高，离开领导岗位，但他经验丰富，德高望重，他对社会主义本质的认识，在全党、全社会都在徘徊行进的特殊时期得以发表，使党和人民对于社会主义本质的认识，有了一个历史性的飞跃，起到了拨云见日的效果，无疑有其特殊的历史意义。

实践项目

演讲：从家乡变化谈发展

1. 实践目的

从学生演讲中，使学生深刻领悟到发展生产力是社会主义的根本任务，发展才是硬道理，才是党执政兴国的第一要务。通过对改革开放三十多年家乡的变化的了解，来证明通过发展不断实现人民群众的利益，是建设中国特色社会主义的根本目的。

2. 实践方案

(1) 时间：两小时。

(2) 地点：教室。

(3) 方式：以班为单位自愿参加报名。

(4) 原则：以“家乡变化和社会发展”为主题，自选角度演讲。
(5) 要求：内容积极向上；时间不超过十分钟。
(6) 评委和嘉宾的邀请：邀请3～5个评委参加评选；可邀请班主任、辅导员做嘉宾。
(7) 等级、奖励：自定。
(8) 流程：
① 主持人致开幕词，介绍到场的评委、嘉宾并介绍比赛的规则、评分细则。
② 比赛开始，选手根据比赛前的抽签顺序进行比赛。
③ 每一人演讲后，主持人根据评委打分情况向观众及选手公布评比分数。
④ 在每四位选手参加比赛之后，中间穿插小节目，以调节比赛气氛。
⑤ 待所有的选手比赛完后，邀请评委代表上台发言，工作人员进行统分。
⑥ 宣布比赛结果并颁奖。
⑦ 主持人宣布比赛结束。
3. 实践评价
将评价结果填入表5-1。

表5-1　评分表

演讲内容（4分）	语言表达（3分）	形象风度（2分）	综合印象（1分）
要求演讲内容紧扣主题，主题鲜明、深刻、积极向上，语言自然流畅，富有真情实感	要求脱稿演讲，声音洪亮，口齿清晰，普通话标准，语速适当，表达流畅，富有激情	要求衣着整洁，仪态端庄大方，举止自然得体，现场感染力强，上下场致意，答谢	由评委根据选手的临场的表现作出综合的评价
得分：	得分：	得分：	得分：
最后得分：			

辩论：共同富裕的社会主义共同理想能否实现

1. 实践目的
认识和明确共同富裕是社会主义坚持不懈的奋斗目标。
2. 实践方案
(1) 时间：90分钟左右。
(2) 地点：教室。
(3) 人员：授课班级全体同学。
(4) 活动主题：拓展视野、展望未来、坚定信念。
(5) 活动方式：课堂辩论赛。

(6) 活动内容：将认为社会主义能够实现共同富裕和不能实现共同富裕的同学分成两个小组，各组选出四个辩手，推举辩论赛主持人，按照基本程序开始辩论。最后，由教师评述，评定成绩。

(7) 时间安排：第五章学习内容完成后实施本方案。

(8) 组织实施：教师在课堂上阐述社会主义本质和根本任务的提出和含义，并提供相关资料引导学生。课堂上教师分组，安排负责人与辩论时间。学生在课余时间准备辩论资料。

(9) 流程：

① 辩论赛开始。

② 宣布辩论题目并介绍参赛代表队及所持立场。

③ 介绍参赛队员比赛规则、评委及点评嘉宾。

④ 辩论赛比赛。

⑤ 评委及点评嘉宾退席评议。

⑥ 宣布比赛结果。

3. 实践评价

将评价结果填入表 5-2。

表 5-2　评分表

评价项目	满分	得分
参与程度	30	
团队协作精神	30	
辩论内容	20	
语言表达能力	10	
仪态及其对时间的控制	10	
总分	100	

第六章　社会主义初级阶段理论

知识提要

搞清楚什么是社会主义，除了科学认识社会主义的本质外，还有一个重要的方面，就是搞清楚我国社会主义处于社会主义发展的什么阶段。分析中国社会主义处于一个什么样的发展阶段，如何正确认识这一阶段主要矛盾和根本任务，党应该采取什么样的路线、方针和政策，制定什么样的发展战略。十一届三中全会以后，党对社会主义初级阶段基本国情的科学认识和准确把握，从整体上解决了我国社会主义发展的现实起点问题，构成了中国特色社会主义理论体系的国情基础。党的十八大报告指出“建设中国特色社会主义，总依据是社会主义初级阶段”，“在任何情况下都要牢牢把握社会主义初级阶段这个最大国情，推进任何方面的改革发展都要牢牢立足社会主义初级阶段这个最大实际”，进一步强调了中国特色社会主义建设中对国情正确认识的重要性。

通过对本章的学习，学生应正确理解和深刻把握我国社会主义初级阶段的科学内涵，初级阶段同过渡时期的区别与联系；社会主义初级阶段应当制定什么样的基本路线、基本纲领和发展战略。学生还应明确在 21 世纪中叶基本实现现代化，把我国建成富强民主文明和谐的社会主义国家是我国发展的战略目标；理解以邓小平为核心的第二代领导集体制定的“三步走”基本实现现代化的战略步骤；理解 21 世纪前 20 年，是我国大有作为的重要战略机遇期，是实现现代化建设第三步战略目标承上启下的发展阶段，全面建设小康社会是这一阶段的任务。帮助学生正确理解社会主义初级阶段的科学内涵及其长期性和坚定性，积极投身于全面建设小康社会的伟大实践中。

要点搜索

要点 1：如何理解社会主义初级阶段的科学内涵及其基本特征

社会主义初级阶段是一个具有特定内涵的新概念，它不是泛指任何国家进入社会主义都会经历的起始阶段，而是特指我国生产力发展水平不高、商品经济不发达条件下建设社会主义必然要经历的特定历史阶段。社会主义初级阶段包括两层既相对区别、又紧密联系的基本含义：第一，我国社会已经是社会主义社会，我们必须坚持而不能离开社会主义；第二，我国的社会主义社会还处在初级阶段，我们必须从这个实际出发，而不能超越这个阶段。前一层含义阐明的是初级阶段的社会性质，后一层含义则阐明了我国现实中社会主义社会的发展程度。

党的十五大对社会主义初级阶段的基本特征作出了新的概括，在 9 条充分体现了社会主义初级阶段历史发展的过程性特征的基础上，党的十七大从8个方面分析概括了新世纪新阶段呈现出的新的阶段性特征。主要是：第一，经济实力显著增强，同时生产力水平总体上还不高，自主创新能力还不强，长期形成的结构性矛盾和粗放型增长方式尚未根本改变；第二，社会主义市场经济体制初步建立，同时影响发展的体制机制障碍依然存在，改革攻坚面临深层次矛盾和问题；第三，人民生活总体上达到小康水平，同时收入分配差距拉大趋势还未根本扭转，城乡贫困人口和低收入人口还有相当数量，统筹兼顾各方面利益难度加大；第四，协调发展虽然取得显著成绩，但同时农业基础薄弱、农村发展滞后的局面尚未改变，缩小城乡、区域发展差距和促进经济社会协调发展任务仍十分艰巨；第五，社会主义民主政治不断发展、依法治国基本方略扎实贯彻，同时民主法制建设与扩大人民民主和经济社会发展的要求还不完全适应，政治体制改革需要继续深化；第六，社会主义文化更加繁荣，同时人民精神文化需求日趋提高，人们思想活动的独立性、选择性、多变性、差异性明显增强，对发展社会主义先进文化提出了更高要求；第七，社会活力显著增强，同时社会结构、社会组织形式、社会利益格局发生深刻变化，社会建设和管理面临诸多新课题；第八，对外开放日益扩大，同时面临的国际竞争也日趋激烈，发达国家在经济科技上占优势的压力长期存在，可以预见和难以预见的风险增多，统筹国内发展和对外开放要求更高。十七大强调指出，自新中国成立以来，特别是改革开放以来的不懈努力，我国取得了举世瞩目的成就，但我国社会主义初级阶段的基本国情没有变，社会主义初级阶段的基本矛盾没有变。

要点2：如何坚持四项基本原则和改革开放的统一

坚持党的基本路线，必须以辩证唯物主义和历史唯物主义的立场、观点和方法，正确处理改革开放和四项基本原则的关系，把二者在建设中国特色社会主义的实践中统一起来；二者相互依存、相互贯通、不可分割。四项基本原则是我国的立国之本；改革开放是社会主义中国的强国之路。一方面必须充分认识四项基本原则在改革开放和现代化建设进程中不断获得的新内容；另一方面又必须在改革开放中坚持四项基本原则，以保证社会主义现代化建设的正确方向，毫不动摇地坚持党的基本路线，把以经济建设为中心同四项基本原则、改革开放这两个基本点统一于建设中国特色社会主义的伟大实践，这是改革开放以来“我们党最可宝贵的经验，是我们事业胜利前进最可靠的保证”。

要点3：如何理解党的最高纲领和最低纲领的统一

实现共产主义是无产阶级政党的最高纲领，同时在革命和建设的不同发展阶段，党也制定了最低纲领，建设中国特色社会主义的纲领，就是党在现阶段的最低纲领；最高纲领与最低纲领既有区别，又有联系，辩证统一于为实现共产主义奋斗的全部历史过程。最高纲领为最低纲领的制定指明前进方向；最低纲领为最高纲领的实现准备必要的条件；坚持最高纲领和最低纲领之间的辩证统一关系，就是坚持理想与现实的统一、方向与道路的统一、目的与过程的统一、不断发展和发展阶段的统一、革命精神和科学态度的统一；科学阐明和正确处理最高纲领和最低纲领之间的辩证统一关系，是中国共产党在理论上、政治上清醒和成熟的重要标志。

要点 4：我国“三步走”基本实现现代化的发展战略及其意义是什么

第一，十一届三中全会以后，邓小平从中国国情出发，提出了分“三步走”，基本实现现代化的战略构想。1987 年，党的十三大把邓小平“三步走”的发展战略构想确定下来，指出，我国经济发展战略部署大体分“三步走”：第一步，从 1981—1990 年实现国民生产总值比 1980 年翻一番，解决人民的温饱问题；第二步，从 1991—20 世纪末，使国民生产总值再增长一倍，人民生活达到小康水平；第三步，到 21 世纪中叶，人均国民生产总值达到中等发达国家水平，人民生活比较富裕，基本实现现代化。然后在这个基础上继续前进。

第二，我国在提前实现了“三步走”战略的第一步和第二步战略目标之后，为了把第二步战略和第三步战略很好地衔接起来，党的十五大把第三步战略目标进一步具体化，提出了三个阶段性目标：21 世纪第一个十年，实现国民生产总值比 2000 年翻一番，使人民的小康生活更加富裕，形成比较完善的社会主义市场经济体制；再经过十年的努力，到建党 100 周年时，使国民经济更加发展，各项制度更加完善；到 21 世纪中叶新中国成立 100 周年时，基本实现现代化，建成富强、民主、文明的社会主义国家，从而使“三步走”的战略和步骤更加具体明确。

我国“三步走”的现代化发展战略，是党的第二代和第三代中央领导集体在参考国外现代化发展历史经验后，总结我国历史经验的基础上提出的，是凭借对中国国情和时代特征的深刻把握，对我国现代化客观规律的正确反映。这一发展战略从社会主义初级阶段实际出发，坚持了雄心壮志与实事求是的统一；把经济发展和提高人民生活水平结合起来，坚持了经济发展和实现社会主义本质要求的统一；明确提出了把我国建设成为富强、民主、文明的社会主义现代化国家，坚持了经济与社会的全面协调发展，“三步走”战略是指导全党和全国人民建设中国特色社会主义的行动纲领。

要点 5：如何理解党的十七大提出的实现全面建设小康社会奋斗目标的新要求

在十六大确立的全面建设小康社会目标的基础上，党的十七大对我国的发展提出了五个方面的更高更新的要求。一是增强发展协调性，努力实现经济又好又快地发展。转变发展方式取得重大进展，在优化结构、提高效益、降低消耗、保护环境的基础上，实现人均国内生产总值到 2020 年比 2000 年翻两番。社会主义市场经济体制更加完善。自主创新能力显著提高，科技进步对经济增长的贡献率大幅上升，进入创新型国家行列。居民消费率稳步提高，形成消费、投资、出口协调拉动的增长格局。城乡、区域协调互动发展机制和主体功能区布局基本形成。社会主义新农村建设取得重大进展。城镇人口比重明显增加。二是扩大社会主义民主，更好保障人民权益和社会公平正义。公民政治参与有序扩大。依法治国基本方略深入落实，全社会法制观念进一步增强，法治政府建设取得新成效。基层民主制度更加完善。政府提供基本公共服务能力显著增强。三是加强文化建设，明显提高全民族文明素质。社会主义核心价值体系深入人心，良好思想道德风尚进一步弘扬。覆盖全社会的公共文化服务体系基本建立，文化产业占国民经济比重明显提高、国际竞争力显著增强，适应人民需要的文化产品更加丰富。四是加快发展社会事业，全面改善人民生活。现代国民教育体系更加完善，终身教育体系基本形成，全民受教育程度和创新人才培养水平明显提高。社会就业更加充分。覆盖城乡居民的社会保障体系基本建立，人人享有基本生活保障。合理有序的收入分配格局基本形成，中等收入者占多数，绝对贫困现象基本消除。人人享有基本医疗卫生服务。社会管理体系更加健全。五是建设生态文明，基本形成节约能源资源和保护生态环境的产业结构、增长方式、消费模式。循环经济形成较大规模，可再生能源比重显著上升。污染物排放得到有效控制，生态环境质量明显改善。生态文明观念在全社会牢固树立。

要点 6：正确理解全面建成小康社会

党的十八大报告首次提出全面“建成”小康社会。“建设”与“建成”一字之差，但意义深远。由“建设”到“建成”，是党中央向全国人民做出的庄严承诺。党的十六大以来的 10 年，我国经济建设、政治建设、文化建设、社会建设、生态文明建设全面推进，我们成功地迈上了 3 个大的台阶，即社会生产力、经济实力、科技实力迈上一个大台阶；人民生活水平、居民收入水平、社会保障水平迈上一个大台阶；综合国力、国际竞争力、国际影响力迈上一个大台阶，全面建成小康社会的目标已经遥遥在望，只要我们奋勇攀登，奋力跨越，就能够实现全面建成小康社会的“中国梦”。

当前和今后一个时期，我国经济社会发展中存在的突出矛盾和问题，还是发展不平衡、不协调、不可持续，要求我们在全面建设小康社会过程中，不断地针对这些问题提出新的目标，更加注重推动科学发展，更加注重用改革的办法解决前进中的问题。距离 2020 年全面建成小康社会只有 7 年的时间，我们面前还有很多难题没有解决，需要我们抓住本世纪难得的发展机遇，深化重要领域改革，坚决破除一切妨碍科学发展的思想观念和体制机制弊端，为全面建成小康社会奠定体制基础。

经济发展目标不等同于全面建成小康社会目标。党的十八大提出了经济持续健康发展的经济建设目标。在这个目标体系下，具体提出了实现两个“倍增”的数量指标，即国内生产总值和城乡居民人均收入 2020 年比 2010 年翻一番。全面建成小康社会是由五个目标体系组成的，除了经济建设目标之外，还包括人民民主不断扩大的政治建设目标、文化软实力显著增强的文化建设目标、人民生活水平全面提高的社会建设目标与资源节约型、环境友好型社会建设取得重大进展的生态文明建设目标。

全面建成小康社会目标需要艰苦地努力才能实现。一是实现经济建设目标任重道远。在经济大危机的背景下，美、欧、日等发达经济体的经济短期内很难实现根本性好转，高度依赖外需带动增长的发展方式必然使我国经济难以为继。过去三十多年支撑中国经济高速发展的“人口红利”、“环境红利”、“资源红利”等的风光不再无限。在未来七年内，如何统筹兼顾好投资、消费与出口的关系，保持平稳较快的经济增长，绝不是一件轻松的事情。

二是实现政治建设目标任重道远。坚持党的领导、人民当家做主和依法治国的有机统一，需要进一步建立决策、执行与监督相互制衡的权力运行机制，进一步健全选举、决策与监督制度体系，这必然遭遇一些权贵阶层的反对。深化政治体制改革涉及权力的再分配问题，更不是一件轻松的事情。

三是实现文化建设目标任重道远。中华民族要真正能够自立于世界民族之林，不仅要有经济发展和技术创新的“硬实力”，而且需要中华文化和中国精神的“软实力”。

四是实现社会建设目标任重道远。社会建设比经济建设难度更大，更需要有决心、有恒心、有耐心、有信心，需要大量的财力投入与保障，必须长期不懈地加强社会主义和谐社会建设。

五是实现生态文明建设更加任重道远。面对资源约束紧张、环境污染严重、生态系统退化等严峻形势，必须把生态文明建设融入经济建设、政治建设、文化建设、社会建设的各个方面和全过程，努力形成节约资源和保护环境的空间格局、产业结构、生产方式、生活方式，进而实现绿色发展、循环发展、低碳发展。由于劳动力总体素质仍然不高和自主创新能力低下而导致的粗放发展方式的转变需要一个过程，加上转变发展方式还需要巨大的成本，要实现生态文明建设的宏伟目标并非轻而易举。

深度阅读

1. 我现在还痛感有周密研究中国事情和国际事情的必要，这是和我自己对于中国事情和国际事情依然还只是一知半解这种事实相关联的，并非说我是什么都懂得了，只是人家不懂得。和全党同志共同一起向群众学习，继续当一个小学生，这就是我的志愿。

——《毛泽东选集》第3卷，人民出版社1991年版

解析：毛泽东同志认为“一切实际工作者，必然向下作调查。对于只懂得理论而不懂得实际情况的人，这种调查工作尤有必要，否则他们就不能将理论和实际相联系”。为什么要学习调查研究的方法，因为“周密研究中国国情和国际事情的必要”，毛泽东谦虚地称自己对于中国国情和国际事情还只是一知半解，要做个小学生，和全党同志一起学习。所以对国情的研究和正确的判断是中国共产党在革命和建设中面临的重要问题，党员干部只有深入实际工作，进行调查研究，去了解实际情况，才能制定出科学的路线、方针和政策。

2. 搞社会主义，一定要使生产力发达，贫穷不是社会主义。我们坚持社会主义，要建设对资本主义具有优越性的社会主义，首先必须摆脱贫穷。现在虽说我们也在搞社会主义，但事实上不够格。只有到了下世纪（21世纪）中叶，达到了中等发达国家水平，才能说真的搞了社会主义，才能理直气壮地说社会主义优于资本主义。现在我们正在向这个路上走。

——《邓小平文选》第3卷，人民出版社1993年版

解析：1987年4月26日，邓小平在《社会主义必须摆脱贫穷》一文中指出的这段话，这既是对“四人帮”一伙“宁要贫穷的社会主义和共产主义，不要富裕的资本主义”的谬

论的批判，又是后来关于社会主义的本质是“解放生产力，发展生产力，消灭剥削，消除两极分化，最终达到共同富裕”这一论断的直观、简洁而又深刻的概括表述。“贫穷不是社会主义”已经成为新时期广大人民群众理解、实践社会主义的口号和指针。

3. 我们党的十三大要阐述中国社会主义是处在一个什么阶段，就是处在初级阶段，是初级阶段的社会主义。社会主义本身是共产主义的初级阶段，而我们中国又处在社会主义的初级阶段，就是不发达的阶段。一切都要从这个实际出发，根据这个实际来制订规划。

——《邓小平文选》第 3 卷，人民出版社 1993 年版

解析：这个论述，第一次把社会主义初级阶段作为事关全局的基本国情加以把握，并作为制定路线和方针政策的出发点和根本依据。十三大在以往探索的基础上，总结了改革开放和现代化建设的经验，系统阐述了初级阶段理论和党的基本路线，表明了党对社会主义和中国国情认识上的一次飞跃。

4. 我们搞社会主义才几十年，还处在初级阶段。巩固和发展社会主义制度，还需要一个很长的历史阶段，需要我们几代人、十几代人，甚至几十代人坚持不懈地努力奋斗，决不能掉以轻心。

——《邓小平文选》第 3 卷，人民出版社 1993 年版

解析：邓小平同志之所以把我国社会主义制度的巩固和发展看得那么长远，这不仅是因为我国社会生产力的发展不能不经历一个由低到高的长过程，短了不行；也不仅是因为我国社会主义生产关系和上层建筑的发展不能不经历一个由不那么成熟到成熟的长过程，短了不行；而是因为我们对社会主义制度巩固和发展规律的掌握也不能不经历一个长过程，短了也是不行的。

5. 社会主义是共产主义的初级阶段，而且中国处在社会主义的初级阶段，就是不发达阶段。在我们这样的东方大国。经过新民主主义走上社会主义道路，这是伟大的胜利。但是我国进入社会主义的时候，就生产力发展水平来说，还远远落后于发达国家。这就决定了必须在社会主义条件下经历一个相当长的初级阶段，去实现工业化和经济的社会化、市场化、现代化。这是不可逾越的历史阶段。

——《十五大以来重要文献选编》(上)，人民出版社 2002 年版

解析：社会主义是共产主义的初级阶段，而且中国现在处于并将长期处于社会主义初级阶段。这是我们现在和今后长时期内制定一切方针政策包括制定党的纲领的基本依据。江泽民同志在十五大报告中，提出了党在社会主义初级阶段的基本纲领。它是党的基本路线的展开和深化，是初级阶段建设有中国特色社会主义经济、政治、文化的基本目标和基本政策。为实现这个基本纲领而奋斗，为建设有中国特色社会主义而奋斗，也就是为实现党的最高纲领而奋斗。

6. 中国走的是社会主义道路，这是国情；中国社会主义正在处在并将长期处在初级阶段，这也是国情。必须把社会主义和初级阶段这八个字统一起来认识和把握……我们想问题、办事情、作决策，都必须从社会主义初级阶段的实际出发，而不能脱离这个实际。

——《论党的建设》，中央文献出版社 2001 年版

解析：党的十一届三中全会以来，我们党坚持解放思想、实事求是，认真总结历史经验教训，重新认识我国基本国情，提出了我国社会处于并将长期处于社会主义初级阶段的论断。这是一个具有重大理论意义和实践意义的科学论断，任何时候都必须牢记。在改革发展三十多年的实践中，党和政府始终牢记社会主义初级阶段基本国情，并根据实践的发展和时代的要求不失时机地将其展开和深化。

7. 为了实现四个现代化，我们必须坚持社会主义道路，坚持无产阶级专政，坚持共产党的领导，坚持马列主义、毛泽东思想。中央认为，今天必须反复强调坚持这四项基本原则，因为某些人（哪怕只是极少数人）企图动摇这些基本原则。这是决不许可的。每个共产党员，更不必说每个党的思想理论工作者，决不允许在这个根本立场上有丝毫动摇。如果动摇了这四项基本原则中的任何一项，那就动摇了整个社会主义事业，整个现代化建设事业。

——《邓小平文选》第 2 卷，人民出版社 1994 年版

解析：粉碎“四人帮”后，社会上和党内出现一些思想动向，造成了一部分人思想混乱。针对这种情况，1979 年 3 月 30 日，邓小平代表中共中央在北京召开的理论工作务虚会上作了题为《坚持四项基本原则》的讲话。邓小平在讲话中将中国共产党一贯强调的思想政治方面的原则，概括为“四项基本原则”，邓小平在逐一论述了四项基本原则之后说：“总之，为了实现四个现代化，我们必须坚持社会主义道路，坚持无产阶级专政，坚持共产党的领导，坚持马列主义、毛泽东思想。”决不允许否定或反对四项基本原则。如果动摇了这四项基本原则中任何一项，那就动摇了整个社会主义事业和整个现代化建设事业。四项基本原则永远是我们立国、治国、强国之本。

8. 我们在制定对内经济搞活这个方针的同时，还提出对外经济开放。总结历史经验，中国长期处于停滞和落后状态的一个重要原因是闭关自守。经验证明，关起门来搞建设是不能成功的，中国的发展离不开世界。

——《邓小平文选》第 3 卷，人民出版社 1993 年版

解析：这一命题是邓小平对当代世界经济、科技发展和国际形势发展敏锐观察的结果。当今世界，经济和科学技术发展一日千里，只有充分利用国际经济资源和科技成果来发展自己，才能赶上当代世界的科技和经济发展潮流。这也是邓小平对中国长期停滞落后的历史教训深刻总结的结果。长期闭关自守，把我国搞得贫穷落后，愚昧无知。历史的经验一再告诉我们，关起门来搞建设是不行的，把自己孤立于世界之外是不行的。这还是邓小平对我国社会主义现代化建设的迫切需要的深刻的结论。改革开放之初，我国的实际情况是，资源相对不足，资金严重缺乏，科学技术落后，管理知识和经验不足，也迫切需要扩大国际经济、技术交流，引进资金，引进先进技术、设备和管理经验，这一切都离不开向世界开放。

9. 社会主义要赢得与资本主义相比较的优势，就必须大胆吸收和借鉴人类社会创造的一切文明成果，吸收和借鉴当今世界各国包括资本主义发达国家的一切反映现代化社会化生产规律的先进经营方式、管理方法。

——《邓小平文选》第 3 卷，人民出版社 1993 年版

解析：这是邓小平 1992 年南方谈话的著名论断，但众所周知，邓小平在“文化大革命”结束后重返中国政治舞台中心的时候，就开始提出了学习外国的问题。从公开发表的

论著看，第一次是在1978年，他在全国科学大会开幕式上讲话指出："提高我国的科学技术水平，当然要靠我们自己努力，必须发展我们自己的创造，必须坚持独立自主、自力更生的方针。但是，独立自主不是闭关自守，自力更生不是盲目排外。科学技术是人类共同创造的财富。任何一个民族、一个国家，都需要学习别的民族、别的国家的长处，学习人家的先进科学技术。我们不仅因为今天科学技术落后，需要努力向外国学习，即使我们的科学技术赶上了世界先进水平，也还要学习人家的长处。"对比上述两段讲话，第一次提出这个问题时，还只是涉及学习先进科学技术，而南方谈话中涉及的已经是包括市场经济在内的一切文明成果；第一次只是笼统地说学习"别的民族"、"别的国家"，而南方谈话则明确提出就是要向西方发达资本主义国家学习。从1978—1992年，14年间这种认识上和理论上的不断前进，是改革开放伟大实践推动的结果，是不断冲破思想藩篱，对社会主义不断再认识的结果。

10. 我们党已经制定和形成了一条建设有中国特色社会主义的路线和一系列基本政策。概括地说，就是小平同志多次指出、最近再次强调的，以经济建设为中心，坚持四项基本原则，坚持改革开放。这是我们有信心做好工作的根本的、坚实的基础。这次中央领导核心作了一些人事调整，但是，党的十一届三中全会以来的路线和基本政策没有变，必须继续贯彻执行。在这个最基本的问题上，我要十分明确地讲两句话：一句是坚定不移，毫不动摇；一句是全面执行，一以贯之。

——《十三大以来重要文献选编》（中），人民出版社1991年版

解析：坚持党的基本路线不动摇，关键是坚持以经济建设为中心不动摇。社会主义基本制度建立后，由于国内因素和国际影响，阶级斗争还将在一定范围内长期存在。在某种条件下还有可能激化，我们必须清醒地认识和正确地处理这方面的问题。但是，我国社会的主要矛盾已经不是阶级斗争，经济建设已经成为我们的中心任务。除非发生大规模外敌入侵，无论在什么情况下都不能动摇这个中心。

案例精选

案例 1

跑马乡的故事

老一辈无产阶级革命家薄一波在他的回忆录《若干重大决策与事件的回顾》中，讲述了1958年10月中旬发生在湖北省当阳县跑马乡的一件事。这个乡党委书记在大会上宣布：11月7日是社会主义结束之日，11月8日是共产主义开始之日。会议开完，大家就上街去拿商店的东西。拿完商店的东西就去拿别人家的：你的鸡，我可以抓来吃；这个队种的菜，别的队可以随便跑来挖。小孩子也不分你的我的了。只保留一条：老婆还是自己的。这位乡党委书记说：不过这一条还得请示上级。由这件事足可见当时急于向共产主义过渡所引起的思想混乱和社会后果。

八届六中全会以后，1959年2月下旬，毛泽东赴河北、山东、河南三省调查研究，发

现八届六中全会《关于人民公社若干问题的决议》做出的关于纠正“共产风”的决定精神并未贯彻，“一平、二调、三收款”的现象仍然相当严重。于是，毛泽东于2月27日—3月5日，在郑州召开中央政治局扩大会议，即第二次郑州会议，专门纠正“共产风”的问题。在会议中，毛泽东对“共产风”进行了更严厉的批评。他说，从去年9月人民公社成立后，刮起了一股“共产风”，主要有3条：一是穷富拉平，二是积累太多，三是猪、鸡、鸭、(有的部分，有的全部）无偿归公社，还有部分桌椅、板凳、刀、锅、筷等无偿归公社食堂，还有大部分自留地归公社……这样一来，“共产风”刮遍全国。他批评说：无偿占有别人劳动成果，这是不允许的。我们对民族资产阶级的生产资料都还采用赎买政策，怎么可以无偿剥夺农民的劳动成果呢？这样做，实际是抢产，不给钱，不是抢是什么？这样下去，一定垮台！他又说：我代表1 000万队长干部，五亿农民说话，坚持右倾机会主义（笔者按：当时，主持一线工作的中央领导很“左”，如果谁反对他们推行的“共产风”就被他们批判为右倾，所以毛泽东这样说)，贯彻到底，你们不跟我贯彻，我一个人贯彻，直到开除党籍，要到马克思那里告状！

思考讨论

1. 这件事产生的原因是什么？
2. 我们从中应该汲取的教训是什么？

点评

毛泽东曾讲过“认清中国的国情，乃是认清一切革命问题的基本的根据”。如果不能正确认识国情，党就不能制定出正确的路线、方针和政策，就会犯下各种“左”或右的错误。跑马乡的故事，就是因为当时有些人对我国的国情认识不清，对社会主义建设的长期性缺乏充分认识，急于求成而造成的。

经过对历史经验教训的总结和长时间的思想酝酿，我们党的十三大第一次论述了我国正处在社会主义初级阶段，并且完整地概括和表述了党在整个社会主义初级阶段的基本路线。社会主义初级阶段理论是对当前我国国情最基本的概括，是建设中国特色社会主义的根本出发点；社会主义初级阶段理论是我们党制定路线、方针、政策的基本依据；社会主义初级阶段理论为我们进一步统一思想，为反对“左”和右的错误倾向提供有力的思想武器；社会主义初级阶段理论是我们认清社会主义事业长期性和艰巨性的指南；社会主义初级阶段理论是对马克思主义的新发展，是对科学社会主义关于社会主义发展阶段理论的继承和重大发展。

认清我国的社会主义还处在初级阶段，是认清现阶段我国社会主义建设一切基本问题的根据。只有明确社会主义初级阶段的具体国情和特征，我们才能够制定与之相适应的正确的路线、方针、政策，才能明确社会主义初级阶段的主要矛盾和根本任务，才能充分认识社会主义现代化建设的长期性、紧迫性、复杂性和艰巨性。

案例2

党的历史上的五条基本路线

历史上我们党在不同的历史时期先后有过五条基本路线或总路线，由于其反映客观规律的基本程度不同，带来的结果也不同。

在民主革命时期，提出了新民主主义革命总路线即无产阶级领导的人民大众的反对帝国主义、封建主义和官僚资本主义的革命。事实证明，这是一条正确的基本路线，在这条总路线的指引下，我们取得了民主革命的全国胜利、建立了中华人民共和国。

新中国成立后，在1953年提出了从新民主主义到社会主义过渡时期的总路线，即要在一个相当长的时期内，逐步实现国家的社会主义工业化，并逐步实现国家对农业、对手工业和资本主义工商业的社会主义改造。在这条总路线的指引下，我国走出了一条独特的社会主义改造道路，建立了以生产资料公有制为基础的社会主义制度，促进了生产力的发展。

在1958年党的八大二次会议上，提出了“鼓足干劲，力争上游，多快好省地建设社会主义”的总路线。这条总路线反映了党和人民要求改变我国经济文化落后面貌的强烈愿望，由于忽视了客观经济规律，导致了“大跃进”的错误。这种盲目追求经济发展速度、不切实际地贪多求快的结果，不但没有做到好、省，相反却造成了物质财富的极大浪费，国民经济比例严重失调。随之而来的是三年困难时期，我国社会主义建设事业遭受了严重损失和挫折。

1962年开始提出、1969年党的“九大”完整表述和正式通过的党的整个社会主义历史阶段的基本路线，是在无产阶级专政下继续革命的错误理论指导下形成的，其核心是“以阶级斗争为纲”。其主要内容是：在社会主义整个历史阶段中，还存在着阶级、阶级矛盾和阶级斗争，存在着社会主义同资本主义两条道路的斗争，存在着资本主义复辟的危险性。所以，阶级斗争要“年年讲，月月讲，天天讲”。由于这路线严重脱离了我国实际，在完成生产资料社会主义改造、社会的主要矛盾已经发生根本变化的情况下，用阶级斗争掩盖和代替社会主义建设，结果造成了十年动乱，给党和人民的事业造成了空前的大灾难。它使生产力遭到严重破坏，整个国民经济濒于崩溃边缘。

十一届三中全会以后，我们党在深刻认识我国国情和社会主义初级阶段主要矛盾的基础上，提出了“一个中心，两个基本点”的基本路线。在这一基本路线的指引下，我国改革开放和现代化建设取得了举世瞩目的成就，人民生活总体上达到小康水平。

思考讨论

1. 党的基本路线制定的依据是什么？

2. 党的历史上不同时期的基本路线或总路线的不同结果，给我们留下的经验教训是什么？

3. 为什么要坚持党在社会主义初级阶段的基本路线不动摇？

点评

党的基本路线或总路线是党在一定历史时期制定的行动纲领，是总揽全局的根本指导方针，是党制定各项具体方针政策的依据。制定党的基本路线，必须正确认识和分析这一历史时期我国社会所处的历史阶段和这一时期的主要矛盾。历史证明，党的基本路线的正确与否具有决定性的意义，与党的伟大事业息息相关。基本路线正确，党的事业就发展；基本路线有偏差，党和国家、人民就遭受挫折。我们党在社会主义初级阶段的基本路线是从实际出发，正确认识和分析我国社会所处的历史阶段和主要矛盾，制定出来的，要管一百年，动摇不得。

十一届三中全会以来的伟大实践证明，党在社会主义初级阶段“一个中心，两个基本点”的基本路线，是一条符合我国现阶段基本国情的正确的基本路线，因此我们要坚持党在社会主义初级阶段的基本路线不动摇。坚持党的基本路线不动摇，关键是坚持以经济建设为中心不动摇；坚持党的基本路线不动摇，必须把改革开放同四项基本原则统一起来；坚持党的基本路线不动摇，必须正确处理改革、发展和稳定之间的关系。

案例 3

苏联几代领导人对社会主义阶段理论的探索

20 世纪初，资本主义发展到帝国主义阶段。列宁从帝国主义时代的历史条件出发，论证了落后国家一国实现社会主义革命的可能性，领导俄国劳动人民取得了十月革命的胜利。列宁在《国家与革命》中，论述马克思关于共产主义社会的思想时，第一次明确地把马克思关于“共产主义社会第一阶段或低级阶段”称为“社会主义社会”，把“共产主义社会高级阶段”称为“共产主义社会”。列宁在领导社会主义建设实践中，对社会主义发展阶段提出了许多创造性的见解。首先，他对从资本主义到共产主义（实际上是社会主义）的过渡时期的认识更加具体和深刻。认为过渡时期不能不兼有两种社会经济结构的特点和特征，是衰亡着的资本主义和生长着的共产主义彼此斗争的时期；社会经济结构的基本形式是资本主义、小商品生产和社会主义，相应的基本力量是资产阶级、小资产阶级和无产阶级；主要是资本主义与社会主义、资产阶级与无产阶级的斗争，阶级斗争必然导致无产阶级专政，这是阶级斗争的新形势的继续；资本主义愈不发达的社会，过渡时期就愈长，任务愈艰巨，斗争就愈尖锐；过渡时期要经过若干阶段，在政策上要照顾到许多更小的过渡，估计到每一种过渡的特殊任务。因此，他深感马克思强调新社会诞生时的那种“长久的阵痛”不是没有缘故的。其次，他虽然没有明确社会主义社会有哪些发展阶段，但已经察觉到了社会主义社会存在不同的发展阶段。他说，苏维埃俄国只能“过渡到新的、还没有长出来的、还没有稳固基础的社会主义”，将来达到“发达的社会主义社会”。显然，在他的思想里有“发达的社会主义”和“不发达的社会主义”之分。而且他还有一个提法，即从资本主义“跃进到共产主义的低级阶段，跃进到中级阶段”，“跃进到共产主义的最高阶段”。列宁的这些思想，反映了他对落后国家建设社会主义的长期性的新认识，并察觉到了社会主义是要划分阶段的。列宁关于过渡时期的新认识察觉到社会主义有不同发展阶段的新提法，对于不发达国家建设社会主义务必从实际出发，不要超发展阶段具有重大指导意义。

过去的几十年里，从斯大林开始的苏联历届领导人及东欧诸国领导人都没有搞清楚本国究竟处于社会主义的哪个发展阶段上。斯大林实际上没有接受列宁提出的由资本主义过渡到社会主义要经过一个较长的时期，要经历若干阶段的思想。1936 年，他宣布“我们已经基本上实现了共产主义第一阶段，即社会主义”。1938 年，苏联制定第三个五年计划就明确提出要在五年内完成无产阶级的社会主义的建设并从社会主义逐渐过渡到共产主义。显然，斯大林错误地把社会主义社会视为一个短暂的历史阶段，超阶段地急于向共产主义过渡。

赫鲁晓夫执政时期也没有弄清楚苏联的基本国情，基本上继承了斯大林把社会主义看作短暂的阶段的思想，认为 20 世纪 30 年代苏联已经建成社会主义，现在的任务是准备向共产主义过渡。他急于求成，在改革上实施了一套“左”的办法。1961 年 10 月，赫鲁晓夫在苏共二十二大上宣布“20 年基本上建成共产主义社会”，还制定了一个时间表。因此，人们称赫鲁晓夫的主张是“共产主义建成论”。

勃列日涅夫时期，纠正了赫鲁晓夫的主观主义唯意志论，调整过“左”的改革措施，对社会主义的认识也有一些改变。勃列日涅夫停止使用“全面开展共产主义建设”的口号，提出了“发达社会主义理论”，认为社会主义社会是一个很长的历史阶段，苏联已经“建成发达社会主义社会”，而且认为已经“为顺利建成共产主义创造了条件”。

以后，苏联领导人对共产主义的认识更接近苏联实际，1982 年勃列日涅夫去世，安德罗波夫及其继任者契尔年科都认为苏联当时的社会性质是处于社会主义历史阶段的“起点”上，这被人们称为“社会主义起点论”。在这之前，苏联对社会主义社会的认识在理论和实践上都不够准确。

1985 年 3 月，戈尔巴乔夫执政，竭力改变过去的看法，用“完善社会主义”取代了“完善发达社会主义”的提法，这就是“完善社会主义论”。由于苏联领导人“多年来，存在一个对马克思主义、社会主义的理解问题”，对“如何认识和发展马克思主义，没有搞清楚”，因此，马克思主义的政治方向、政治立场、政治观点不坚定，在改革中左右摇摆。最后，戈尔巴乔夫完全抛弃了马克思主义，用人道的、民主的社会主义代替科学社会主义，并最终葬送了社会主义。

思考讨论

1. 苏联历届领导人对苏联社会主义的发展阶段是怎样认识的？
2. 苏联历届领导人对社会主义发展阶段的认识对我国有何启示？

点评

列宁从俄国的国情出发，提出经济文化落后的俄国经历一系列阶段才能过渡到社会主义，并正式把共产主义阶段称为社会主义社会。十月革命胜利后，他十分强调要研究革命发展的阶段问题，但当时主要致力于研究和解决需要经过哪些阶段过渡到社会主义问题，而来不及探索社会主义社会本身有哪些阶段。斯大林在领导苏联人民建立起社会主义制度后。没有深入分析本国的具体国情，错误地认为社会主义建成之日，就是向共产主义过渡开始之时，在生产力不够发达的基础上急于向共产主义高级阶段过渡。他去世以后，苏共领导人并没有改变社会主义是一个暂短阶段的观念，相反，1959 年苏共二十一大宣布，苏联进入“全面开展共产主义社会建设时期”，1961 年苏共二十二大进一步宣布“20 年基本上建成共产主义社会”。虽然苏共以后领导人对共产主义的认识开始更接近实际，由于苏联领导人“多年来，存在一个对马克思主义、社会主义的理解问题”，对“如何认识和发展马克思主义，没有搞清楚”，也就不能在正确认识国情的基础上，找到正确的发展道路。最后，必将葬送了社会主义。

十一届三中全会以前，我国曾和苏联一样，对社会主义发展阶段的认识，一直处于不完全清醒的状态。这主要表现在，错误认识我国社会主义所处的历史阶段，脱离实际，超越国力，结果欲速则不达。可见，搞社会主义建设，必须深刻地认识和掌握中国的国情，也就是不但要搞清什么是社会主义，怎样建设社会主义，而且还必须搞清现阶段我国社会主义还处于社会主义的哪个阶段，搞清楚什么是现阶段的社会主义，在现阶段怎样建设社会主义。

实践项目

“中国和印度社会政治经济文化比较”展览

1. 实践目的

学生通过两种制度下对当前社会状况的比较和金砖国家之间的比较（巴西、俄罗斯、印度、中国、南非）来分析今天我国取得成就的根本原因。

2. 实践方案

（1）时间：第四～第六章学习内容完成后实施本方案；利用课余时间。

（2）地点：教室。

（3）形式：学院用展板展示。

（4）人员：授课班级全体同学。

（5）活动内容：搜集各种图片资料或实物；以班级或专业为单位，组织展示。

（6）流程：

① 搜集中国和印度古代、近代、当代的历史资料，以图文的形式保存下来并简要填写表 6-1。

表 6-1　中国和印度古代、近代、当代历史资料

时间	国家	政治	经济	文化
古代	中国			
	印度			
近代	中国			
	印度			
当代	中国			
	印度			

② 将资料交给小组负责人，负责人经过筛选整理后，交给任课老师。

③ 制作成印刷品，张贴在学院展示板上。基本要求：展示资料搜集完成后，要分类，展示应尽可能体现一定风格；展示要拟定主题；写出编者按和结束语；用展板展示，学生要搜集参观者的反映，要有观众留言本。

④ 同学们浏览所展示的资料后，进行课堂讨论。

A. 同为发展中国家的中国和印度，在政治、经济、文化方面有哪些特点？

B. 中印发展有何相似点？印度的发展对中国有什么借鉴意义？

C. 你对中印关系现状有何看法？

3. 实践评价

（1）活动结果：展览。

（2）评价方式：评分表。将评价结果填入表 6-2。

表 6-2　评分表

评价项目	满分	得分
搜集资料情况	30	
展示是否充分	30	
展板布局是否合理	20	
观众反映情况	10	
课堂讨论	10	
总分	100	

开展全面建设小康社会——居民生活状况调查

1. 实践目的

改革开放 30 多年以来社会经济高速发展，中国人民的生活发生了翻天覆地的变化。那么，现代人在忙些什么，做些什么？本次以了解当地居民社会生活为主要任务的社会调查活动，可以从中了解当代人的爱好倾向，也可以了解其心理状态和风气，分析休闲方式中存在的利弊，为有关部门提供好的建议。通过对社区不同群体的调查，对被访人群的业余时间及业余活动、人群对待业余时间的状况以及业余生活对人群的影响有一个初步的了解。同时通过上述的业余生活状况和对比分析，发现目前所存在一些诸如人群业余生活安排单一等问题。总之，通过本次调查，反映出目前业余生活的质量情况。

2. 实践方案

（1）时间：利用课余时间（大约三周时间）。

（2）地点：选择较近典型的社区。

（3）对象：社会居民。

（4）方式：问卷调查。

（5）数量：200 份。

（6）流程：

① 设计调查问卷，题目设计可参考下文。

② 分小组进行调研，填写调研表。

③ 对调研结果进行统计。

④ 得出调研结论。

⑤ 分析并总结存在的问题，将结果填入表 6-3。

表 6-3　存在的问题

文化层次越低，活动方式越单一	
社会越发达，个人的压力越大	
社会在发展，人情在收缩	

⑥ 提出几点建议：建设一定的娱乐场所，扩大百姓的娱乐范围，特别是在农村；成立夜校和地区图书馆，提高百姓的文化层次；倡导社会关注人文的守护情怀；建设文明、安全、和谐社区。

3. 实践评价

(1) 活动结果：调研报告。

(2) 评价方式：评分表。将评价结果填入表 6-4。

表 6-4　评分表

评价项目	满分	得分
调研表质量	30	
调研时间	30	
调研结论	30	
课堂表现	10	
总分	100	

可参考表 6-5 给出的居民生活习惯和生活方式调研样表收集调研资料。

表 6-5　居民生活习惯和生活方式调研样表

	工人	农民	知识分子	新的社会阶层
旅游				
看书				
看电视				
打牌				
上网				
休息				
走亲访友				
打球				
下棋				
总数				

第七章　社会主义改革和对外开放

知识提要

改革开放是党的十一届三中全会作出的决定，是当代中国命运的关键抉择，是新的历史时期最鲜明的特点，改革是社会主义制度的自我完善与发展，是中国的第二次革命，对外开放是建设中国特色社会主义的一项基本国策，是邓小平理论的重要组成部分。本章主要阐述改革开放的理论和实践。

通过对本章内容的学习，学生应了解我国改革开放政策提出的历史背景、历史进程和所取得的巨大成就；理解改革开放的性质、意义，明确改革是社会主义制度的自我完善与发展，掌握改革是中国的是第二次革命；明确改革是社会主义社会发展的直接动力。还应了解我国对外开放政策的提出和作为基本国策的确立过程，进一步了解我国对外开放的格局和进程，以及现在在对外开放过程中我们的策略与选择。

要点搜索

要点 1：建设中国特色社会主义要坚定不移地实行改革开放

党的十七大报告强调必须坚定不移地实行改革开放，这是一个极其重要的论断，为什么这样说呢？因为只有改革开放才能发展中国、发展社会主义、发展马克思主义。这是对马克思主义关于社会主义发展动力基本原理的最新发展，也是对我国改革开放理论和实践价值认识的升华，同样也对指导我国今后的社会主义建设与发展具有重大的意义。

社会主义国家的实践证明，要使国家发展起来只有社会主义这个前提是不够的，如果在社会主义建设中不实行改革开放，国家就很难得到发展和壮大，即使一时得到发展也很难维持持久。

苏联和东欧国家在建立社会主义制度后，有一段时间的发展速度是很快的，成就也很辉煌，但是由于其没进行改革和开放，僵化、封闭的体制所带来的问题越来越多，而且很难得到解决。到了 20 世纪 60 年代，经济社会发展逐渐陷于停滞的状态，虽然这时看到了改革的重要性，但在改革过程中，没有很好地把握改革的方向，最终导致了东欧剧变。

新中国在成立后的一段历史时期，在建设中有成功的经验，但也经历了困难和挫折，特别是在“文化大革命”的十年浩劫中，我们经历了极大的挫折和失败，经济达到了崩溃的边缘。国内外的经验都证明了如果不进行改革开放，不改变僵化的、有弊端的体制，国家就很难得到发展。

十一届三中全会以后，我国由于实行了改革开放，国家得到了迅速的发展，成为世界经济和贸易大国之一，始终保持了9%的经济发展速度。越南、老挝等社会主义国家，也相继走上改革开放的道路，也同样取得了举世瞩目的发展。事实充分证明，在建立社会主义制度之后，只有坚持改革开放才能使社会主义国家真的发展和强大起来。

我们要看到社会主义是新生的社会制度，它还有很多的地方不完善和不成熟，要使它不断地完善和发展，特别是结合自身的国情得到发展，就需要我们在实践基础上不断地去完善、调整，这个过程就是改革的过程。所以说改革是完善社会主义的必由之路。

开放是社会化生产和市场经济的共同特点，现在的世界是开放的世界，任何国家的发展都离不开世界，没有任何一个国家可以仅凭自己的资源和技术来发展自己，因为在其发展过程中多少都会遇到资源短缺的现象。当前世界已经进入了经济全球化的时代，对外开放的意义就更加重要。我国只有实行开放才能使国内与国际市场实现紧密的结合与衔接，为我国社会主义发展创造更多的机会和条件。过去我国的对外开放主要是实行“引进来”的战略，吸引外国的资金、技术、人才等，现在我国的经济有了很大的发展，我们不仅要“引进来”还要“走出去”，去发展我们的跨国公司和到国外投资办厂，参与国际竞争，获得更大的发展空间。开放使我们具有更大的活力和更广阔的天地，使我们更加全面地参与经济全球化的进程。

现在社会上有两种错误的观点。一是认为我们的改革进行了三十多年，取得了很大的成就，可以不再继续了。这种观点是错误的。因为社会主义建设的实践不会停止，在发展中我们现在还有很多的问题没有解决，而且还会随着发展出现新的问题和矛盾，这就需要我们不断地进行调整和完善，不断地通过改革去解决这些问题和矛盾，所以改革不是到了头，而是任重道远。还有一种观点，把现在社会中出现的问题和矛盾都归咎为是改革开放造成的，这种观点也是错误的，有很多人认为下岗增多、失业率上升、贫富差距扩大，腐败滋生等问题都是经济体制改革造成的，这种观点是片面的、错误的。一系列的社会问题和矛盾，形成的原因是很复杂的，但其主要原因是由于僵化、封闭、有弊端的体制造成的，进行改革开放就是要改变这种体制，使这些体制充满生机和活力。

要点2：改革是中国的第二次革命

改革是中国的第二次革命，是邓小平同志的重要观点，邓小平同志于1985年9月23日在《在中国共产党全国代表会议上的讲话》一文中阐述道：“改革促进了生产力的发展，引起了经济生活、社会生活、工作方式和精神状态的一系列深刻变化。改革是社会主义制度的自我完善，在一定的范围内也发生了某种程度的革命性变革。这是一件大事，表明我们已经开始找到了一条建设有中国特色的社会主义的路子。”因此，如果从马克思主义哲学的角度来看，“改革是社会主义制度的自我完善”，这体现的是量变，而“在一定的范围内也发生了某种程度的革命性变革”，这讲的是量变中的部分质变。可见，改革是中国的第二次革命，是量变中有部分质变的过程。实践证明，许多重大的改革的成功，如在农村实行家庭联产承包责任制，搞包产到户，在全国范围内改变僵化的计划经济体制，建立社会主义市场经济体制，都体现了“改革是中国的第二次革命”的论断的正确性。

我们要清楚地知道革命和改革是有区别的，革命一般是指一个阶级推翻另一个阶级的斗争，而改革是同一阶级内部实行的完善和调整；革命采取的方式通常都是暴力和武装形式的，而改革是通过调整完善来实现的；革命从方向上来看，一般是自下而上的，而改革一般是执政者自上而下实行的；革命成功会实现政权的转移，但改革是为了巩固政权而进行的。从以上这些方面来看它们是有很大的区别的，那为什么邓小平同志还要说改革是第二次革命呢？这主要是从改革的意义和作用方面来讲的。中国共产党的第一次革命把一个半殖民地半封建的中国变成了一个社会主义新中国，极大地解放和发展了生产力，改变了中国军阀混战，备受帝国主义欺凌的历史，建立了人民当家做主的崭新国家。中国现在进行的改革，要把中国变成一个富强、民主、文明、和谐的现代化的社会主义国家。我们现在进行的改革不是对原有体制细枝末节的修修补补，而是对原有体制进行根本性的变革，它很大程度上解放和发展了生产力，为生产力的发展扫清障碍，引起了社会生活、利益格局及思想观念等一系列的巨大变化，因此完全可以说改革是一场深刻的革命。它同革命的意义同样深远，作用同样重要。

改革是一项新的事业，需要经过长期的、艰苦的努力。改革的路子和模式，没有现成的答案，也没有现实的成功模式可以照搬，只有在实践中探索。为此，改革必须坚持解放思想、实事求是的原则，胆子要大些，步子则要稳些，并要充分地认识到改革的长期性和艰巨性。

要点 3：正确认识全方位、多层次、宽领域的开放新格局

十一届三中全会以后，我国开始了对外开放的历史进程，从建立经济特区开始到发展对外贸易，引进外资，开展技术交流与合作，逐步形成了全方位、多层次、宽领域的开放新格局。

所谓全方位，就是对资本主义国家和社会主义国家，对发达国家和发展中国家都要实行开放政策。国家无论大小、强弱，也无论社会性质和类型，都有自己的优势和长处，都可以在平等互利原则基础上，展开交流与合作。

所谓的多层次，是指我国的对外开放是由建立经济特区开始的，逐步地开放沿海城市、设立沿海经济技术开发区，再逐步扩展到广大的内陆地区，形成了点（经济特区）、线（沿海城市）、片（沿海经济技术开发区）、面（广大的内陆地区）一个逐层深入的开放格局。

所谓的宽领域，是指我国的对外开放不仅仅是对经济领域的开放，我们同时还开放很多的领域，范围十分广泛，如体育、卫生、教育、交通、科技等多个领域。

要点 4：正确处理改革、发展和稳定的关系

正确认识和处理改革、发展和稳定的关系，是我们党领导中国特色社会主义事业不断取得成功的一条基本经验。20 多年的改革之所以能够顺利推进，铸就辉煌成就，也得益于正确认识和处理改革发展稳定的关系。邓小平同志指出："改革是中国的第二次革命"，"发展才是硬道理"，"稳定压倒一切"。这三个论断深刻表明，改革、发展、稳定是中国现

代化建设中的三个重要支点，缺一不可。江泽民同志在总结历史经验的基础上提出了抓住机遇、深化改革、扩大开放、促进发展、保持稳定这个全党工作的大局，系统地分析了改革、发展、稳定三者之间的内在联系。实践证明，三者关系处理得当，就能总揽全局，保证经济和社会的顺利发展；处理不当，就会吃苦头，付出代价。

改革、发展、稳定三者存在着不可分割的内在联系。改革是动力，发展是目的，稳定是前提，三者是内在统一的有机整体。改革开放是强国之路。要在新的历史起点上继续推进社会主义现代化建设，说到底要靠深化改革、扩大开放。坚持以经济建设为中心，坚持发展才是硬道理，坚持发展是党执政兴国的第一要务，是我们党推进改革开放的重要历史经验，是经济、政治、文化、社会全面进步的根本要求。保持社会稳定，是顺利实现经济社会发展目标的必要前提，也是确保人民群众安居乐业的基本条件。

坚持以科学发展观为统领，是正确认识和处理改革、发展、稳定关系的必然要求。首先，必须坚持把以人为本作为处理改革、发展和稳定三者关系的根本出发点和落脚点，人民群众是改革、发展和稳定的主体，是推动经济社会发展的决定力量。改革、发展、稳定决策的科学性，集中体现在坚持以人为本、兼顾各方面利益、照顾各方面关切上。其次，保持改革、发展、稳定的相互协调和相互促进。全面、协调、可持续既是科学发展的内在要求，也是深化改革、保持稳定、促进和谐的内在要求。一方面要注重增强改革措施、发展措施和稳定措施的协调性；另一方面要把改革的力度、发展的速度和群众可承受程度统一起来。

深度阅读

1. 中国现在发生的变化主要是从一九七八年年底开始的，我指的是我们党的十一届三中全会。那次全会总结了历史经验，决定了一系列拨乱反正的政策。其实，拨乱反正在一九七五年就开始了。那时我主持中央党政工作，提出了一系列整顿措施，每整顿一项就立即见效，非常见效。这些整顿实际上是同“文化大革命”唱反调，触怒了“四人帮”。他们又一次把我轰下了台。粉碎“四人帮”以后还有两年徘徊，因为当时中央主要领导人搞“两个凡是”，继续肯定“文化大革命”。以十一届三中全会为标志，才真正发生变化，到现在快六年了。这六年来发生的变化，确实比预料的要好。我们首先解决农村政策问题，搞联产承包责任制，搞多种经营，提倡科学种田，农民有经营管理的自主权。这些政策很见效，三年农村就发生了显著变化。一九七八年开的是十一届三中全会，过几天我们要开十二届三中全会，这将是一次很有特色的全会。前一次三中全会重点在农村改革，这一次三中全会则要转到城市改革，包括工业、商业和其他行业的改革，可以说是全面的改革。无论是农村改革还是城市改革，其基本内容和基本经验都是开放，对内把经济搞活，对外更加开放。虽然城市改革比农村复杂，但是有了农村改革的成功经验，我们对城市改革很有信心。农村改革三年见效，城市改革时间要长一些，三年五载也会见效。十二届三中全会的决议公布后，人们就会看到我们全面改革的雄心壮志。我们把改革当作一种革命，当然不是“文化大革命”那样的革命。

——《邓小平文选》第3卷，人民出版社1993年版解析：这段材料是邓小平同志1984年10月10日会见联邦德国总理科尔时谈话的一部分。这段材料的主题十分明确，中国改革的开端是1978年召开的十一届三中全会，这是中国改革的起点。中国的改革从农村开始，逐渐深入和扩大，是一场全面的改革，这场改革不是对原有体制的修补，而是根本性的变革，对于人们生活的触动，对生产力的发展起到了积极的作用。邓小平同志强调要把这场改革作为一场革命，但这场革命绝不是“文化大革命”那样的革命。

2. 现在我们正在做的改革这件事是够大胆的。但是，如果我们不这样做，前进就困难了。改革是中国的第二次革命。这是一件很重要的必须做的事，尽管是有风险的事。六届人大三次会议的政府工作报告指出了我们已经遇到的一些风险。我们在确定做这件事的时候，就意识到会有这样的风险。我们的方针是，胆子要大，步子要稳，走一步，看一步。我们的政策是坚定不移的，不会动摇的，一直要干下去，重要的是走一段就要总结经验。因为改革涉及人民的切身利害问题，每一步都会影响成亿的人。改革能否成功，再过几年就能看清了。农村的改革三年见效，包括城市、农村在内的全面改革更复杂了，我们设想要五年见效。这中间一定还会犯错误，还会出问题。关键是要善于总结经验，哪一步走得不妥当，就赶快改。最近出现的一些问题没有什么了不起，国际上有人把它看得比较严重，但我们自己心里是踏实的。两个开放，即对外开放和对内开放，这个政策不会变，我们现在进行的改革是两个开放政策的继续和发展。改革需要继续开放。不久前，我在全国科技工作会议上讲执行开放政策时，强调了理想和纪律，这是必要的。有人认为，中国谈理想，是否意味着要收了。不是这样。对于开放可能带来的消极影响，我们的头脑是清醒的，不是盲目的。我们的方针不是收，而是继续放，也许今后要放得更大。外国有的评论家说，中国的现行政策是不可逆转的。我认为这个看法是正确的。

——《邓小平文选》第3卷，人民出版社1993年版

解析：这段材料是邓小平同志1985年3月28日会见日本自由民主党副总裁二阶堂进时谈话的一部分。其主题就是，改革是中国的第二次革命。改革是第二次革命是针对第一次革命而言的，改革虽然没有第一次革命那样需要无数的仁人志士抛头颅、洒热血，做出巨大的牺牲，但这场革命命的意义绝不亚于第一次革命。这场革命会触动许多人的利益，矛盾会很多，也可能会很突出，但绝不能因此就停止。这场革命不是对原有体制的修修补补，而是根本性的变革，对生产力的发展具有重要的意义，对人民生活的触动会十分深刻，所以说改革是中国的第二次革命。

3. 世界上对我国的经济改革有两种评论。有些评论家认为改革会使中国放弃社会主义，另一些评论家则认为中国不会放弃社会主义。后一种看法比较有眼光。我们所有的改革都是为了一个目的，就是扫除发展社会生产力的障碍。过去我们进行了新民主主义革命，建国后完成了土地改革，又进行了农业、手工业和资本主义工商业的社会主义改造，建立了社会主义经济基础，那是一个伟大的革命。那个革命搞了三十几年。但是在建立社会主义经济基础以后，多年来没有制定出为发展生产力创造良好条件的政策。社会生产力发展缓慢，人民的物质和文化生活条件得不到理想的改善，国家也无法摆脱贫穷落后的状态。这种情况，迫使我们在一九七八年十二月召开的党的十一届三中全会上决定进行改革。我们总的原则是四个坚持：坚持社会主义道路，坚持人民民主专政，坚持共产党的领

导，坚持马列主义、毛泽东思想。这已经写进中国的宪法。问题是怎么坚持。是坚持那种不能摆脱贫穷落后状态的政策，还是在坚持四项原则的基础上选择好的政策，使社会生产力得到比较快的发展？十一届三中全会决定进行改革，就是要选择好的政策。改革的性质同过去的革命一样，也是为了扫除发展社会生产力的障碍，使中国摆脱贫穷落后的状态。从这个意义上说，改革也可以叫革命性的变革。

——《邓小平文选》第3卷，人民出版社1993年版

解析：这是邓小平同志1985年8月21日会见坦桑尼亚联合共和国总统尼雷尔时谈话的一部分。主要是谈国际社会对中国改革的两种评价。这两种观点鲜明对立，那就是中国的改革会坚持还是放弃社会主义。在这段谈话中，邓小平同志明确地指出，我们的改革是在坚持四项基本原则的基础上进行的，在此基础上我们选择好的政策，这不会使中国走向资本主义。改革的目的是要发展生产力，使中国摆脱贫穷和落后的状态，改革会出现许多的问题和矛盾，也会遇到很多的难题需要我们去解决，但这场革命是一种必然。通过这场改革我们要不断地巩固社会主义制度，而绝不是要放弃它。

4. 我们党的发展，走过了曲折道路。很长时期比较顺利，但也犯过这样那样的错误。一九二五年至一九二七年大革命，这个时期的后期有陈独秀右倾机会主义，那个错误导致中国大革命的失败。我们党被打入地下，被迫同蒋介石进行了长期的战争。三十年代前期有王明为代表的“左”倾机会主义，那个错误导致我们多数革命根据地受挫折，使三十万革命军队减少到三万。我们为什么要长征？长征是被迫进行的。从一九三五年开始，我们党在毛泽东同志的正确领导下，经过抗日战争、解放战争，赢得了胜利，一九四九年建立了中华人民共和国。建国后的头八年，我们进行了社会主义改造，建立了一些基础工业。从一九三五年以来二十几年都搞得很好。但是到了一九五七年，我们又犯错误了，反右扩大化。一九五八年，要求过急，搞“大跃进”，搞人民公社，不对头了，给我们带来很大灾难。我们花了三年时间，纠正错误，才使情况又好起来。经济情况有好转，但是指导思想上没有解决问题，这就是为什么一九六六年又开始了“文化大革命”。“文化大革命”搞了整整十年。我为什么讲这个历史？因为我们现在的路线、方针、政策是在总结了成功时期的经验、失败时期的经验和遭受挫折时期的经验后制定的。历史上成功的经验是宝贵财富，错误的经验、失败的经验也是宝贵财富。这样来制定方针政策，就能统一全党思想，达到新的团结。这样的基础是最可靠的。有人说，我们现在有保守派、改革派，这是猜测。事实证明，改革是正确的，很见效。如果外国朋友都能看出我们的变化，看出我们搞得不错，我们自己的人民还能看不见？人民有自己的亲身经历，眼睛是雪亮的。过去吃不饱，穿不暖，现在不仅吃饱穿暖，而且有现代化生活用品，人民是高兴的。既然如此，我们的政策还能不稳定？政策的稳定反映了党的稳定。最近，我们党的总书记辞职，这样的事在你们那里不算一个问题。大概由于我们过去开放不够，一有变化好像就是中国发生大问题了。其实没有发生什么人事，我们很快就解决了。我们提出反对资产阶级自由化，就是反对全盘西化，反对否定党的领导和社会主义制度。但是我们着重在教育。这是长期的任务，不采取运动的方式来处理。我们不搞运动，这也不是运动所能解决的问题。一切工作照常运转。我们今年秋季召开党的十三大，将更加清楚地阐明我们的现行政策，而且要进一步提出政治体制改革

的任务来适应经济的发展。我们现行的方针政策不会有任何变化，开放政策只会更加开放。不但本世纪如此，中国达到中等发达国家水平以后还会如此，以后更是如此。中国是稳定的。过去我们多灾多难，党和国家经过许多波折，有些事情人们难以理解也不奇怪，但我们自己是有清醒估计的。

——《邓小平文选》第3卷，人民出版社1993年版

解析：这是邓小平同志会见1987年5月12日荷兰首相吕贝尔斯时谈话的主要部分。在这段材料中，邓小平同志回顾了我党在领导中国革命和进行社会主义建设的过程中，走过的很多曲折道路。应该说历史上成功的经验是宝贵财富，错误的经验、失败的经验也同样是宝贵财富。这些宝贵的财富使我们明确了改革的正确性。正是这场改革开放使中国真正地活跃起来了，它使中国的改革发生了巨大的变化，人民既喜欢又高兴，这就是对改革正确性的最好证明。中国的改革会一直进行下去，会更加开放，不会因为一些问题的出现和一些人的看法而受到影响。

5. 中央确定了全党全国工作的大局，这就是抓住机遇、深化改革、扩大开放、促进发展、保持稳定；这二十字是指导我们当前和今后的全局工作和正确处理改革、发展、稳定三者关系的重要方针；改革是动力，发展是目标，稳定是前提；没有改革，我们就不可能走出一条建设有中国特色社会主义的正确道路，我们的事业就不可能顺利前进；没有发展，我们就不可能实现现代化，也就不可能保持党和国家长治久安；没有稳定，改革和发展都无从进行；各级领导干部在工作中一定要把握好这几个方面的关系。

——《江泽民文选》第1卷，人民出版社2006年版

解析：这是江泽民同志1994年5月5日在上海市考察工作时讲话的一部分。从以上这段谈话我们可以看出，中国进行改革开放，必须要处理好改革、发展和稳定这三者之间的关系。改革是社会主义社会发展的直接动力，发展是中国的目标而这都要以稳定作为前提，没有稳定的国际和国内环境就谈不上改革和发展；反过来没有持续的发展也不可能获得长久的和平，没有改革也就谈不上中国持续地发展，三者之间相辅相成，辩证统一，要不断地深化改革、持续发展就要处理好这三者之间的关系。

6. 党的十一届三中全会以来30年的伟大历程和伟大成就深刻昭示我们：改革开放是决定当代中国命运的关键抉择，是发展中国特色社会主义、实现中华民族伟大复兴的必由之路；只有社会主义才能救中国，只有改革开放才能发展中国、发展社会主义、发展马克思主义；改革开放符合党心民心、顺应时代潮流，方向和道路是完全正确的，成效和功绩不容否定，停顿和倒退没有出路。

必须把促进改革发展同保持社会稳定结合起来，坚持改革力度、发展速度和社会可承受程度的统一，确保社会安定团结、和谐稳定。30年来，我们既大力推进改革发展，又正确处理改革发展稳定关系，坚持改革是动力、发展是目的、稳定是前提，把不断改善人民生活作为处理改革发展稳定关系的重要结合点，在社会稳定中推进改革发展，通过改革发展促进社会稳定，在当今世界发生广泛而深刻的变化、当代中国发生广泛而深刻的变革的大环境下，始终保持社会大局稳定。

实现改革发展稳定的统一，是关系我国社会主义现代化建设全局的重要指导方针。推动社会主义现代化不断前进，必须自觉调整和改革生产关系与生产力、上层建筑与经济基

础不相适应的方面和环节。我们既坚定不移地大胆探索、勇于创新，又总揽全局、突出重点，先易后难、循序渐进，在实践中积累经验，不断提高改革决策的科学性、增强改革措施的协调性，推进经济体制、政治体制、文化体制、社会体制以及其他各方面体制改革相协调，使改革获得广泛而深厚的群众基础。我们及时总结改革的实践经验，对的就坚持，不对的赶快改，新问题出来抓紧研究解决。同时，我们深刻认识到发展是硬道理，稳定是硬任务；没有稳定，什么事情也办不成，已经取得的成果也会失去。我们正确把握和处理经济社会生活中出现的各种矛盾，加强和改进思想政治工作，健全党和政府主导的维护群众权益机制，及时妥善处理人民内部矛盾，依法打击各种违法犯罪活动，警惕和防范国内外敌对势力的渗透破坏活动，坚决维护社会稳定和国家安全。我们要始终从维护我国发展的重要战略机遇期、维护国家安全、维护最广大人民根本利益的高度出发，全面把握我国社会稳定大局，有效应对影响社会稳定的各种问题和挑战，确保人民安居乐业、社会安定有序、国家长治久安。

——胡锦涛《在纪念党的十一届三中全会召开30周年大会上的讲话》，人民出版社2008年版

解析：改革开放的30多年来，我国发生了巨大的变化，这些变化表现在社会生活的各个领域当中，胡锦涛在纪念改革开放30周年大会讲话中，对于改革在我国社会发展中的重要作用和意义，给予了极大的评价和肯定，高度概括改革开放的主要经验，并且对今后的改革开放作出重要战略部署，明确提出改革开放的方向、重点，具有相当强的现实指导意义。从这段材料中我们可以深刻地体会到，只有改革开放才能发展中国、发展社会主义、发展马克思主义。坚定不移地在中国共产党的领导下，坚持改革开放的方针不变，是我们发展社会主义，实行人民生活水平不断提高，巩固执政地位，实现共产主义的必由之路。

案例精选

案例1

小岗村的壮举

1978年夏秋之交，百年未遇的大旱肆虐安徽，安徽省委省政府号召全省人民“倾家荡产，奋力抗旱”。虽然全省上下奋力拼搏，但在大自然的巨大灾害面前，人的力量终究显得微弱而有限，1978年全省粮食大减产已成定局。老百姓的吃饭将要发生问题。1978年9月1日，安徽省委召开紧急会议，做出了“借地渡荒”的决定，这使1978年遭到旱魔残酷蹂躏的江淮大地，在第二年夏收之后形势迅速好转。借地给农民的口子一开，就如“长江之水天上来，奔流到海不复回”，直接诱发了农民大包干的浪潮。

提起安徽省凤阳县，人们都知道这是明朝开国皇帝朱元璋的故乡，凤阳花鼓闻名全国。当时有一首广为流传的凤阳花鼓唱道：“说凤阳，道凤阳，凤阳本是好地方。自从出了朱皇帝，十年倒有九年荒。大户人家卖牛羊，小户人家卖儿郎。奴家没有儿郎卖，身背花鼓走四方。”

1978年特大灾害后，凤阳人走四方更是达到了高峰，但有一群人不愿坐等饿死，他们迈出了艰难的一步，他们就是凤阳梨园公社小岗生产队的农民。1978年11月24日晚上，小岗村西头，严立华家低矮残破的茅屋里挤了18个农民。关系全村命运的一次秘密会议召开了，会议主要是研究分田单干。他们采用了抓阄的方式，分牲畜、农具，又迅速丈量土地，艰难地迈出了分田到户的第一步。这就是家庭联产承包责任制的最初一步。于是，小岗村成为了中国农村改革的发源地，有“中国十大名村、安徽省历史文化名村”等美誉。

小岗村以前却是一个出了名的穷村。立下生死状，在土地承包责任书上按下了红手印，创造了“小岗精神”实施了“大包干”。这一“按”竟成了中国农村改革的第一份宣言，它改变了中国农村发展史，掀开了中国改革开放的序幕。

小岗村位于凤阳县东部的小溪河镇，“大包干”前隶属于梨园公社，当时仅仅是一个有20户、115人的生产队，以“吃粮靠返销、用钱靠救济、生产靠贷款”的“三靠村”而闻名。“大包干”第一年，小岗村发生了巨大变化。全队粮食总产13.3万斤，相当于1955—1970年粮食产量总和；油料总产3.5万斤，相当于过去20年产量的总和；人均收入400元，是1978年22元的18倍。

目前，小岗村下辖23个村民小组，拥有849户、3 823人，耕地面积8 713亩。30多年来，在各级党委、政府和社会各界的关心支持下，小岗村发生了可喜的变化，新农村建设取得了显著成效。修建多条水泥道路，实施农村“改水改厕”工程，有112户农户通上自来水，修建了“大包干”纪念馆、档案馆和信息中心等；从人均纯收入来看，小岗村2007年人均达到6 000元，比去年全省农民人均纯收入的3 556元高出2 400多元，比该村2003年的2 300元增加了近2倍，年均增长近千元。随着村民生活水平的不断提高，绝大多数家庭都购置了彩电、冰箱、洗衣机等基本家用电器和小型农用机械，许多农户购置了数字电视，有4户村民购置了高档轿车，102户翻盖了新房，28户村民搬进了住宅新区。

客观地说，小岗村30多年来变化很大。“大包干”虽然激发了农民种田积极性，迅速实现了丰衣足食愿望，但从整个发展过程来看，“大包干”本身却难以全面推动小岗村走上小康之路。然而，“大包干”精神永不过时，永远是我们的财富。小岗村的富裕之路仍然需要“大包干”精神。

思考讨论

1. 小岗村的村民为什么冒着巨大的风险进行分田单干？
2. 30多年来小岗村发生了哪些深刻的变化？这与改革有什么样的关系？

点评

本案例叙述了我国改革第一村，为了改变贫穷的状况，冒着当时违反国家政策、规定的风险，走出了我国改革开放的第一步，为全中国改革迈出了至关重要的一步。通过这一改革，小岗村发生了重大的变化，证明了我国农村经济体制改革的必要性，这一举动改变了中国农村发展史，掀开了中国改革开放的序幕。

小岗生产队发生如此大的变化，直接原因是在安徽省政府鼓励下，农民把生产队土地划分到户、包干经营，即实行家庭联产承包责任制。根本原因是农村经济体制改革使农村的生产关系适应了生产力发展的要求，调动了广大农民的生产积极性。

“联产承包责任制采取了统一经营与分散经营相结合的原则，使集体优越性和个人积极性同时得到发挥。这一制度的进一步完善和发展必将使农业社会主义合作化的具体道路更加符合我国的实际。这是在党的领导下我国农民的伟大创造，是马克思主义农业合作化理论在我国实践中的新发展。

“联产承包责任制和各项农村政策的推行，打破了我国农业生产长期停滞不前的局面，促进农业从自给半自给经济向着较大规模的商品生产转化，从传统农业向着现代农业转化。这种趋势，预示着我国农村经济的振兴将更快到来，从而为实现党的十二大的战略目标提供更为有利的条件。现在，方向已经明确，道路已经开通，群众正在前进。我们面临的主要的问题是，不少同志对这一历史性变革缺乏充分的思想准备，某些上层建筑的改革赶不上经济基础变化的需要。这种状况如果不改变，农民已经高涨起来的积极性就可能重新受到挫伤，已经活跃起来的农村经济就可能再次窒息。党和政府的各个部门，各级领导干部都应力求做到，思想更解放一点，改革更大胆一点，工作更扎实一点，满腔热情地、积极主动地为人民服务，为基层服务，为生产服务，认真执行党的十二大确定的路线、方针和政策，依靠八亿农民和知识分子，为建设具有高度物质文明和高度精神文明的新农村贡献力量，使农村社会主义事业更加欣欣向荣，蒸蒸日上。”

案例 2

经济特区

“经济特区”一词，1979 年由中国首先提出，并在深圳加以实施按其实质，经济特区也是世界自由港区的主要形式之一。经济特区实行特殊经济管理体制和特殊政策，用减免税收等优惠办法和提供良好的基础设施，吸引外商投资和促进出口的特定地区。经济特区以减免关税等优惠措施为手段，通过创造良好的投资环境，鼓励外商投资，引进先进技术和科学管理方法，以达到促进特区所在国经济技术发展的目的。经济特区实行特殊的经济政策，灵活的经济措施和特殊的经济管理体制，并坚持以外向型经济为发展目标。

经济特区是在国内划定一定范围，在对外经济活动中采取较国内其他地区更加开放和灵活的特殊政策的特定地区。在我国，是中国政府允许外国企业或个人及华侨、港澳同胞进行投资活动并实行特殊政策的地区。在经济特区内，对国外投资者在企业设备、原材料、元器件的进口和产品出口，公司所得税税率和减免，外汇结算和利润的汇出，土地使用，外商及其家属随员的居留和出入境手续等方面提供优惠条件。

从特征上讲，经济特区是我国采取特殊政策和灵活措施吸引外部资金、特别是外国资金进行开发建设的特殊经济区域；从功能上讲，经济特区是我国改革开放和现代化建设的窗口、排头兵和试验场。这既是对经济特区特殊政策、特殊体制、特殊发展道路的概括和总结，也是对经济特区承担的历史使命和实际作用的概括和总结。

经济特区的作用可以概括为：① 扩大本国的对外贸易；② 引进更多的国外资金、技术和管理经验；③ 增加就业机会，扩大社会就业；④ 加快特定地区经济发展与经济开发的速度，形成新的产业结构和社会经济结构，对全国（地区）经济发展形成吸纳和辐射作用；⑤ 获得更多的土地出售、出让和出租收益。

特区的名字从开始的出口加工区改成经济特区曾有一番周折。原广东省特区办副主任、中央深圳市委副书记秦文俊回忆说："觉得是不是可以在特区的前面冠上'经济'两个字。当时世界也没有哪个地方叫经济特区，没有这个名词，有的只是自由贸易区、出口加工区，那么这就存在着一个怎么翻译的问题。按照中国人来说，经济这两个字，可以解释为低档的、便宜的。我记得过去解放以前，我在街上看到有经济客饭这几个字，翻译出来会不会有这些误会？后来又请了香港的一些人专门来谈，又把这个意见向省委、向国家进出口委员会汇报了，得到了他们的同意。"其实，当时人们更多考虑的是政治上的因素。一些研究经济特区的著作都有专门的一章或一节探讨特区姓"资"还是姓"社"的问题。又如，中国第一批合资企业的申报书上，不但有邓小平的签字，还有12位副总理的画圈。所有这些都不是偶然的，而说明是一个十分重大的政治问题，反映了人们思想解放的程度和新旧思想的交锋。"如此谨慎，如此慎重，是因为合资企业将深刻地冲击经济体制中的规章制度和思想观念。"

经济特区在改革开放之前，在中国人的心目中有一种根深蒂固的思维定式：单一公有制、高度集中管理手段、平均主义分配形式和清贫的生活水平，是纯粹的社会主义的经济运行规则，即姓"社"的，而多元化的所有制（特别是私有制）、市场经济、分配上的差别（特别是比较大的差别）和富裕的生活水平，则是纯粹的资本主义的经济运行规则。它们之间不仅是不兼容的，而且是绝对的、全方位的对立。在中国的"史无前例"时代，有一句著名的"豪言壮语"，那就是"宁长社会主义的草，也不栽资本主义的苗"。类似的话，在铁路有"宁要社会主义的晚点，也不要资本主义的正点"，在厂矿有"宁要社会主义的低速度，也不要资本主义的高速度"。既然是绝对对立，那就应当彻底铲除资本主义，一点儿都不能留。于是，在20世纪70年代初这种理论达到顶峰的时候，便出现了"割资本主义尾巴"、"批资本主义法权"和"赶社会主义大集"等奇观，其基本的理论依据就是毛泽东关于无产阶级专政的一系列讲话。1974年10月20日，在会见丹麦首相保罗·哈特林时，毛泽东讲："总而言之，中国属于社会主义国家。解放前跟资本主义差不多。现在还实行八级工资制，按劳分配，货币交换，这些跟旧社会没有多少差别。所不同的是所有制变了。"同年12月26日，在听取了关于四届人大筹备工作的汇报后，毛泽东又对周恩来、王洪文等人说："我同丹麦首相谈过社会主义制度。现在实行的是商品制度，工资制度也不平等，有八级工资制，这只能在无产阶级专政下加以限制。所以林彪一类如果上台，搞资本主义制度很容易。因此，要多看一些马列的书。列宁说，'小生产是经常地、每日每时地、自发地和大批地产生着资本主义和资产阶级的'。工人阶级一部分，党员一部分，也有这种情况。无产阶级中，机关工作人员中，都有发生资产阶级生活作风的。"

经济特区把资本主义与社会主义绝对地对立，对试图在两者之间找到交汇点的冠以"修正主义"帽子大加鞭挞，是改革开放之初中国的最大的思想负担，是最大的包袱，也是最大的障碍。今天回过头去看，当初创办特区的那些想法及特区所具有的那些特征，用传统的姓"资"姓"社"的标准来衡量，毫无例外地都在姓"资"的范围。正因如此，才出现了围绕特区到底姓"资"还是姓"社"问题出现的许多争论。最初争论的焦点实际上涉及中国与资本主义国家的关系问题，即特区会不会变成旧中国的租借地？这是特区开始创办时相当一部分人的担忧。“由于特区是在中国长期闭关自守的格局尚未根本打破的情况下并且是作为打破这一格局的特殊举措而突然创办的，因此，当时许多人还不理解引进外资究竟意味着什么，他们从特区想到了旧中国的‘租界’，担心特区会不会变成租界，是不是殖民地？1979 年上半年，正当蛇口机器轰鸣、劈山填海之际，有位抗战时期曾经在这里打过游击的老战士泪流满面，痛心疾首地说：‘革命先烈流血牺牲得来的土地，给你们一下子卖掉了。’这种心态不只是老同志有，相当一部分干部群众不同程度地也怀有类似的疑虑。”办特区、打开大门让外国资本家前来投资办厂，而且还要给他们许多优惠条件，对于绝大多数还不敢越传统的“社会主义”雷池一步的人来说，这不是重新“租界化”和“殖民地化”，又是什么呢？甚至在 1982 年的时候，有人还在报上撰文告诫人们说，“外国侵略通过历次《租界章程》大肆掠夺中国领土和主权的惨痛事实，暴露了中国封建制度及其官僚主义在同国际资本打交道过程中的极端腐朽和无比昏庸。对于已经站起来的中国人民来说，它则是不可忘记的一页。”对此，有的学者指出，这似乎提醒人们不要忘记历史，不要使特区沦为租界，实质上是不赞成甚至反对中国试办经济特区思潮的折射。

与此相适应，争论还涉及了计划经济体制与市场体制的关系问题。外资进入特区之后，基本上实行市场经济运作方式，许多方面都在不同程度上打破了过去传统的计划经济运作的模式。所以，从这个角度同样也产生了特区到底姓“资”还是姓“社”的疑问。对外开放之初，就整体而言，中国实行的还是计划经济体制，在此基础之上进行了有限调整，还谈不上对经济体制的根本改革。这也加重了人们对特区会姓“资”的担忧。

为了消除这种疑问，先是改革开放的先驱者们将特区严格划定在经济方面。除了上面提到的秦文俊讲的那段话外，邓小平 1987 年 4 月对南联盟中央主席团委员科罗舍茨回忆说：“开始的时候广东提出搞特区，我同意了他们的意见，我说名字叫经济特区，搞政治特区就不好了。”

中央对这个问题明确表态是在 1981 年 7 月，中共中央、国务院批转的《广东、福建两省和经济特区工作会议纪要》明确地提出：“这些疑问是没有根据的。中国特区是经济特区，不是政治特区。特区内全面行使中国国家主权，这和由不平等条约产生的租界、殖民地在性质上根本不同。世界上许多国家的经验证明，特区是扩大出口贸易、利用外资、引进技术、发展经济的比较成功的好形式。对中国来说，特区是学习与外国资本竞争、按经济规律办事、现代化经济管理的学校，是为两省甚至中国训练和造就人才的基地。”

尽管如此，关于特区究竟姓“资”还是姓“社”的争论还是持续了很长时间。对此，有的学者是这样总结的：“最初的担心集中在特区会不会成为‘租界’和‘殖民地’这样的问题上。特区的实践很快证明，特区与‘租界’毫无共同之处，特区仍然是中国共产党领导，实行与内地一样的社会主义制度。但是这一切并没有消除人们的担心，主要原因在于，特区接连不断地推出了一系列改革开放的重大举措，而这些举措恰恰是长期被资本主义社会所用而为所严厉批判过的东西。因此，关于特区姓社姓资的议论就从来没停止过，直到邓小平同志 1992 年视察南方时的讲话系统回答了这些议论之后，议论才逐渐平息。”

中国的经济特区：深圳（2 020 平方公里）、珠海（1 687.8 平方公里）、厦门（1 565 平方公里）、汕头（2 064 平方公里）、海南岛（33 920 平方公里）、喀什（111 794 平方公里）。

实际上现在各个省、各个市都还有自己的开发区之类的实行特殊经济政策的区域，在某种意义上也是经济特区，只不过没有正式的国家级名义而已。

2011年3月10日，从相关单位获悉，期待了整整两年时间后，“全国第十个经济‘新特区’”的殊荣终于花落义乌。3月4日，国务院正式批复《义乌市国际贸易综合改革试点总体方案》的批文中，两次提到“先行先试”几个字。据中国小商品城网了解，在未来几年中，义乌会出现与其相适应的海关、检验检疫、税务、外汇管理、工商等监管政策，健全客商便利化出入境管理机制等。

另外9个“新特区”：上海浦东新区（2005.6）综合配套改革试点、天津滨海新区（2006.5）综合配套改革试验区、重庆市、成都市（2007.6）全国统筹城乡综合配套改革试验区、武汉城市圈、长株潭城市群（2007.12）全国资源节约型和环境友好型社会建设综合配套改革试验区、深圳市（2009.5）综合配套改革试点、沈阳经济区（2010.4）国家新型工业化综合配套改革试验区、山西省（2010.12）国家资源型经济转型综合配套改革试验区。

思考讨论

1. 我国的经济特区“特”在哪些方面？
2. 30多年来我国设置了哪些经济特区？

点评

本案例叙述了设置经济特区是我国城市经济改革的重要途径之一，经济特区没有姓“资”姓“社”的问题，它不是政治特区也不是特别行政区，它“特”就特在有特殊的经济政策和特殊的经济管理体制。通过设置经济特区我们打开了改革开放的窗口，吸引先进的技术、资金和管理上的经验，引进了更多的人才。通过经济特区的设置，我国经济有了很大的发展，而且这些地区的发展带动了很多地方、行业和领域的发展，成果显著。

我国经济特区的设置在我国改革开放的发展中具有重要的意义和地位，它对于经济的发展和社会的进步起到了重大的作用。随着时间的推移，我们不断地根据各地的发展现状和优势，给予政策、资金等方面的资助，确定的经济特区都有各自的特点，新的改革试点和试验区的设置，必将在今后的经济和城市发展中起到重要的作用；要使这些经济特区和改革试验区真正发挥窗口的作用，在引进外资、引进先进的技术和管理经验，引进人才等方面切实地发挥重要的作用。

案例3

中国加入世界贸易组织的来龙去脉

1. 世界贸易组织的由来

世界贸易组织是一个由130多个国家和地区组成的世界上最大的多边贸易组织，被人视作“世界经济的联合国”。它的前身是关税及贸易总协定（简称“关贸总协定”）。1947年4月，出席世界贸易和就业会议的23个国家，达成了123项关税减让协议，同时它们把拟议中的《国际贸易组织宪章》中的贸易政策条款摘出，与达成的关税减让协议合并，称为《关税与贸易总协定》。同年10月，23个国家达成了《关税与贸易总协定临时适用议定书》，并决定在1948年1月1日起生效。进入20世纪80年代，由于世界经济发生了变化，国际经济交往已从货物贸易延伸到服务贸易，世界服务贸易占贸易总额的1/3左右。与此同时，随着战后新技术革命的兴起，与贸易有关的知识产权保护和投资措施等问题引起各国普遍关注，要求把上述新的经济领域也纳入总协定的管辖之下。由于新的贸易保护主义泛滥，使关贸总协定的许多规则遭到破坏，危及多边的国际贸易体制，影响世界经济的顺利，为此，在关贸总协定第八个回合（乌拉圭回合）谈判中决定建立一个更加开放的、具有正式法定效力的多边贸易体制。1993年12月15日，乌拉圭回合谈判结束时通过了《多边贸易组织协议》，根据美国的动议把多边贸易组织改名为世界贸易组织。《世界贸易组织协议》于1995年1月1日生效，世界贸易组织与关贸总协定共存一年，完成过渡。

2. 关贸总协定的创始缔约国

1947年4—10月，中国政府应邀出席了联合国在日内瓦召开的国际贸易与就业会议，与美、英、法、荷、比等国家进行了关税减让谈判，并达成协议。与此同时，中国参加了拟订关贸总协定协议草案工作，与各参加国一道签署了《关税与贸易总协定》。翌年3月24日，中国政府出席了联合国在哈瓦那召开的世界贸易和就业会议，签署了该会的最后文件，从而成为国际贸易临时委员会的执行委员。同年4月21日，中国政府签署了《关贸总协会临时适用议定书》，并按规定（在签文后30天）即5月21日正式成为关贸总协定23个创始缔约国之一。

1949年10月1日，中华人民共和国成立，成为代表中国的唯一合法政府，由于外部环境所限，中国在关贸总协定的席位仍被台湾当局占据；但此时台湾已无法控制中国的对外贸易，由于不甘心让中国大陆在对外贸易中享受关贸总协定历次谈判中获得的关税优惠待遇，台湾当局于1950年3月5日，照会联合国秘书长，决定退出关贸总协定。得到的答复是同意退出，并于同年5月5日生效，我国政府从未承认这一退出的合法性。但是由于当时联合国尚未承认中华人民共和国，不仅对我国的声明置之不理，而且一些缔约方对台湾当局代表中国退出总协定的合法性提出质疑也被搁置一旁，于是客观上造成我国被游离于“关”外。1965年3月16日，台湾当局又非法申请参加关贸总协定，窃据了“观察员”席位，并列席关贸总协定缔约国第22届大会。

1971年联合国大会通过2758号决议，恢复中华人民共和国在联合国的合法席位，并将台湾当局代表逐出联合国，为了呼应联合国行动，关贸总协定旋即取消了台湾当局“观察员”资格。至此，中国复关的障碍得以克服，拨开云雾，开始踏上复“关”之路。

3. 漫长的复“关”之路

1986年乌拉圭回合谈判前夕，中国政府提出恢复关贸总协定缔约国地位的申请。1987年世界贸易组织前身关贸总协定成立“中国工作组”，旨在就中国复“关”的条件进行谈判。随着关贸总协定演变成世界贸易组织，“中国工作组”的职责也已改为就中国加入世界贸易组织的条件进行谈判。

如果说持续七年之久的关贸总协定乌拉圭回合是时间最长的一次贸易谈判，那么中国的复关谈判时间之长也是关贸组织上史无前例的。从中国的“七五”走到“八五”，又从

“八五”跨入“九五”，共谈了13年，中国人为此付出很多努力。可是，当谈判的结果离预期目标越来越近时，谈判的阻力反而越来越大。在1994年年底的第19轮谈判中，中国未能恢复关贸总协定缔约方地位，也未能成为GATT继承组织——世界贸易组织的创始成员国，8年多的努力几近付之东流。1995年世界贸易组织正式成立并运行，中国成为其观察员。1995年11月，应中国政府的要求，中国复“关”谈判工作组更名为中国入世工作组，复“关”谈判转为加入世界贸易组织的谈判。在世界贸易组织成立几年之后，中国仍在门外观望。不仅使中国感到遗憾，也违背了绝大多数缔约方的意愿。

4. 美国：中国入世症结所在

中国与世界贸易组织主要成员方尤其是与美国的分歧最大，主要集中在中国是以发展中国家还是发达国家的身份加入的问题上。中方认为，目前中国的经济发展水平很低，仍然是发展中国家，必须以发展中国家的身份加入，要求世界贸易组织成员方降低要价。而主要成员方则坚持认为，中国已经是一个经济实力雄厚的国家或准发达国家，许多产业的竞争力都很强，必须“基本按发达国家”的标准加入，要求中国提高开价，在数十次繁杂而不重复的谈判中，中国方面回答和澄清了成千上万个问题，其审议时间之长，答题范围之广，在关贸史上实属罕见。不说“绝后”，也至少是“空前”的了。通过长达整整13年时间的谈判，身为解决中国加入世界贸易组织问题关键国家的美国，终于有了基本共识：认可中国是个发展中国家。

5. 加入世界贸易组织的承诺

2001年11月20日，世界贸易组织总干事迈克尔·穆尔致函世贸组织成员，宣布我国政府已于2001年11月11日接受《中华人民共和国加入世界贸易组织议定书》，这个议定书将于12月11日生效，我国也将于同日正式成为世贸组织成员。加入世界贸易组织后中国作出以下承诺。

一是在农业上降低贸易壁垒，放开市场准入，进一步对外开放。中国的农业税将从平均31%降到15%～17%。中国政府将逐步消除对农业的补贴。

二是中国政府承诺会退出对经济的不必要干预。中国加入世贸组织后，IT业就要加入《信息技术产品协议》，按此协议，最迟不超过2004年，涉及IT产品的关税率将降为零。

三是在服务业上，五年后，中国的物流、运输、银行等服务业要自由化。

四是中国要进行国有企业改革。国有企业的股份化需要勇气，因为这会造成失业，中国正在对失业者实行再就业培训等措施。

五是改革价格控制。中国有2/3的企业是私营企业，只有遵循市场原则，国企、私营企业才会享受同等的政策。

六是中国需进行法律改革。法律的一致性以及法律统一的法律的透明度。并用国际接受的语言，公布中国的法律。

七是中国要以法律来保护知识产权。中国不仅要有版权法等法律，还需要将这些法律有效执行，以此来鼓励自己的制造业，对违反者要提高惩罚。而且禁止令要与知识产权法一起使用，不光对假冒伪劣进行打击，而且要对它们实施禁止令。

6. 十年成就：与世界共赢

加入世界贸易组织十年，是中国融入全球贸易，积极推动全球贸易发展的十年。十年来，中国政府持续付出艰辛努力，从世界贸易组织“新成员”向“参与方”和“推动者”角色转换，正在成为一个被各方认可的“成熟”、“负责任”的世界贸易组织成员。不仅如此，世界贸易组织所倡导的非歧视、透明度、公平竞争等基本原则已经融入中国法律法规和有关制度。市场意识、开放意识、公平竞争意识、法治精神和知识产权观念等在中国更加深入人心，推动了中国经济进一步开放和市场经济体制进一步完善。中国经贸发展取得跨越式的成就，让中国和其他国家拥有共同的“经济语言”，成为中国加深与世界各国关系的纽带，而中国的发展对于国际经贸格局的结构性变化也有着重要意义。

“2009 年，中国的进口量增长 2.9%，是世界各主要经济体中唯一进口保持增长的国家。”据商务部国际贸易谈判副代表崇泉介绍，在全球贸易量下降 12.8%的情况下，中国进口值仍然超过 1 万亿美元，成为世界第二大进口国，极大地提振了世界经济，成为全球经济复苏的重要引擎。2010 年，在世界经济复苏乏力、全球贸易趋缓的形势下，中国货物贸易进口额超过 1.4 万亿美元，占全球的 10%。

联合国工业发展组织总干事坎德赫·尤姆凯拉指出，中国的贸易驱动型增长对其他发展中国家产生了一种“涓滴效应”。中国高效的生产系统也使得消费者能够以承受得起的价格获得各种消费品，间接提高了发展中国家消费者的购买力，从而产生减轻贫困的效应。同时，跨国公司也“与龙共舞”，凭借在华投资获取丰厚回报。十年来，在华外商投资企业累计汇出利润 2 617 亿美元，年均增长 30%。尤姆凯拉说：“中国入世，受益方绝不仅仅是中国，还包括发达国家、新兴工业体和非洲一些最不发达国家。十年来，中国赢了，世界也赢了!”

思考讨论

1. 中国为什么一定要加入世界贸易组织?
2. 如何理解中国加入世界贸易组织实现了与世界共赢?

点评

本案例详细介绍了中国加入世界贸易组织的艰难历程，在与世界贸易组织成员国美国的谈判中屡遭挫折，用了整整 13 年的时间才达成共识，2001 年中国终于实现加入世界贸易组织的目标，可见中国加入世界贸易组织的坚定决心和信念。邓小平同志说，“现在的世界是开放的世界”，“中国的发展离不开世界”，这是对中国和世界发展的两个重要的判断。当今世界是开放的世界，这是对世界经济发展历史的深刻总结，是生产社会化和商品经济、市场经济发展的必然结果。中国的发展离不开世界，这是对中国历史发展的深刻总结。中国在西方国家产业革命以后变得落后了，一个重要的原因就是闭关自守。历史的经验告诉我们，关起门来搞建设、把自己孤立于世界之外是不行的，要发达起来，必须对外开放。要与世界接轨，与世界各国建立广泛的贸易联系，首先要做的就是加入世界贸易组织，这是中国经济融入世界的一个大门槛。

中国加入世界贸易组织十年取得的经济成就，证明了中国对外开放的政策是完全正确的，在新的历史起点上，我们要通过努力把对外开放提高到一个更高的水平上。

实践项目

改革开放成果视频展播

1. 实践目的

通过组织学生对改革开放成果视频的观看，使学生深刻了解中国改革开放取得的辉煌成果，以及改革开放对生产力发展、社会全面发展的巨大推动作用，对改革开放的政策和实践有更深刻的认识，从而坚定对改革开放的信心。

2. 实践方案

（1）时间：第七章内容完成后实施本方案，利用实践教学时间。

（2）地点：多媒体教室。

（3）形式：观看视频材料。

（4）人员：授课班级全体学生。

（5）活动内容：组织全体学生观看关于改革开放成果的纪录片《伟大的历程》。

（6）流程：

① 教师准备纪录片《伟大的历程》。

② 发动学生收集和观看相关的视频材料或纪录片等。

③ 充分运用多媒体教室，组织学生观看准备好的视频材料。

④ 在观看之后组织学生进行课堂讨论，讨论的相关论题是：A. 你认为改革开放以来我国在哪个领域变化最显著？B. 你认为改革开放 30 多年来国民在思想观念上有哪些变化？

⑤ 抽取一定的时间给学生，把他们收集的好的纪录片或视频材料的内容进行简单介绍，以便学生有选择地自己进行观看。

⑥ 要求学生对参加本次实践活动写出感想。

3. 实践评价

（1）活动结果：改革开放成果视频展播。

（2）评价方式：评分表。将评价结果填入表 7-1。

表 7-1　评分表

评价项目	满分	得分
学生收集的视频材料	20	
学生收集的图片材料	20	
学生下载的纪录片	20	
学生观看情况	10	
学生讨论情况	10	
学生参加实践活动的感想	20	
总分	100	

大学生对改革开放的态度的调查

1. 实践目的

通过组织学生对在校大学生的调查，了解大学生对我国改革开放的政策的认可程度，了解大学生对我国国家政治生活的关注度，了解大学生思想的动态和内心的困惑，通过这个活动使学生能够加深对改革开放政策的理解。

2. 实践方案

(1) 时间：本章学习后，利用实践教学课时完成本方案。

(2) 地点：本校校园。

(3) 形式：实地发放调查问卷或通过网上发放电子问卷。

(4) 人员：授课班级全体学生。

(5) 活动内容：关于对改革开放政策的态度。

(6) 流程：

① 教师指导学生做好调查问卷。

② 学生利用课余时间在网上或实地发放调查问卷。

③ 按时收回问卷。

④ 在教师指导下对问卷进行统计与分析和整理。

⑤ 要求学生写出调查报告。

3. 实践评价

(1) 活动结果：学生完成调查报告。

(2) 评价方式：评分表。将评价结果填入表 7-2。

表 7-2　评分表

评价项目	满分	得分
学生做调查问卷	20	
学生发放与回收调查问卷	20	
学生整理调查问卷	20	
学生完成调查问卷	20	
学生参加实践活动的感想	20	
总分	100	

第八章　建设中国特色社会主义经济

知识提要

建设什么样的经济体制，是我国社会主义经济建设和经济改革的核心，也是建设中国特色社会主义的重大问题。我国在 20 世纪 50 年代建立了高度集中的计划经济体制，这既是受苏联模式的影响，也是由当时的国情所决定的，在相当长的时期内发挥了一定的重要作用。但随着社会主义建设的发展和经济规模的扩大，计划经济体制的弊端逐渐地暴露出来。经济体制的改革势在必行，选择什么样的经济体制才能更好地促进社会主义经济的发展，促进社会生产力的提高和社会主义制度的巩固，是我国经济体制改革的重要依据。经过长期的理论探索和实践经验的总结，我国正式确立了建立社会主义市场经济体制为经济体制改革的目标。

通过对本章内容的学习，学生应了解我国经济体制改革的必要性和选择建立社会主义市场经济体制作为我国经济体制改革的目标的依据，了解我国社会主义初级阶段的基本经济制度，明确确立这一基本经济制度的原因；了解我国公有制经济和非公有制经济在我国经济发展中的地位；明确我国社会主义初级阶段的分配制度和确立这一分配制度的原因；了解我国如何利用深化分配制度改革的手段和方法缩小贫富差距和体现社会公平。通过学习，还要深入地理解我国实行经济发展方式的转变和走新型工业化道路的必然性，以及建设资源节约型和环境友好型国家的重要意义。

要点搜索

要点 1：收入差距扩大和两极分化的区别

随着经济体制改革的不断深入与发展，我国人民生活水平总体上有了很大的提高，但同时也出现了收入差距的问题。这种收入差距是否意味着产生了两极分化呢？应该说在贯彻按劳分配、进行市场取向改革的实践中，在个人收入分配领域出现差距是有其客观必然性的，是正常的。

需要明确的是不能把收入差距的拉大等同于两极分化，二者是有本质区别的。我国社会主义初级阶段收入差距的拉大是建立在人民生活水平普遍改善基础上的，而在资本主义社会中，资本家不会等工人生活改善后才实行剥削；我国社会主义初级阶段收入差距的拉大，是落后的社会生产造成的，而资本主义的两极分化是生产资料所有制造成的；我国社会主义初级阶段收入差距的拉大体现的是利益一致的关系，先富的地区和人要带动落后的地区和人从而实现共同富裕，资本主义两极分化体现了资本家与工人之间剥削与被剥削的关系；我国社会主义初级阶段收入差距拉大，但发展趋势是共同富裕，但资本主义两极分化是向两级发展。

那么我们要如何理解经济生活中个人收入出现差距的现象呢?

中国劳动学会发布的数据显示，2002—2006 年，全国在岗职工工资连续 4 年实现两位数的增长，但不同行业、不同人群之间的收入差距不尽合理，部分行业及企业普通职工工资增长缓慢。其中行业工资差距问题尤为突出。城乡之间、区域之间、行业之间、群体之间的收入差距进一步地扩大。

第一，收入方面存在差别，并且在一定时期内收入差距扩大有其客观必然性。主要原因有以下四方面：一是劳动者的个人禀赋和家庭负担不同，实行按劳分配原则必然产生收入和富裕程度的不同；二是实行多种所有制经济和多种分配方式，拥有不同生产要素的不同社会成员也必然会产生收入的差距和富裕程度的不同；三是发展社会主义市场经济，在价值规律和市场竞争的作用下，会产生优胜劣汰而造成差距；四是城乡之间、地区之间、脑力劳动与体力劳动之间，以及领域和部门之间客观上存在的差别，也会引起收入的不同。在社会主义初级阶段这些因素还会长期地存在。

第二，共同富裕的实现是一个长期和逐步实现的过程。从我国实际的生产力发展水平来看，如果不谈“先富”，只谈“共富”是不可能实现“共富”目的的。因为那样就无法为“共富”创造物质基础，而且很可能回到平均主义的老路子上去，导致共同贫穷。反过来，要是不谈“共富”，只谈“先富”，就可能导致两极分化而偏离社会主义的目标和方向。只有实行邓小平同志提出的“先富”与“共富”大政策，才能逐步创造条件，最终达到共同富裕。

第三，合理的收入分配制度是社会公平的重要体现，要深化分配制度改革，注重社会公平，防止两极分化。改革开放是市场经济的实行，不断地打破了“平均主义”和“大锅饭”的分配制度，我国逐步建立起来了以按劳分配为主体，多种分配方式并存的分配制度，这极大地鼓舞了劳动者的生产积极性，推动了经济社会的发展，提高了资源配置的效率。但由于居民收入长期低于国民经济的发展速度，劳动力报酬大大低于资本、管理的收入分配比重，我国社会收入差距逐步扩大，影响人民生活和社会和谐，制约经济社会发展。群众是社会主义建设的依靠力量，社会主义建设的目的就是要不断满足人民群众日益增长的物质和文化需求。所以在改革中要规范收入分配秩序，完善分配政策，使收入差距保持在合法和适度的范围内。

要点 2：“三农”问题的解决是全面建设小康社会的重大任务

农业经济是我国国民经济的基础，农业经济的发展是我国全面建设小康社会实现社会主义最终目的的重要方面。解决“三农”问题是全面建设小康社会的重大任务，这是一个关系全局的重要判断，也是全面建设小康社会的重要内容。

第一，我国实现全面建设小康社会的目标关键在农村。我国经济社会发展的主要任务是全面建设小康社会。完成这一伟大的历史任务，重点和难点都在农村。一是我国社会主义的初级阶段，农村不发达，农村人口占多数，农村能否完成建设小康社会的各项任务，对全国来讲举足轻重。二是当前农业问题矛盾突出。三是我国城市与农村差距拉大，文化、科技、教育、卫生体育等现代文明的发展远远落后于城市。

第二，农村全面实现小康，根本是要靠加快发展经济，推进农业和农村经济结构战略性调整，不断地增加农民收入。

第三，加快农村小康建设必须实行城乡统筹解决问题的正确方针。要坚持做到：把解决“三农”问题放在经济社会发展的优先位置，合理调整国民收入分配结构，加大农业投入，加强对农业的支持和保护，巩固农业基础地位；推进城乡协调发展，城市带动农村，积极推进农村城镇化，鼓励农村富余劳动力向非农产业和城镇转移，引导农村劳动力合理有序流动；推进税费改革减轻农民负担；大力发展农业产业化经营提高农业综合效益等。发展和繁荣农村经济，全面建设小康社会，归根结底要依靠亿万农民，充分发挥农民的积极性，放开农民手脚，充分尊重农民的市场主体地位，充分尊重农民的首创精神。这是改革开放 30 多年来我们党指导农村工作的一条基本经验，也是今后领导农民全面建设小康社会的一条重要的指导方针。

要点 3：我国社会主义初级阶段仍然在一定程度上存在剥削

第一，剥削是一个历史的概念，剥削的产生、发展和消亡是不以人的主观意志为转移的，剥削具有存在的客观性。它如果在一定历史条件下有积极作用，就表明它具有存在的历史正当性和合法性。

第二，承认非公有制经济中存在剥削和承认它在社会经济发展中的作用并不矛盾。承认它们对经济发展作出贡献，与对其性质规定性的认识是两码事，不能因为承认其作用就否认这种产生方式本身的性质，否认其中存在剥削的事实。反过来说，承认在这些所有制经济中存在剥削，也并不是要否定它的作用。

第三，肯定剥削可以合法存在，并不意味着剥削可以不受限制。在我国的经济发展中，要运用法律手段保护资产者的利益，更要运用法律手段保护劳动者的权益。最后，社会主义初级阶段并不是要求消灭剥削。社会主义的目标是消灭剥削，但不等于在社会主义初级阶段就要消灭剥削。只要私营经济、外资经济对我国生产力的发展起到积极的作用，主要资本和雇用劳动方式还具有历史的正当性和进步性，就不能消灭它们，而且应鼓励其发展。总之，在社会主义初级阶段，要以“三个有利于”作为判断是非的标准，正确对待剥削问题。

要点 4：社会主义市场经济体制的基本特征

社会主义市场经济体制是社会主义基本经济制度与市场经济的结合。由这一结合而形成的市场经济体制，一方面，它必然体现社会主义的制度特征，另一方面，它又具有市场经济的一般特征。主要表现为以下几个方面。

第一，在所有制结构上，以公有制为主体、多种所有制经济共同发展，一切符合“三个有利于”标准的所有制形式都可以而且应该用来为社会主义服务。在以公有制为主体的前提下，公有制企业与其他企业在市场经济中平等竞争，共同发展，国有经济在国民经济中发挥主导作用。

第二，在分配制度上，以按劳分配为主体，多种分配方式并存，运用包括市场在内的各种调节手段，既鼓励先进，促进效率，合理拉开收入差距，又防止两极分化，注重社会公平，逐步实现共同富裕。

第三，在宏观调控上，以实现最广大劳动人民的利益为出发点和归宿，社会主义国家能够把人民的当前利益与长远利益、局部利益与整体利益结合起来，使市场在社会宏观调控下对资源配置起基础性作用，更好地发挥计划和市场两种手段的长处。

要点5：建设资源节约型和环境友好型社会的途径

第一，大力发展循环经济。一要把节约资源作为基本国策。长期坚持和实施开发节约并重、节约优先的方针，生产、建设、流通、消费各领域都要把节约资源放在突出位置，努力降低资源消耗，减少损失浪费，提高利用率。二要按照减量化、再利用、资源化的原则，明确重点、扎实推进。大力推进节能、节水、节地、节材，减少资源消耗；全面推行清洁生产，从源头减少或避免污染物的产生和排放；在重点行业、重点领域、产业园区和若干城市开展循环经济试点，探索发展循环经济的有效模式；逐步形成低投入、低消耗、低排放、高效率的节约型增长方式。三要加快资源节约技术进步。加快开发和推广应用资源节约、替代和循环利用先进适用技术，加大以节约降耗为主要内容的结构调整和技术改造力度，突破资源节约的技术瓶颈。四要建立促进循环经济发展的体制机制。推进资源性产品价格市场化改革，建立反映资源稀缺程度和供求关系的价格形成机制。五要健全促进循环经济发展的法律法规和管理制度。强制淘汰高消耗、重污染的落后技术、工艺和设备，实行重点行业新建项目、重点产品和新建建筑市场准入制度。六要强化节约意识。在全社会倡导节俭、文明、适度、合理的消费理念，使节约资源变成每个公民的自觉行动，逐步形成健康文明、节约资源的消费模式。

第二，加强生态环境保护。自然生态要坚持保护优先、开发有序的方针，以控制不合理的资源开发活动为重点，强化对自然资源的生态保护。一要落实环境保护责任，各地区各部门都要把保护环境作为一项重大任务抓紧抓好。二要建立“国家监察、地方监管、单位负责”的环境监管体制，提高环境监管能力。三要进一步强化环境管理，严格实行污染物排放总量控制、排放许可和环境影响评价制度。四要加大环保执法力度，强化限期治理，加强对资源开发活动和重大建设项目的环境监管，严厉打击违法排污企业。五要加快开发和推广先进环保技术，促进环保产业健康发展。六要实行有利于生态环境保护的价格和财税政策，按照污染者负担、治理者受益的原则。

深度阅读

1. 推动城乡发展一体化。解决好农业农村农民问题是全党工作重中之重，城乡发展一体化是解决“三农”问题的根本途径。要加大统筹城乡发展力度，增强农村发展活力，逐步缩小城乡差距，促进城乡共同繁荣。坚持工业反哺农业、城市支持农村和多予少取放活方针，加大强农惠农富农政策力度，让广大农民平等参与现代化进程、共同分享现代化成果。加快发展现代农业，增强农业综合生产能力，确保国家粮食安全和重要农产品有效供给。坚持把国家基础设施建设和社会事业发展重点放在农村，深入推进新农村建设和扶贫开发，全面改善农村生产生活条件。着力促进农民增收，保持农民收入持续较快增长。坚持和完善农村基本经营制度，依法维护农民土地承包经营权、宅基地使用权、集体收益分配权，壮大集体经济实力，发展农民专业合作和股份合作，培育新型经营主体，发展多种形式规模经营，构建集约化、专业化、组织化、社会化相结合的新型农业经营体系。改革征地制度，提高农民在土地增值收益中的分配比例。加快完善城乡发展一体化体制机制，着力在城乡规划、基础设施、公共服务等方面推进一体化，促进城乡要素平等交换和公共资源均衡配置，形成以工促农、以城带乡、工农互惠、城乡一体的新型工农、城乡关系。

——《坚定不移沿着中国特色社会主义道路前进，为全面建成小康社会而奋斗》(党的十八大报告)

解析：国内外先进国家和地区的实践证明，城市化、城乡一体化是推进一个国家和地区经济社会发展的重要引擎。党的十八大和2013年全国“两会”都把城乡一体化提到“解决三农问题根本途径”的战略层面，并作出了具体的部署。城乡一体化是一项庞大而复杂的社会工程，涉及城乡发展规划、产业发展、基础设施建设、公共服务和社会事业、劳动力就业与社会保障、城乡社会管理等方方面面。党的十八大对城乡一体化的发展问题，提出了清晰的思路，要坚持工业反哺农业，加快发展现代农业，着力促进农民增收，形成新型工农和城乡关系。

2. 经济工作是当前最大的政治，经济问题是压倒一切的政治问题。不只是当前，恐怕今后长期的工作重点都要放在经济工作上面。

——《邓小平文选》第2卷，人民出版社1994年版

解析：改革开放初期，邓小平继承了列宁提出的在和平的环境下要把“斗争的重心转向经济方面的政治”的教诲，提出“经济工作是当前最大的政治”的论断，指出“政治问题要从经济角度来解决”。这对于我们坚定不移地推进我国的改革开放，进行社会主义现代化建设具有重要的理论意义和实践价值。

3. 计划多一点还是市场多一点，不是社会主义与资本主义的本质区别。计划经济不等于社会主义，资本主义也有计划；市场经济不等于资本主义，社会主义也有市场。计划和市场都是经济手段。社会主义的本质，是解放生产力，发展生产力，消灭剥削，消除两极分化，最终达到共同富裕。就是要对大家讲这个道理。证券、股市，这些东西究竟好不好，有没有危险，是不是资本主义独有的东西，社会主义能不能用？允许看，但要坚决地试。看对了，搞一两年对了，放开；错了，纠正，关了就是了。关，也可以快关，也可以慢关，也可以留一点尾巴。怕什么，坚持这种态度就不要紧，就不会犯大错误。总之，社会主义要赢得与资本主义相比较的优势，就必须大胆吸收和借鉴人类社会创造的一切文明成果，吸收和借鉴当今世界各国包括资本主义发达国家的一切反映现代社会化生产规律的先进经营方式、管理方法。

——《邓小平文选》第3卷，人民出版社1993年版

解析：邓小平同志深刻地指出了社会主义与市场经济的关系，完成了社会主义经济理论的重大突破。当代中国面临着实现社会主义现代化的任务。社会主义现代化包括相互联系的两个方面的问题：一是如何坚持社会主义道路，使社会主义制度的优越性充分发挥出来；二是如何使中国从一个发展中国家逐步成长为现代化国家，使中国进入发达国家的行列。以往的社会主义经济理论无法解决这个问题，邓小平明确地把计划和市场看成两种经济手段，在社会主义社会中，“计划和市场都得要”，为经济体制改革指明了正确的方向，所以说这一理论的研究是具有开创性的。

4. 调整和完善所有制结构。公有制为主体、多种所有制经济共同发展，是我国社会主义初级阶段的一项基本经济制度。这一制度的确立，是由社会主义性质和初级阶段国情决定的：第一，我国是社会主义国家，必须坚持公有制作为社会主义经济制度的基础；第二，我国处在社会主义初级阶段，需要在以公有制为主体的条件下发展多种所有制经济；第三，一切符合“三个有利于”的所有制形式都可以而且应该用来为社会主义服务。十一届三中全会以来，我们党认真总结以往在所有制问题上的经验教训，制定以公有制为主体、多种经济成分共同发展的方针，逐步消除所有制结构不合理对生产力的羁绊，出现了公有制实现形式多样化和多种经济成分共同发展的局面。继续调整和完善所有制结构，进一步解放和发展生产力，是经济体制改革的重大任务。要全面认识公有制经济的含义。公有制经济不仅包括国有经济和集体经济，还包括混合所有制经济中的国有成分和集体成分。公有制经济的主体地位主要体现在：公有资产在社会总资产中占优势；国有经济控制国民经济命脉，对经济发展起主导作用。这是就全国而言，有的地方、有的产业可以有所差别。公有资产占优势，要有量的优势，更要注重质的提高。国有经济起主导作用，主要体现在控制力上。要从战略上调整国有经济布局。对关系国民经济命脉的重要行业和关键领域，国有经济必须占支配地位。在其他领域，可以通过资产重组和结构调整，以加强重点，提高国有资产的整体质量。只要坚持公有制为主体，国家控制国民经济命脉，国有经济的控制力和竞争力得到增强，在这个前提下，国有经济比重减少一些，不会影响我国的社会主义性质。

集体所有制经济是公有制经济的重要组成部分。集体经济可以体现共同致富原则，可以广泛吸收社会分散资金，缓解就业压力，增加公共积累和国家税收。要支持、鼓励和帮助城乡多种形式集体经济的发展。这对发挥公有制经济的主体作用意义重大。公有制实现形式可以而且应当多样化。一切反映社会化生产规律的经营方式和组织形式都可以大胆利用。要努力寻找能够极大促进生产力发展的公有制实现形式。股份制是现代企业的一种资本组织形式，有利于所有权和经营权的分离，有利于提高企业和资本的运作效率，资本主义可以用，社会主义也可以用。不能笼统地说股份制是公有还是私有，关键看控股权掌握在谁手中。国家和集体控股，具有明显的公有性，有利于扩大公有资本的支配范围，增强公有制的主体作用。目前城乡大量出现的多种多样的股份合作制经济，是改革中的新事物，要支持和引导，不断总结经验，使之逐步完善。劳动者的劳动联合和劳动者的资本联合为主的集体经济，尤其要提倡和鼓励。非公有制经济是我国社会主义市场经济的重要组成部分。对个体、私营等非公有制经济要继续鼓励、引导，使之健康发展。这对满足人们多样化的需要，增加就业，促进国民经济的发展有重要作用。

——《全面建设小康社会，开创中国特色社会主义事业新局面》（党的十五大报告）

解析：党的十五大报告全面系统地阐明了我国社会主义初级阶段基本经济制度，即以公有制为主体、多种所有制经济共同发展，体现了党在所有制理论上的与时俱进。学生要深刻认识我国经济发展要毫不动摇地巩固和发展公有制经济，毫不动摇地鼓励、支持和引导非公有制经济发展，坚持公有制主体地位，促进非公有制经济发展，统一于社会主义现代化建设的进程中，不能把二者对立起来。

5. 我多次说过："创新是一个民族的灵魂，是一个国家兴旺发达的不竭动力。"科学的本质就是创新，要不断有所发现，有所发明。面对世界科技进步日新月异的挑战，面对我国现代化建设提出的巨大科技需求，我们必须开阔眼界，紧跟世界潮流，抓住那些对我国经济、科技、国防和社会发展具有战略性、基础性、关键性作用的重大科技课题，抓紧攻关，自主创新。历史反复证明，推进科技发展，关键要敢于和善于创新。有没有创新能力，能不能进行创新，是当今世界范围内经济和科技竞争的决定性因素。历史上的科学发现和技术突破，无一不是创新的结果。二十世纪相对论、量子论、基因论、信息论的形成，都是创新思维的成果。正是基于物质科学、生命科学和思维科学等的突破性进展，人类创造了超过以往任何一个时代的科学成就和物质财富。二十一世纪，科技创新将进一步成为经济和社会发展的主导力量。形势逼人啊！我们不加紧努力，与世界先进水平的差距就会进一步拉开。掌握前人积累的科技成果，扬弃旧义，创立新知，并传播到社会，延续至后代，不断转化成生产力和社会财富，这是知识传承和发展的通途。关键是要能够在已有的基础上不断进行创新。我们要坚持有所为、有所不为的方针，瞄准世界科技发展的前沿，力争在有条件的领域实现突破，力争在基础科学上有所发现，在技术上有所发明，努力实现我国科学技术的跨越式发展。小平同志明确指出，中国要在世界高技术领域占有一席之地。希望我国广大科技工作者，牢记自己的历史使命，坚持创新、创新、再创新！

——江泽民在中国科学院第十次院士大会和中国工程院第五次院士大会上的讲话

解析：企业在创新中发展，民族在创新中振兴。江泽民同志的讲话强调科技创新将进一步成为经济和社会发展的主导力量，号召广大科技工作者们在技术上有所发明，实现我国科技的跨越式发展。《商业周刊》2011年世界最具创新力企业排行榜上，苹果、腾讯、Google、微软、比亚迪、海尔、Facebook等品牌纷纷上榜，从中我们看出一些规律：致力于创新的这些企业，在行业市场份额和收入皆屡创佳绩。把创新提高到战略地位并以其为核心展开运作，才能在竞争中保持主动，并走在潮流的前端。对个别企业如此，对国家和民族也是如此，所以党的十八大报告指出，科技创新是提高社会生产力和综合国力的战略支撑，必须摆在国家发展全局的核心位置，提出了实施创新驱动发展战略。

案例精选

案例 1

国有企业改革

国有企业改革是国家整个经济体制改革的中心环节，是从整体上搞好国有经济、发挥国有经济主导作用的一项重要举措，也是调整和完善所有制结构的一项重要内容。十四届三中全会提出的“产权清晰、权责明确、政企分开、管理科学”的现代企业制度建设是十分重要的国企改制的方针，对指导国企从计划迈向市场起到了非常积极的作用。特别是十五大召开以来，国企改制呈现出新的发展趋势，企业在产权结构上由国家所有的一元化结构走向国家、集体、法人、自然人所有等多元产权结构，也就是“产权制度改革”，到了这个阶段进入了国企改制的深层次。一直以来国企改制都受到各方面的持续关注，其根本原因在于国企改制关系到国家、社会及广大职工的根本利益。国企改制过程中的资产处置、员工安置、产权重组等如何规范，以及改制后的企业如何改变观念、如何发展、如何加强监督与约束、如何塑造企业核心竞争力等问题，都是国企改制必须面对的问题。

十一届三中全会后，国家针对国有企业缺乏自主权的情况，国家经济委员会、财政部等六个部委在北京、天津、上海三市选择了首都钢铁公司、天津自行车厂、上海柴油机厂等八家大中型国营工业企业进行了扩大自主权试点，将生产计划、资金使用、产品销售、利润分配、人事安排等方面的一部分权力下放给企业。从 1981 年起，扩大企业自主权的工作在国营工业企业中全面推广。放权让利工作调动了企业生产经营的积极性和主动性，增强了国营企业的活力。正是从向企业放权让利开始，逐步开启了城市经济体制改革的大门。

从目前国有企业改制的实践看，国企改制的重点仍主要集中在调整产权结构，规范企业形式上，更多地强调了“产权清晰”，而忽视了“管理科学”。其实，国有企业改制不仅需要在企业的产权结构上予以变革，更需要在企业管理模式和运行机制上进行创新，从根本上转换决策、用人、激励这三大机制，这样才能使企业成为市场竞争主体，从而实现国企改制的最终目的。

以首都钢铁公司为例，公司在向国家确定了承包责任和义务之后，在企业内部实行了层层落实的管理政策，先把经济责任和义务及要实现的指标分解给厂矿、处室、车间。再把分解的责任和义务具体落实到各个职工的工作岗位，从而层层、人人明确各自在经济上对国家应负的责任。冷拔车间过去为图省事，锻尖用的缝式炉往往停炉不停火，承包后，停炉就停火，节省了大量能源。机械厂以往把不好做的备件往外推，承包后，主动收回 30 多万元的活。首钢用几年时间被改造成了具有国际先进水平的现代化企业。承包经营责任制也成了 20 世纪 80 年代企业改革的主要形式。

目前国有企业改革已进入到建立现代企业制度阶段。现代企业制度是国有企业改革的方向。现代企业制度是党在十四大提出的制度性创新。主要具有产权清晰、权责明确、政企分开、管理科学的特点，对于推进国有企业改革具有重要的推动作用。

思考讨论

1. 为什么要对我国的国有企业进行改革？

2. 我国国有企业改革的方向是什么？

点评

本案例叙述了我国国有企业在进入市场经济之后，出现了很多的问题，为了生存与发展，必须根据经济发展和市场的需求而进行不断的改革。我国国有企业是我国财政收入的主要来源，是我国进行宏观经济调控的主要物质基础，它发展的状况直接关系到我国经济和社会的发展，所以国有企业改革势在必行，而且任重道远，其改革的方向是建立现代企业制度。

国有企业拥有现代化得设备和资产，以及大规模的职工队伍，是工业生产、建设和商品流通的主要的直接的承担者，是社会生产力发展和经济技术进步的主导力量。企业生产和经营的积极性、主动性、创造性能否充分发挥，职工的积极性、主动性、创造性能否充分发挥，企业是否具有强大的活力，对于我国经济的全局和国家财政经济状况的根本好转，具有决定性意义。具有中国特色的社会主义，首先应该是国有企业有充分活力的社会主义。而现有经济体制的种种弊端，恰恰集中表现在企业缺乏应有的活力。所以，国有企业改革是整个经济体制改革的中心环节。我国的国有企业是在没收的官僚资本，征用、征购、管制及代管的外资企业转变的国有企业，再加上解放区原有的公营经济的基础上建立和发展起来的。国有经济在整个国民经济中起主导作用。然而，新中国成立以来，长期实行高度集中的计划经济体制，其弊端主要是政企职责不分，国家对企业统得过死；忽视商品生产、价值规律和市场的作用，分配中平均主义严重，企业吃国家“大锅饭”、职工吃企业“大锅饭”；企业缺乏自主权，职工的主动性和创造性难以发挥，致使企业失去活力。所以必须改革原来的经济体制，才能保持国有企业旺盛的生命力。

案例 2

乡镇企业

乡镇企业是我国农民的又一项伟大创造，是家庭联产承包责任制的副产品，是实现农业现代化的主要推动力量，是走向农村工业化、城市化的必由之路。邓小平曾用“异军突起”来形象地比喻乡镇企业的发展。乡镇企业是对计划经济体制的反叛。在开拓市场方面乡镇企业煞费苦心。他们或瞄准市场缺口，靠新产品、新工艺往上冲，或高薪招来老技术工人、“星期天工程师”来指导企业，以求得一席之地。乡镇企业的迅速发展，冲破了传统的城乡分工体系，开创了一条有中国特色的农村现代化道路。乡镇企业的发展培育了农民一系列与现代化相适应的思想观念，促使农民的思想方式、行为方式、生活方式朝着工业化、现代化方向迈进。

乡镇企业有一个被人们认同的过程。以安徽省芜湖“傻子瓜子”经营者创业为例，在当时他作为个体户为扩大经营，从 1981 年 9 月开始雇工，1983 年雇工增加到 103 人。小小的一颗“傻子瓜子”引发了不同认识的激烈碰撞。有人认为雇工就是剥削劳动者的剩余价值，必须采取限制措施。也有人分析了 1982 年“傻子瓜子”总收入后，发现了一个有趣的现象：“傻子瓜子”经营者并没有全部占有工人的剩余价值，个人所得、雇工工资、上交国家税分别占总收入的 44.6％、12.1％、43.3％，他所雇用的工人的收入比国营企业职工的收入要高得多。还有人指出他办私营企业也带来了一定的社会效益，芜湖一下子涌现出近 60 家瓜子企业，成为全国有名的“瓜子城”。

北京金科复合材料有限公司。该公司成立于 1985 年，属村办集体企业，过去主要给国有大型铸造厂生产配套铁粉原材料，产品科技含量和附加值较低。企业转制后公司主要领导及时更新观念，紧紧依靠大专院校和科研院所的科技力量，不断引进新产品、新技术，提高企业的创新能力，通过开发新产品和提升产品质量，有效提高了市场竞争力，企业实现了快速发展。目前有员工 100 多人，其中科研及管理人员 30 人，产品涉及三大系列、30 多个品种，生产能力 10 000 吨。目前公司拟与世界 500 强之一的霍尼韦尔公司建立供应联系，汽车制动元件是霍尼韦尔公司的主打产品之一，而本公司生产的耐磨材料是生产制动产品的良好原料，市场前景广阔。

永大捷盟（北京）换热设备有限公司，该公司原名为北京永大换热器厂，为村办企业，创建于 1988 年，20 世纪 90 年代改制成为股份制企业。近 3 年来公司销售收入年均递增 15%。公司通过不断地增强企业管理，加大技术投入，紧跟国际换热设备最新技术，目前已经成为国内最具技术实力和生产规模最大的主导换热设备供应商和一、二、三类压力容器设备制造商，拥有北京、湖北两大生产基地。2007 年企业产值 4 800 万元，实现利润 450 万元，上缴税金 280 多万元。企业在北京地区市场的产品市场份额为 68%。2006 年职工人数 438 人，其中经营管理人员 52 人，工程技术人员 50 人。近 3 年来公司研发投入迅速增长，平均递增幅度为 75%，技术和研发人员不断增加。2001 年被北京市科委评为《星火科技先导型示范企业》，当前公司正在积极研究和开发高效节能、环保的换热设备和压力容器。

北京龙源开关设备有限责任公司，该公司创办于 80 年代，原为村办企业，最初以生产配电箱和简单的开关为主。1997 年成功转制为股份制企业。2007 年销售收入6 505 万元，实现利润总额 219 万元，现有资产规模 3 000 多万元。公司现在主要从事 0.4～35kV 高低压开关元件及高低压配电成套设备的生产和销售。近年来，企业注重技术转型，与北京交通大学电气工程院密切合作，大力开发智能型高压开关及断路器，市场前景广阔。公司 2006 年共有员工 131 人，其中技术人员 22 人。2007 年公司研发投入比重为 20%，近年来研发投入年均增幅 6%。近 5 年来，公司的技术人员和研发人员数量和所占的比重均不断增加。

乡镇企业是社会经济发展的独特主体，乡镇企业增加值的比重越来越大，吸纳了郊区近 70%的劳动力，并成为全市产业发展的新成长点，是产业结构高级化的重要参与者和承接者。乡镇企业的发展可以反哺农业，改善农业生产条件，推进农业生产的现代化，是实现农村工业化和现代化的必由之路。乡镇企业还是城镇化进程的重要动力，是城乡发展的联结纽带和有效途径。

思考讨论

1. 为什么说乡镇企业是我国农民的一项伟大创造？
2. 分析乡镇企业在我国经济发展中的重要作用。

点评

本案例叙述了我国经济体制改革有着自身的特点，这就要求我们要结合中国的国情来进行改革与发展，乡镇企业是我国农民的又一项伟大创造，是家庭联产承包责任制的副产品，是实现农业现代化的主要推动力量，是走向农村工业化、城市化的必由之路。通过乡镇企业这种形式大大地冲破了传统的城乡分工体系，开创了一条富有中国特色的农村现代化道路。

乡镇企业的迅速发展对于我国农村经济的提高，解决农村就业问题从而提高农民收入都有重要意义。尽管近年来乡镇企业在所有制结构、企业规模、产业结构和企业布局等层面发生重大的变化，但其作为农村二、三产业主体的本质特征没有变，其与“三农”的天然联系没有变，在中央提出的建设社会主义新农村的重要指示精神引领下，乡镇企业理应发挥更大的作用。

实践项目

参观国企

1. 实践目的

通过组织这次对国有企业的参观活动，使学生对我国国有企业的改革和发展现状进一步了解，理解国有企业改革的必要性和重要性以及改革的目标和内容。

2. 实践方案

(1) 时间：第八章内容完成后实施本方案，利用实践教学时间。

(2) 地点：国有企业。

(3) 形式：组织学生进行实地的参观和考察。

(4) 人员：授课班级全体学生。

(5) 活动内容：组织学生进入国企进行实地的参观和考察。

(6) 流程：

① 与国企联系，确定学生进入参观的时间、参观的场所。

② 要求学生在参观过程中所要了解的问题进行整理。

③ 对学生进行安全教育和参观过程中所要注意的问题进行提醒。

④ 安排好带队教师和参观所需要的车辆及其他相关物品。

⑤ 进入企业进行实地参观并与管理人员进行深入的交流。

⑥ 听取相关人员对企业发展和改革等方面的报告。

⑦ 要求学生对参加本次实践活动写出感想和报告。

3. 实践评价

(1) 活动结果：国有企业的实地参观。

(2) 评价方式：评分表。将评价结果填入表 8-1。

表 8-1 评分表

评价项目	满分	得分
学生参加实践活动的准备情况	20	
学生对参观中问题的把握情况	20	
学生参观的表现和积极性	20	
学生听取报告的情况	10	
学生参加实践活动的感想与报告	30	
总分	100	

第九章　建设中国特色社会主义政治

知识提要

一个国家实行什么样的政治制度，走什么样的民主道路，要与本国的国情相适应。中国特色社会主义民主政治制度是中国特色社会主义事业的重要组成部分，是保证国家稳定、经济发展、人民安居乐业、社会制度巩固的前提和重要条件。不断地深化政治体制改革，推进中国特色社会主义民主政治建设，建设社会主义法治国家，具有重要的理论和现实意义。

通过对本章内容的学习，学生应了解我国基本政治制度的内容及坚持党的领导、人民当家做主和依法治国之间的关系；了解我国政体制改革的必要性、途径、目标和原则；明确我国实施依法治国的重要意义；了解社会主义民主政治与资本主义民主政治的关系，在此基础上进一步了解我国法治建设的进程和我国实施依法治国方略的基本要求。

要点搜索

要点 1：建设社会主义民主政治必须处理好党的领导、人民当家做主与依法治国的关系

民主作为一种社会制度，从来都不是抽象的，而是历史的、具体的，是一定社会阶段的经济、社会、文化等综合因素的产物。现阶段我国的基本国情决定了我国民主政治发展最根本的是要实现党的领导、人民当家做主和依法治国的有机统一，这是新中国成立以来民主政治建设实践经验的科学总结。坚持党的领导、人民当家做主和依法治国是有机统一的整体，三者中，党的领导是保证，人民当家做主是根本，依法治国是方略。我国的民主政治制度是在党的领导下创建和发展起来的，离开党的领导，民主政治发展就会失去方向和保证。人民当家做主是社会主义民主政治的本质和核心。党的领导和执政的根本目的，就是保证和实现人民当家做主。依法治国，是现代政治文明的重要体现。它要求党领导人民制定和完善宪法和法律，并在宪法和法律的范围内活动，同时，人民当家做主必须在法治轨道上实现。

要点 2：基层民主政治建设

党的十七大首次把基层群众自治制度纳入中国特色社会主义民主政治制度的基本范畴。

基层民主是我国广大工人、农民、知识分子和各阶层人士，在城乡基层政权机关、企

事业单位和基层组织中依法直接行使的民主权利，包括政治、经济、文化、教育等领域的民主权利，具有全体公民广泛和直接参与的特点。

加强基层民主政治建设的原因有以下两点：一是发展基层民主政治是发展社会主义民主的基础性工作；二是基层民主是社会主义民主最广泛的实践，发展基层民主有利于提高全民的民主素养，为进一步发展社会主义民主创造条件。

改革开放以来，中国已建立了以农村村民委员会、城市居民委员会和企业职工代表大会为主要内容的基层民主自治体系。

在城乡基层群众性自治组织中，广大人民依法直接行使民主选举、民主决策、民主管理和民主监督的权利，对所在基层组织的公共事务和公益事业实行民主自治，已经成为当代中国最直接、最广泛的民主实践。

农村基层民主政治建设的途径是实行村民自治。村民自治的主要内容有民主选举、民主决策、民主管理和民主监督。

城市社区民主政治建设，城市居民委员会是城市基层实现直接民主的重要形式。职工代表大会制度建设，职工代表大会制度是保证职工对企事业单位实行民主管理的基本制度。

要点 3：中国特色社会主义民主的显著优势

中国特色社会主义民主是动员、团结和组织全体人民进行社会主义建设，保持社会稳定，促进社会和谐，使社会充满创新活力的基本保障。社会主义民主是解放生产力，发展生产力，消灭剥削，消除两极分化，最终达到共同富裕的政治前提。中国特色社会主义民主在促进中国经济社会全面发展方面体现出了明显的制度优势。

第一，有利于充分调动人民群众的积极性、主动性和创造性。中国特色社会主义民主是最真实、最广泛的民主，能够真正实现和落实人民当家做主的原则。西方的资本主义民主是由金钱与资本主宰的民主，是少数人的民主、形式上的民主。只有在社会主义制度下，才能真正实现人民当家做主，人民才能真正成为国家和社会的主人。在社会主义制度下，人人依法所享有的民主权利，是不受财产、职位、民族和性别差异限制的平等权利。在我国社会主义基本经济制度的基础之上，中国特色社会主义民主保障了我国人民的自由与权利，人民可以依法选举人民代表，依法对国家和社会事务实行民主管理、民主决策和民主监督，人民群众真正成为国家的主人；在社会文化生活中，人民依法享有受教育的平等权利，享有信仰自由、文化创造与文化享受的多种、广泛的文化权利，人民群众真正成为文化的主人。在经济、政治和文化上真实地享有主人翁的权利，广大人民群众的积极性、主动性和创造性就能够被充分地调动和发挥出来。这为新中国成立 60 多年来，特别是改革开放三十多年来我们所取得的举世瞩目的伟大成就所证明。

第二，有利于形成代表中国人民的整体利益、根本利益和长远利益的路线、方针和政策。在西方民主制度下，国家政策是各个利益集团博弈的结果，往往是势力大、实力强的资本集团占上风、获利多。作为一个社会主义国家，中国必须通过充分调动全体人民的积极性、主动性和创造性，来实现广大人民的根本利益。要完成这一任务，最根本的就是要使国家制定的路线、方针、政策，能够正确地反映全体人民的整体利益、长远利益和根本利益。在发展社会主义民主政治的实践中，处于领导地位的中国共产党并不是任何一个利益集团的代表，没有自己的一党之私，而是全中国各民族人民的代表。因此，中国共产党能够根据中国社会发展的客观条件和要求，正确地把握全中国人民的整体利益、长远利益、根本利益，制定出符合科学发展规律的路线、方针、政策，努力做到人民利益的最大化。

人民代表大会制度是中国的根本政治制度，中国的人大代表与西方议会的议员不同，他们不是某个利益集团的代表，在中国各级立法机关中他们既反映人民群众中各个不同群体的意见和呼声，同时又从全局出发将人民群众中各种意见集中综合起来，使国家的法律法规、政策措施能够统筹兼顾各方利益。共产党领导的多党合作和政治协商制度是中国的政党制度，政治协商是中国民主制度的一大特色，通过政治协商可以广泛反映人民的各种利益要求，可以妥善化解人民内部的各种矛盾，使人民群众的局部利益、个别利益与整体利益、根本利益相互协调。

第三，有利于社会长期稳定、经济持续发展和人民生活水平不断提高。在中国特色社会主义民主制度下，国家政权具有高度的稳定性，国家政策具有明显的连续性。中国作为一个发展中国家，要在经济、文化上追赶发达国家，就必须制定科学周详的发展战略，并经过长期坚持不懈的努力，最终才有可能实现跨越式发展。中国的现行政治制度，使新中国自建立以来逐步形成的国家建设发展目标得到了坚持和贯彻执行；使得中国能够集中一切资源、力量和智慧，用于建设和发展，同时将内耗减少到最低程度；使得中国的经济社会发展战略具有前瞻性，经济社会发展的政策得以长期实施。因此，有利于保持国家长期稳定发展，是中国民主制度的明显优点。

要点4：怎样建设服务型政府

建设服务型政府，是人民政府性质决定的，是深化行政体制改革、加强政府自身建设的核心目标，涉及经济体制改革、政治体制改革、文化体制改革、社会体制改革等领域，任务十分艰巨。当前和今后一个时期要着重抓好以下三个方面的工作。

第一，必须牢固树立为人民服务的理念。要把我们党为人民服务的宗旨贯彻到行政体制改革各方面和全过程，牢固树立以人为本的管理理念，尊重人民的主体地位，促进经济社会科学发展和人的全面发展；把维护好、实现好、发展好最广大人民根本利益作为政府一切工作的出发点和落脚点，最大限度地改善人民生活、增进人民福祉；在经济发展的基础上，不断满足人民日益增长的物质文化需要，促进和维护社会公平正义，真正做到发展为了人民、发展依靠人民、发展成果由人民共享，最大限度地体现人民政府为人民。

第二，必须强化政府公共服务职能。要深化行政审批制度改革，继续简政放权，减少政府不必要的行政审批事项，把一些不应该由政府审批的事项或者可以由企事业单位承担的职能进行剥离，强化政府经济调控、市场监管职能，减少政府对微观经济活动的干预，促进社会资源的高效利用和充分流动，为经济发展和各类市场主体公平竞争营造良好环境。要强化政府的公共服务职能，围绕人民日益增长的物质文化需求，以保障和改善民生为重点，健全公共财政体系，加快建立惠及全体人民的基本公共服务体系，为人民群众提供更好更多的义务教育、基本医疗、社会保障等基本公共产品和服务，并不断提高公共服务的质量，推进公共服务均等化。要强化政府的社会管理职能，加强和创新社会管理，正确调节社会各阶层利益关系，着力解决城乡发展差距、地区发展差距、社会成员收入差距等突出问题，加强对困难群体、特殊群体的权益保护、利益倾斜和社会救助，有效化解社会矛盾，维护社会公平正义，保持社会安定有序。要推进依法行政，规范政府行为，做到严格规范公正文明执法，防止和遏制各种腐败现象的发生，以廉洁高效的良好形象取信于民。

第三，必须创新行政体制和管理方式。要稳步推进大部门制改革，整合行政资源，健全部门职责体系，解决职责交叉、推诿扯皮现象。要积极推进政务公开，建立高效的政务服务体系，继续完善各级政府及部门的“政务大厅”，推行“一站式服务”，在基层建立“政务超市”，提高政府透明度。要加强电子政务建设，构建适应信息化时代社会发展需要的政府组织形态，提高政府效能。要健全民主决策机制，在涉及群众切实利益的问题上要充分听取群众意见。要推进政府绩效管理，规范政府收支管理和公务消费，降低行政成本，提高政府公信力和执行力。

深度阅读

1. 在总结经验的基础上，党的十一届三中全会提出一系列新的政策。就国内政策而言，最重大的有两条，一条是政治上发展民主，一条是经济上进行改革，同时相应地进行社会其他领域的改革。我们的对外政策是反对霸权主义，维护世界和平。我们把争取和平作为对外政策的首要任务。争取和平是世界人民的要求，也是我们搞建设的需要。没有和平环境，搞什么建设！

十一届三中全会以后，我们探索了中国怎么搞社会主义。归根结底，就是要发展生产力，逐步发展中国的经济。第一步，到本世纪末翻两番，达到小康水平。第二步，再花三十年到五十年时间，接近发达国家的水平。目标确定了，从何处着手呢？就要尊重社会经济发展规律，搞两个开放，一个对外开放，一个对内开放。对外开放具有重要意义，任何一个国家要发展，孤立起来，闭关自守是不可能的，不加强国际交往，不引进发达国家的先进经验、先进科学技术和资金，是不可能的。对内开放就是改革。改革是全面的改革，不仅经济、政治，还包括科技、教育等各行各业。

——《邓小平文选》第 3 卷，人民出版社 1993 年版

解析：这段材料是 1985 年 4 月 15 日邓小平同志关于政治上发展民主，经济上实行改革的一段讲话中的一部分。在文中邓小平同志通过回顾历史，深刻提出了政治上发展民主，经济上实行改革的重要性和它们之间的关系。政治上发展民主是为了更好地为经济发展创造良好和稳定的环境，反过来没有经济上的改革与发展，创造出更多的物质财富，提高人民的生活水平，我国社会也不会获得长久的和平，二者相辅相成，在社会发展中必须处理好二者之间的关系，把握好它们的关联。在总结经验的基础上，党的十一届三中全会在国内政策上，主要提出了这两条，一条是政治上发展民主，一条是经济上进行改革，同

时相应地进行社会其他领域的改革。它的提出远见卓识，意义深远。

2. 现在我们的经济体制改革进行得基本顺利。但是随着改革的发展，不可避免地会遇到障碍。对于改革，在党内、国家内有一部分人反对，但是真正反对的并不多。重要的是政治体制不适应经济体制改革的要求。

我们提出改革时，就包括政治体制改革。现在经济体制改革每前进一步，都深深感到政治体制改革的必要性。不改革政治体制，就不能保障经济体制改革的成果，不能使经济体制改革继续前进，就会阻碍生产力的发展，阻碍四个现代化的实现。

政治体制改革的内容现在还在讨论。这个问题太困难，每项改革涉及的人和事都很广泛，很深刻，触及许多人的利益，会遇到很多的障碍，需要审慎从事。我们首先要确定政治体制改革的范围，弄清从哪里着手。要先从一两件事上着手，不能一下子大干，那样就乱了。国家这么大，情况太复杂，改革不容易，因此决策一定要慎重，看到成功的可能性较大以后再下决心。

进行政治体制改革的目的，总的来讲是要消除官僚主义，发展社会主义民主，调动人民和基层单位的积极性。要通过改革，处理好法治和人治的关系，处理好党和政府的关系。党的领导是不能动摇的，但党要善于领导，党政需要分开，这个问题要提上议事日程。

——《邓小平文选》第3卷，人民出版社1993年版

解析：这段材料是邓小平同志1986年9月3日会见日本公明党委员长竹入义胜时的谈话的一部分。在这段谈话中，邓小平同志深刻地指出，政治体制改革是中国改革的重要内容，是经济体制改革和实现国家长治久安的必然要求。其目的是要发扬民主，消除官僚主义提高工作效率，调动人民和基层单位的积极性。但政治体制怎么改都不能动摇党的领导，要在党的领导下进行政治体制改革，绝不能改来改去放弃了党的领导，那我们进行的政治体制改革就失败了。应该说在党的领导下，从中国国情出发，循序渐进地进行改革是我们在政治体制改革中要始终坚持的原则。

3. 不搞政治体制改革，经济体制改革难于贯彻。党政要分开，这涉及政治体制改革。党委如何领导？应该只管大事，不能管小事。党委不要设经济管理部门，那些部门的工作应该由政府去管，现在实际上没有做到。我们政治体制改革总的目标是三条：第一，巩固社会主义制度；第二，发展社会主义社会的生产力；第三，发扬社会主义民主，调动广大人民的积极性。而调动人民积极性的最中心的环节，还是发展生产力，提高人民的生活水平。生产力发展了，人民积极性调动起来了，社会主义国家的力量就增强了，社会主义制度就巩固了。我们两国原来的政治体制都是从苏联模式来的。看来这个模式在苏联也不是很成功的。即使在苏联是百分之百的成功，但是它能够符合中国的实际情况吗？能够符合波兰的实际情况吗？各国的实际情况是不相同的。我们现在提出政治体制改革，是根据我国的实际情况决定的。

政治体制改革包括什么内容，应该议一下，理出个头绪。我想政治体制改革的目的是调动群众的积极性，提高效率，克服官僚主义。改革的内容，首先是党政要分开，解决党如何善于领导的问题。这是关键，要放在第一位。第二个内容是权力要下放，解决中央和地方的关系，同时地方各级也都有一个权力下放问题。第三个内容是精简机构，这和权力

下放有关。

改革总要有一个期限，不能太迟，明年党的代表大会要有一个蓝图。在改革中，不能照搬西方的，不能搞自由化。过去我们那种领导体制也有一些好处，决定问题快。如果过分强调搞互相制约的体制，可能也有问题。

——《邓小平文选》第 3 卷，人民出版社 1993 年版

解析：这段材料是 1986 年 9 月 13 日邓小平同志听取中央财经领导小组汇报时的谈话的一部分。在这段谈话中，邓小平同志主要针对政治体制改革的必要性、政治体制改革的目标、内容进行了论述。政治体制改革的必要性主要是适应经济体制改革的需要，否则我们进行的经济体制改革就很难实行和继续。在这段材料中对于这政治体制改革的目标和内容作了完整和全面的论述。这些论述对我国进行的政治体制改革具有重要的指导意义。在谈话中，邓小平同志还深刻地指出，我们进行的政治体制改革要从中国国情出发，可能西方国家在政治体制改革中有很多好的经验，但这些不一定适合我国，中国有自己的国情、党情，应该实事求是地尊重这些实际情况来进行中国的政治体制改革，这才是科学和正确的。

4. 纠正不正之风、打击犯罪活动中属于法律范围的问题，要用法制来解决，由党直接管不合适。党要管党内纪律的问题，法律范围的问题应该由国家和政府管。党干预太多，不利于在全体人民中树立法制观念。这是一个党和政府的关系问题，是一个政治体制的问题。我看明年党的十三大可以提出这个问题，把关系理顺。现在从党的工作来说，重点是端正党风，但从全局来说，是加强法制。我们国家缺少执法和守法的传统，从党的十一届三中全会以后就开始抓法制，没有法制不行。法制观念与人们的文化素质有关。现在这么多青年人犯罪，无法无天，没有顾忌，一个原因是文化素质太低。所以，加强法制重要的是要进行教育，根本问题是教育人。法制教育要从娃娃开始，小学、中学都要进行这个教育，社会上也要进行这个教育。纠正不正之风中属于法律范围、社会范围的问题，应当靠加强法制和社会教育来解决。我们要把经验好好总结一下，使这方面工作来一个改善。

党管政府怎么管法，也需要总结经验。党政分开，从十一届三中全会以后就提出了这个问题。我们坚持党的领导，问题是党善于不善于领导。党要善于领导，不能干预太多，应该从中央开始。这样提不会削弱党的领导。干预太多，搞不好倒会削弱党的领导，恐怕是这样一个道理。上次找几位同志谈经济工作的时候，我提到要注意政治体制改革，包括党政分开和下放权力。我想中央的领导同志，特别是书记处的同志，要考虑一下这个问题。允许用年把时间搞调查研究，把问题理一理，把主意拿好，然后再下手。政治体制改革同经济体制改革应该相互依赖，相互配合。只搞经济体制改革，不搞政治体制改革，经济体制改革也搞不通，因为首先遇到人的障碍。事情要人来做，你提倡放权，他那里收权，你有什么办法？从这个角度来讲，我们所有的改革最终能不能成功，还是决定于政治体制的改革。

这半年端正党风的工作是有成绩的，但是不要估计太高，现在还刚刚开始。我们说从今年起狠抓两年，实际上两年以后还要继续干这件事，当然不一定要设专门机构。开放、搞活，必然带来一些不好的东西，不对付它，就会走到邪路上去。所以，开放、搞活政策延续

多久，端正党风的工作就得干多久，纠正不正之风、打击犯罪活动就得干多久，这是一项长期的工作，要贯穿在整个改革过程之中，这样才能保证我们开放、搞活政策的正确执行。

——《邓小平文选》第3卷，人民出版社1993年版

解析：这段材料是邓小平同志在1986年6月28日关于在全体人民中树立法制观念问题的一段谈话。邓小平同志的法治思想中有深厚的依法治国的思想，他提出在进行法治的治理中必须把"法治"与"人治"区分开，实行"法治"要以废除"人治"为前提，提出要在社会各领域实施依法治理。在全党和全国人民中树立良好的法治观念是我们实施依法治国的重要条件，开放搞活、社会长治久安和稳定发展，有效打击犯罪和预防犯罪的发生，保证经济建设的良好运行，打击和惩治腐败都离不开社会主义法治。在这段谈话中，邓小平同志还分析了法治和党的领导之间的关系。

案例解析

案例1

从"政治腐败"案例看政治体制改革

河南卢氏县原县委书记杜保乾的"政治腐败"案早已被曝光，发人深省的是该案所暴露的我国政治体制的弊端。它说明，在我国深化政治体制改革迫在眉睫。杜保乾之威风俨然是"土皇帝"——他每次下乡检查工作，都要带上几十辆车，前有交警开道，后有公安护卫；在县城，只要交警站得笔直，警车来往穿梭，县城里气氛骤然紧张，老百姓就知道，杜保乾来了。他到处巡视创三优，县电视台的记者跟着录像，随后返回台里，终止正常播出，打出"重要新闻"字样。这种"重要新闻"随拍随播，滚动播出。杜保乾之形式主义坑害一方——他在国道上树起近百个牌子，"先进县"、"第一县"等，每个牌子耗资几万，类似的牌子在该县不少于200个（实际上卢氏县为国家级贫困县）。他搞牧场，责令把门楼修得漂亮，结果三处门楼每个不低于20万。杜保乾为显示政绩，一反当地在潮湿背阴小河边种植木耳、香菇的传统，在向阳处的公路沿线搞起"食用菌百里长廊"。老百姓不愿做，他就采取拉家具、牵耕牛的办法对付。1997年，杜保乾一声令下，卢氏县全城禁烟；为创三优，他让各级领导每天两次带队上街捡纸屑，各中小学生每天早出晚归捡垃圾，搞卫生成了卢氏县的主业，此举引得周边上百个县市组团前来参观，而老百姓的口袋却一天天地瘪了下去。杜保乾之弄虚作假令人瞠目——他搞牧场，用于购买牛羊的钱寥寥无几。每次上级来参观，便让百姓到邻近的市乡去借牛羊充数，涂上颜色以示区别，上级走后归还。由于数目庞大，在送还时经常弄错牛羊，出了不少"洋相"。一些乡镇也造假成风，杜关镇为营造红红火火的炼锰铁氛围，竟点燃麦草，让烟囱冒烟，欺骗市领导，因此，"麦草炼锰铁"的笑话传遍豫西山区。杜保乾之无法无天荼毒百姓——卢氏县对农民横征暴敛，虚报、重报农民的收入。农民拒绝交苛捐杂税，潘河乡就撬门砸锁，强行拉走农民的电视机、缝纫机。范里乡则决定：交不起税费的家庭，不让孩子上学。1999年春，杜保乾利用"严打"之机，抓了400多人，其中许多是对他不满者。青年张冲波在

报纸上发表文章揭露卢氏县的问题，杜便以“涉嫌挪用特定款物罪”将张逮捕。村民散发报纸上批评杜保乾的文章，杜斥之为“刁民”，村民回敬道“没有刁官哪有刁民”，于是被杜拘留37天。村支书张文秀到北京状告杜保乾，杜则派公安到北京抓捕，欺骗北京警方，称张是“法轮功分子”，“是到北京搞爆炸的”，于是，将张文秀抓回，关进了卢氏县看守所。杜保乾的案例从一个侧面反映出我国现有政治体制的弊端：权力过于集中，缺乏有效的监督，容易形成人治、特权泛滥的局面；一些人片面追求“政绩”指标，不顾百姓的死活，热衷于做表面文章；官员对上不对下，在一定程度上不受群众的制约，因此可能坑害百姓；权大于法，权操纵法等。欲解决这些问题，唯有深化政治体制改革：建立社会主义的现代政治制度——逐步运用民选制度对各级权力进行民主监督，同时形成权力机构的相互制约；官员对下对选民负责，废除官员只对上负责的官僚制、郡县制；形成有限权力的政府、规范化的政治；确保民意畅通，落实公民权利。建立现代法律制度——法律面前人人平等，特别是各级官员要模范守法；司法必须独立于行政；公民非经法律程序不得被逮捕、被剥夺财产。杜保乾的政治腐败案为我们敲响了警钟！它告诉我们，中国共产党必须居安思危，防微杜渐，从制度着手，根除腐败，清除政治体制的弊端，以壮士断腕的气魄祛病除疾，才能永葆生机，才能永远赢得人民的支持，才能永远立于不败之地。

思考讨论

1. 我国实行政治体制改革的必要性是什么？
2. 试分析中国共产党如何更好地预防和惩治腐败。

点评

本案例叙述了河南卢氏县前县委书记杜保乾的“政治腐败”案，这一案件深刻地暴露了我国政治体制的弊端：权力过于集中，缺乏有效的监督，容易形成人治、特权泛滥的局面；一些人片面追求“政绩”指标，不顾百姓的死活，热衷做表面文章；权大于法，权操纵法等。如何通过政治体制的改革来治理和预防腐败的发生，是我们进行要深入考虑的问题。

我国的政治体制改革势在必行，如果不针对政治体制存在的弊端进行改革，有政治体制问题造成的好人没办法做好事的情况就会不断地发生，为了维护国家的长治久安和社会的稳定发展，要不断地探索适合我国国情的政治体制改革的道路。

案例2

立法空白使监管成难题

有人说，植入式广告让广大消费者陷入了被调戏的尴尬。据不完全统计，有的电视剧最起码对10种产品做了宣传，其中不乏念广告词、长时间镜头特写等赤裸裸的表现手法。例如，主人公连续在剧中说某食用油的广告词，时长约20秒；再如，剧中多次给印有某银楼标志的首饰盒长时间特写不低于10秒。现在热映的电影中的植入广告也是铺天盖地，从景点到手机，从保险到汽车，整部电影植入式广告无处不在。中消协召开中消协律师团扩大会议，就广告植入与消费者权益保护进行研讨。类似强迫销售搭售作为商家来说，电视剧电影里面有几个利益点：一是电视台、院线；二是制片方、导演；三是消费者。制片方要钱，电视台、院线要收视率、上座率，导演既想省钱还要赚钱。消费者在这里面占的是少数，利益集团在这里占大多数，消费者处于较弱势。如果说贴片广告和剧间广告可以通过晚进场或者剧间换台来解决问题，那么植入式广告因为其自身的特点，让消费者防不胜防，无能为力。律师认为，植入式广告侵犯了消费者合法权益，包括消费者的知情权、选择权、公平交易权。因为植入式广告跟明显的广告不同，它与剧情捆绑，消费者没有办法选择。就像反不正当竞争法中的强迫销售、搭售。传统消费关系是经营者提供商品、提供服务，消费者购买商品、接受服务，由于植入式广告的泛滥，使消费者和经营者的关系出现了新的因素，这种情况下，消费者变成经营者手上一个可盈利的资源，它通过强行塞给消费者的广告信息获利，侵占消费者的时间和注意力，这无疑损害了消费者的权益。在立法上尚属空白。近来让广大消费者心烦的植入式广告究竟在法律上如何界定，现在尚没有明确的概念。《中华人民共和国广告法》规定广告要有可识别性，大众媒介发布广告的时候要有明显的广告标记，要与非广告信息相区别。但影视剧中的植入式广告却不易界定。有些隐蔽性强的，如镜头中若隐若现的广告牌、汽车标、矿泉水瓶贴等，如何界定，出现到何种程度算作广告等，都存在判断标准上的障碍。由于植入式广告本身界定存在困难，那么即使切实损害了消费者的权益，消费者也很难找到适应的法律法规来维权。专家认为，人们在观看影视剧时要求有愉悦感，那么生拉硬拽的植入式广告，无疑损害了人们的愉悦感，然而，这种愉悦感目前还很难得到法律保护。到目前为止，国内尚无一起因植入式广告侵权的或违约的诉讼请求得到支持。不可否认的是，有些植入式广告非但没有让人心生厌恶，反而让人赏心悦目。律师认为植入式广告是介乎于法律和道德之间的问题，很难有一个明确的定格。商家不光想要所拍的作品盈利，还要赚取广告费用。为求利益最大化，往往不考虑受众的感受。对于有些植入式广告我们非但不反感反而很欣赏的原因之一，就是导演制片方的道德自律。律师表示，为解决这个问题，首先应该从道德层面着手。电视人、电影人、电视台等行业协会应该加强自律，规范行业操守。多数律师认为，提高植入式广告的制作水准，不失为解决方案之一。这就要求有关部门从行政监管、行业监管等各方面建立相应的自律规范和行业监管规则，促使其健康良性发展。

思考讨论

1. 在全社会实施依法治国的前提是什么？为什么？
2. 你认为我国在哪些领域还缺乏相关的法律、法规？

点评

植入式广告在现在的影视剧中出现的频率越来越高，这极大地引起了观众和消费者的不满，但现在在我国的法制领域还没有有效的针对植入式广告的界定、定量和治理的方法，这就成为一种空白，使消费者要想获得法律的保护也很难。立法空白现象一直存在，这与我国法制不完善，社会发展速度快，新领域、新情况的出现等有很人的关系，这必将影响我国依法治国的进程，要不断地完善立法，这是我国实施依法治国的前提条件。

我国实施依法治国的方略是我国在社会发展和社会主义建设中的正确和重要的决策，依法治国的实施是我国在国家治理方式上的重大转变，也是我国不断走向文明和进步的标志。但在依法治国实施的过程中，立法工作是前提。我国在很多领域还存在无法可依的问题，这必然要成为我国法治建设中的重要问题与障碍，如何推进各领域的立法工作是当前实施依法治国方略的重要问题之一。

案例 3

无辜的杀人犯与我国法治建设

佘祥林案：2005 年因“亡妻”归来被释放。

监禁时间：11 年。

释放原因：“亡妻”归来。

案件经过：1994 年 1 月 20 日，佘祥林妻子失踪，其亲属怀疑被佘杀害，因事实不清、证据不足，“杀妻”案迟迟未判。1998 年 6 月，京山县人民法院以故意杀人罪判处佘有期徒刑 15 年。2005 年 3 月 28 日，被“杀害”的妻子张在玉突然归来，湖北省荆门市中级法院紧急撤销一审判决和二审裁定，要求京山县人民法院重审此案。4 月 1 日，佘祥林走出了监狱。2005 年 10 月月底，佘祥林及其家人向国家提出 1 000 万的赔偿，最终累计获得 70 余万元的国家赔偿。

赵新建案：2006 年因真凶落网证明清白。

监禁时间：8 年。

释放原因：真凶落网。

案件经过：1998 年 8 月 7 日凌晨，17 岁少女邢某在其家中被害。通过刑讯逼供等手段，警方取得了赵新建的“犯罪证据”。从 2001 年 7 月到 2004 年 6 月，赵新建 3 次被判处死刑，前两次均被省高院以事实不清、证据不足撤销原判发回重审，第三次由于赵新建无钱聘请律师导致耽误上诉期限，维持原判。随后赵新建被送往监狱服刑。2004 年 8 月 20 日，此案的真凶李某被抓获。2006 年 6 月 23 日，公安局以没有犯罪事实为由将赵新建释放。

李志平案：两次证明为错案，一直“取保候审”

监禁时间：看守所看押 7 年；取保候审 16 年。

释放原因：早已证明为错案，一直“取保候审”。

案件经过：1983 年 6 月 20 日，李志平坐火车赶往大同。在他出走前一天晚上，同村朱英杰被杀，李志平遭到警方怀疑，一个月后被警察带走，在看守所待了 7 年，期间被保定中院两次判处死刑，均被省高院以疑点太多、事实不清而发回重审。1990 年 6 月 19 日，李志平被取保候审。2006 年 7 月 6 日，定州市公安局解除李志平长达 16 年的取保候审决定。

以上 3 个案件中，上级法院均发现案情漏洞重重、证据不足并要求重审，但下级法院依旧对嫌疑人以“故意杀人”为罪名进行判决、同时又不判死刑“刀下留人”，无罪推定的法律原则与实际判决的结果差别巨大。

多年来，经过对刑事诉讼过程的法律规范，中国已将“无罪推定”原则这一重要的法律精神写入法条，而这一原则的重要作用就是杜绝此类冤案。无罪推定原则，指没有经过司法程序最终确认有罪之前，任何人在法律上都是无罪的。这一原则在重物证轻口供、疑罪从无、尊重沉默权等方面，体现了对被告人权利的保护。佘祥林、赵新建等人冤案的产生，往往源于司法部门将“疑罪从无”处理为“疑罪从轻”。

重视物证：《中华人民共和国刑事诉讼法》（以下简称“《刑事诉讼法》”）于1979年出台，提出重视物证。

重视物证，即在刑侦过程中，以物证为主要依据，保守对待口供。1979年出台的《刑事诉讼法》，规范了追诉犯罪的程序、司法的权力范围、参与者的法律关系，其意义在于打击犯罪与保护人权并重，注重刑事案件中的程序正义。其中第35条规定，重调查研究，不轻信口供，只有被告人供述、没有其他证据的，不能认定有罪；并将查明案件事实真相的标准正式确立为“事实清楚，证据确实充分”，明确了重物证轻口供的法律精神。

疑罪从无：1996年写入《刑事诉讼法》。

“疑罪从无”，即在证据不足、指控的犯罪不能成立时，宣告被告人无罪。早在1989年，最高人民法院就已经强调对主要事实不清、证据不足，而不能认定有罪的被告人，在判决书说明情况后，须直接宣告无罪。但疑罪从无原则在法律条文上的真正确立是在1996年。1996年，中国的刑事诉讼制度发生重大变化，修改后的《刑事诉讼法》规定“未经人民法院依法判决，对任何人都不得确定有罪”、人民法院对人民检察院提起公诉的刑事案件经过审理终结对“证据不足，不能认定被告人有罪的，应当作出证据不足、指控的犯罪不能成立的无罪判决”，无罪推定原则在法律条文上被正式确立。

尊重被告沉默权：中国在1998年向国际作出承诺。

沉默权指犯罪嫌疑人、被告人在接受警察讯问或出庭受审时，有保持沉默、拒不回答的权利。中国于1998年签署加入了联合国《公民权利和政治权利国际公约》，该公约规定，受刑事追诉的人不得被强迫作不利于自己的证言或者被迫承认有罪。事实上在1979年通过的《刑事诉讼法》和1997年制定的《人民检察院刑事诉讼规则》中，已有条款明确规定，严禁刑讯逼供和以威胁、引诱、欺骗以及其他非法的方法收集证据，通过非法手段收集的口供不能作为控告依据。

……

十一届全国人大五次会议，通过了关于《修改刑事诉讼法》的决定，修改后的《刑事诉讼法》（以下简称“新刑诉法”），将“尊重和保障人权”明确写入了总则。这是宪法有规定以来，我国部门法第一次有了人权规定。其中的几大亮点如下。

（1）严格限制“关押”不通知。有利于保障诉讼顺利进行。背景：旧刑诉法规定，拘留、逮捕后，除有碍侦查或者无法通知的情形以外，应当把拘留、逮捕的原因和羁押的处所，在24小时内通知家属，其中“有碍侦查”情形的界限比较模糊。新刑诉法对有碍侦查进行了“双层”限制：限定在涉嫌危害国家安全、恐怖活动两种犯罪中；有碍侦查的情形消失以后，应当立即通知被拘留人的家属。

（2）禁止强迫自证其罪。对遏制刑讯逼供起重要作用。背景：佘祥林案、赵新建案等冤假错案，吹响了遏制刑讯逼供的“号角”。新刑诉法增加了“不得强迫任何人证实自己有罪”这一取证原则，同时，明确规定了非法证据排除的具体标准：采用刑讯逼供等非法方法收集的犯罪嫌疑人、被告人供述和采用暴力、威胁等非法方法收集的证人证言、被害人陈述，应当予以排除。为保证讯问过程的合法性、防翻供等，修正案规定了录音、录像及侦查人员出庭作证制度。其中，对于可能判无期徒刑、死刑的案件或者其他重大犯罪案件，必须录音或者录像。

(3) 强化证人义务保护证人安全。缓解证人出庭率较低的问题。背景：证人出庭率较低。新刑诉法规定刑事诉讼中，证人应当履行出庭作证的法定义务，对拒绝出庭作证的证人予以一定的处罚。证人没有正当理由拒绝出庭或者出庭后拒绝作证的，予以训诫，情节严重的，经院长批准，处以 10 日以下拘留。对于危害国家安全犯罪、黑社会性质的组织犯罪等案件，证人、鉴定人、被害人因在诉讼中作证，本人或近亲属的人身安全面临危险的，公检法机关应采取保护措施。具体措施包括不公开真实姓名、住址等个人信息；同时赋予了证人、鉴定人、被害人“请求保护”的权利。

(4) 如无新罪，“上诉不加刑”，避免一审、二审踢皮球背景。实践中存在规避“上诉不加刑”原则的情形：第二审人民法院发回重审，下级人民法院在重审中加刑。有的二审法院发回重审，或者要求判重一些，或者要求追加罪名等，变相加刑。新刑诉法对于因事实不清楚或者证据不足，原审法院发回重审的案件作出判决后，被告人上诉或检察院抗诉的，二审法院应依法判决或裁定，不得再发回原审法院重审。

二审法院审理上诉案件，不得加重被告人的刑罚。二审法院发回原审法院重审的案件，除有新的犯罪事实，人民检察院补充起诉的以外，不得加重被告人的刑罚。

(5) 贪官外逃人财两空。为避免巨额违法财产无法追缴，新刑诉法“特别程序”一章中，专门增加了“犯罪嫌疑人、被告人逃匿、死亡案件违法所得的没收程序”。增加规定，对于贪污贿赂犯罪、恐怖活动犯罪等重大犯罪案件，犯罪嫌疑人、被告人逃匿，在通缉一年后不能到案，或者犯罪嫌疑人、被告人死亡，依照刑法规定应当追缴其违法所得及其他涉案财产的，人民检察院可以向人民法院提出没收违法所得的申请，并设置公安机关移送人民检察院的程序和人民法院的审理程序。

(6) 侦查阶段律师辩护。侦查程序不再是“针插不进”的私密空间新刑诉法：犯罪嫌疑人自被侦查机关第一次讯问或者采取强制措施之日起，有权委托辩护人；在侦查期间，只能委托律师作为辩护人。

(7) 刑事和谨防“花钱买刑”。新刑诉法：明确了当事人和解的公诉案件诉讼程序。为了避免花钱赎刑等危险的发生，和解范围限制在部分危害较轻的犯罪，而且要求犯罪嫌疑人、被告人自愿真诚悔罪，通过向被害人赔偿损失、赔礼道歉等方式获得被害人谅解，强调被害人自愿和解的，双方当事人可以和解。同时规定，对于当事人之间达成和解协议的案件，可以依法对被告人从宽处罚。

(8) 监视居住减少羁押。体现保障犯罪嫌疑人权利的精神新刑诉法：将监视居住定位于减少羁押的替代措施，并规定与取保候审不同的适用条件。

(9) 未成年人犯罪记录封存等内容。

思考讨论

1. 你从以上几个案例中认识到我国法治建设中存在哪些问题？
2. 你认为如何更好地推进我国依法治国的进程？

点评

本案例叙述了佘祥林、赵新建等人的冤案，这些冤案的发生往往源于司法部门将“疑罪从无”处理为“疑罪从轻”，盲目追求“破案率”，重口供而轻证据等原因，这是我国实施依法治国过程中必须要解决的问题，不然我国很难走向法治、文明的社会。

无论是重视物证，还是从“疑罪从有”到“疑罪从无”这都是我国法理原则和审判原则的一个重大的转变，这表明了我国法治领域的重要进步，也标志着我国对人权的更加尊重。新刑事诉讼法的修订，更是体现了我国把对于人权的尊重，不断完善法律、在各领域实施依法治理、加快推进依法治国的进程作为实施依法治国方略的重点。

实践项目

法庭听审

1. 实践目的

通过组织法庭的听审活动，增强学生的法律意识，亲身感受法律的庄严、公平和公正，体会法律在经济建设和社会发展中的重要作用，了解依法治国方略实施的重大意义。

2. 实践方案

(1) 时间：第九章内容完成后实施本方案，利用实践教学时间。

(2) 地点：佳木斯市前进区法院。

(3) 形式：学生进入法庭听审。

(4) 活动内容：组织学生进入佳木斯前进区法院进行法庭审判的听审活动。

(5) 流程：

① 与前进区法院联系，选择有代表性的案例进行听审，确定学生进入参观的时间。

② 对要听审的案件的案情和案件审理的情况进行深入的了解和把握，要求学生在对案件的审理做出预想和分析。

③ 严格按照法庭要求，对学生进行听审过程中所要注意的问题进行提醒。

④ 安排好带队教师和参观所需要的车辆及其他相关物品。

⑤ 要求学生对庭审的流程进行掌握。

⑥ 庭审结束后，请法官为学生作出案件审理方面的解析。

⑦ 组织学生对此次实践活动进行讨论，要求学生对参加本次实践活动写出感想和报告。

3. 实践评价

(1) 活动结果：法庭审判的听审活动。

(2) 评价方式：评分表。将评价结果填入表 9-1。

表 9-1　评分表

评价项目	满分	得分
学生参加法庭听审的准备情况	10	
学生在听审中对审判流程的把握情况	20	
学生法庭听审的表现和积极性	20	
学生听取法官进行案件审判的解析的情况	20	
实践活动结束后学生对活动的讨论情况	10	
学生参加实践活动的感想与报告	20	
总分	100	

第十章 建设中国特色社会主义文化

知识提要

建设中国特色社会主义文化，是我国社会主义现代化建设的重要内容，是凝聚和激励全国各族人民的重要力量，是综合国力的重要标志。本章主要阐述了中国特色社会主义文化的内容，明确建设中国特色社会主义文化的根本任务，建设中国特色社会主义文化的基本方针；阐述了建设社会主义核心价值体系的的作用和意义，明确社会主义核心价值体系的主题、精髓和基础；强调必须加强思想道德建设和教育科学文化建设，提高整个民族的思想道德素质和科学文化素质，才能推动社会主义先进文化全面、协调、健康发展。

通过对本章的学习，学生应能够正确认识文化建设的战略地位和重要意义、指导思想的一元化和文化多元化的关系，正确认识建设以社会主义核心价值体系为根本的和谐文化的重要意义，树立社会主义荣辱观，正确的人生观，价值观和世界观。

要点搜索

要点 1：保持中国特色社会主义文化的先进性

所谓先进文化，是指顺应历史潮流和社会发展方向的，既继承优秀文化传统又反映时代精神、代表先进生产力发展要求和体现人民群众根本利益、有利于社会进步的文化。其中，是否反映先进生产力的发展要求，是否代表和维护广大人民群众的根本利益，是判断文化先进与否的根本标志。在当代中国，先进文化就是面向现代化、面向未来的、民族的、科学的、大众的社会主义文化。

保持中国特色社会主义文化的先进性，要做到以下几点。

第一，必须体现先进生产力发展的要求和维护广大人民群众的根本利益。因此，一方面要使社会主义文化的内容随着社会生产力的发展而不断发展；另一方面要不断反映先进生产力条件下的社会生产和社会生活，使社会主义文化保持与时俱进的性质，展现出应有的科学性和时代性。

第二，必须坚持马克思主义在意识形态领域的指导地位，用中国特色社会主义理论体系统领社会主义文化建设。面对文化的多样化，要坚持为人民服务、为社会主义服务的方向和“百花齐放、百家争鸣”的方针，弘扬主旋律。

第三，必须坚持文化建设的“三个面向”，即面向现代化、面向世界、面向未来。优秀的民族文化传统固然要继承和发扬，但又不能囿于已有的东西故步自封，不能仅仅以中国自身的发展作参照，而是要有现代眼光、世界眼光，并要着眼于文化的未来发展趋势和方向。

第四，必须大力支持健康有益的文化，努力改造落后文化，坚决抵制腐朽文化。从总体上说，中国特色的社会主义文化已经成为当代中国文化的主体，在引导和整合其他各种文化过程中起着主导作用。但是由于历史的和现实的原因，社会上还存在着落后文化和腐朽文化。牢牢把握先进文化发展方向，就是要用先进文化去占领文化领域和城乡文化建设的主渠道和主阵地，积极支持和大力发展健康有益的文化，不断提高文化产品的质量和群众的文化鉴赏水平。

要点 2：建设社会主义核心价值体系意义

一个人为人处世，总要受一定价值观的影响和支配，价值观犹如人生的指南针，不可缺少。同样，一个国家、一个社会也需要有社会成员普遍认同的价值体系来维系。在这个体系中居核心地位、起主导作用的就是核心价值体系，它是维系社会团结和睦的精神纽带、推动社会全面发展的精神动力、指引社会前进方向的精神旗帜。

当今中国，以马克思主义指导思想、中国特色社会主义共同理想、爱国主义为核心的民族精神和改革创新为核心的时代精神、社会主义荣辱观为基本内容的社会主义核心价值体系是社会主义制度的内在精神和生命之魂，是社会主义制度在价值层面的本质规定，它揭示了社会主义国家经济、政治、文化、社会的发展动力，体现了富强、民主、文明、和谐的社会主义现代化国家的发展要求，反映了全国各族人民的核心利益和共同愿望。在当前经济体制深刻变革、社会结构深刻变动、利益格局深刻调整、思想观念深刻变化、思想大活跃、观念大碰撞、文化大交融的背景下，提出建设社会主义核心价值体系，具有重要的理论意义和极强的现实性。

第一，建设社会主义核心价值体系，向世人展现了我们党思想上、精神上的旗帜。改革开放以来，我们党带领人民成功探索出一条中国特色社会主义道路，并在经济、政治、文化等方面建立了一套比较成熟的制度和体制。与这些根本性的制度和体制相适应，必然有一个主导全社会思想和行为的价值体系。特别是随着改革开放和社会主义市场经济的进一步发展，我国社会的经济成分、组织形式、就业方式、分配方式和利益关系日趋多样化，人们思想活动的独立性、选择性、多变性和差异性不断增强，价值观念的多样性也更加明显，对社会主义价值体系核心内容作出清晰的界定越来越迫切。这就要求我们必须加强社会主义核心价值体系建设，并充分发挥其对多样化价值观念的主导性、引领性作用。核心价值体系就是一面旗帜，鲜明地亮出这面旗帜，就是要昭示人们，不论社会思想观念如何多样多变，不论人们价值取向发生怎样变化，我国社会主义核心价值体系是不能动摇的。

第二，建设社会主义核心价值体系，是巩固全党全国人民团结奋斗的共同思想基础的需要。共同的思想基础，是一个党、一个国家、一个民族赖以生存和发展的根本前提。没有共同的思想基础，党就会瓦解，社会就会动荡，国家就会分裂。对党和人民在革命、建设和改革的长期奋斗过程中形成的共同思想基础作出科学的概括和清晰的界定，明确其基本内涵和基本要求，使之更容易为全党全社会更加全面准确地所理解和把握，在今天社会思想观念和人们价值取向日益多样的情况下，建设社会主义核心价值体系就显得十分必要和迫切。特别是在当前，由于多种因素的影响，社会的价值观念也确实在一定程度上存在良莠不齐的现象，需要予以高度警觉和有效规范、引导；世界范围内体现不同思想文化的价值观念更加猛烈地相互激荡，这就提出了维护社会主义意识形态安全和国家文化安全的重大课题。可以说，面对多变的时代、多样的社会、多种的思想、多质的需求、多类的矛盾，只有确立社会主义核心价值体系，才能明确揭示我们共同思想基础的基本内涵和要求，才能有力抵制各种错误和腐朽思想的影响，有效引领各种社会思潮，从而不断夯实全社会团结奋斗的共同思想基础，为全面推进中国特色社会主义事业提供更有力的精神支撑。

第三，建设社会主义核心价值体系，有利于引导全社会在思想道德上共同进步。当前，人们的思想观念、道德意识、价值取向越来越呈现出层次性。我们不能因为存在着多层次的思想道德而降低甚至否定先进性的要求，也不能不顾人们思想道德的客观差异，用一个标准要求所有的社会成员。那么，用什么来引领人们在思想道德上不断提升和进步呢？社会主义核心价值体系的提出，集中回答了这个问题。社会主义核心价值体系，既体现了广大人民的思想道德建设上的先进性要求，又体现了思想道德建设上的广泛性要求；既坚持了先进文化的前进方向，又兼顾了不同层次群众的思想状况；既体现了广大人民的一致的愿望和追求，又涵盖了不同的群体和阶层，具有广泛的适用性和包容性，具有强大的整合力和引领力，是连接各民族、各阶层的精神纽带。

要点 3：社会主义核心价值观的最新概括

十八大报告提出，倡导富强、民主、文明、和谐，倡导自由、平等、公正、法治，倡导爱国、敬业、诚信、友善，积极培育社会主义核心价值观。这是对社会主义核心价值观的最新概括。十八大报告用 24 个字，三个方面的倡导，体现了国家层面、制度层面、公民道德层面的价值取向，是对社会主义核心价值体系的具体化，是对民族精神、时代精神，以及爱国主义、集体主义、社会主义的具体注释，涵盖了最广大人民群众的普遍愿望，深化了我们党对社会主义的认识，对于推进社会主义核心价值体系建设，具有十分重要的意义。

要点 4：中国特色社会主义文化建设的指导原则和方针

社会主义文化建设的根本任务决定了指导社会主义文化建设的一系列重要原则和方针。

第一，“一指导”、“两为”，即坚持以马克思主义为指导，为人民服务、为社会主义服务。

第二，坚持“双百”方针，即“百花齐放、百家争鸣”的方针。尊重文化发展规律，尊重文化工作者的创造性劳动，弘扬主旋律，提倡多样化。

第三，坚持“三贴近”，即贴近实际、贴近生活、贴近群众，不断推进文化创新。

第四，坚持“两立足”，即立足当代又继承民族优秀文化传统，立足本国又充分吸收世界优秀文化成果，做到洋为中用、博采众长。

第五，坚持“两手抓”，即一手抓繁荣，一手抓管理。繁荣是文化建设的永恒主题，管理是文化繁荣发展的有力保障。

要点5：“八荣八耻”的荣辱观

胡锦涛总书记提出的“八荣八耻”，是对社会主义荣辱观的系统阐述。“八荣八耻”涵盖了个人、集体和国家三者之间的关系，涉及人生态度、社会风尚等方面，概括精辟、内涵深刻。

“以热爱祖国为荣、以危害祖国为耻”是对我国爱国主义传统与民族精神的本质概括；“以服务人民为荣、以背离人民为耻”是为人民服务思想的表述；“以崇尚科学为荣、以愚昧无知为耻”反映的是对待科学问题的荣辱观要求；“以辛勤劳动为荣、以好逸恶劳为耻”是对集体主义思想和人道主义人际关系的概括；“以诚实守信为荣，以见利忘义为耻”是对职业道德主体内容和基本原则的发挥；“以遵纪守法为荣、以违法乱纪为耻”是对社会公民的法制观念和守法意识的强调；“以艰苦奋斗为荣、以骄奢淫逸为耻”是对艰苦奋斗精神的发扬和光大。以“八荣八耻”为主要内容的社会主义荣辱观，是对马克思主义道德观的精辟概括，是新时期社会主义道德的系统总结，是以人为本、全面协调可持续发展的科学发展观的重要组成部分，是新形势下社会主义思想道德建设的重要指导方针和核心内容。

深度阅读

1. 有一点要提醒大家，就是我们在建设具有中国特色社会主义社会时，一定要坚持发展物质文明和精神文明，坚持五讲四美三热爱，教育全国人民做到有理想、有道德、有文化、有纪律。这四条里面，理想和纪律特别重要。我们一定要经常教育我们的人民，尤其是我们的青年，要有理想。为什么我们过去能在非常困难的情况下奋斗出来，战胜千难万险使革命胜利呢？就是因为我们有理想，有马克思主义信念，有共产主义信念……要特别教育我们的下一代下两代，一定要树立共产主义的远大理想。一定不能让我们的青少年做资本主义腐朽思想的俘虏，那绝对不行。有了理想，还要有纪律才能实现。纪律和自由是对立统一的关系，两者是不可分的，缺一不可。我们这么大的一个国家，怎样才能团结起来、组织起来呢？一靠理想，二靠纪律。组织起来就有力量。没有理想，没有纪律，就会像就中国南阳一盘散沙，那我们的革命怎么能够成功？我们的建设怎么能够成功？

——《邓小平文选》第3卷，人民出版社1993年版

解析：这是邓小平同志在全国科技工作会议上作《改革科技体制是为了解放生产力》的讲话后，即席作的一次讲话。这次讲话谈的是培育“四有”公民的问题。党的十一届三中全会后，邓小平同志把新时期社会主义事业接班人的基本要求概括为“四有”，即有理想、有道德、有文化、有纪律。结合中国革命和建设的实际，他指出，在四有中，有两条

特别重要，就是有理想和有纪律，这是我们革命和建设成功的经验，要得到继承和发展，面对西方的和平演变，不能让我们的青年被资本主义腐朽思想俘虏。当前培育“四有”公民是中国特色社会主义文化建设的根本任务，也是我国文化建设长期而艰巨的任务，我们必须着眼于提高人的素质、促进人的全面发展，为加快推进现代化建设和全面实现小康社会做好人的准备。

2. 中华文明是世界古代文明中始终没有中断、连续5 000多年发展至今的文明。中华民族在漫长历史发展中形成的独具特色的文化传统，深深影响了古代中国，也深深影响着当代中国。现时代中国强调的以人为本、与时俱进、社会和谐、和平发展，既有着中华文明的深厚根基，又体现了时代发展的进步精神。

中华文明历来注重以民为本，尊重人的尊严和价值。早在千百年前，中国人就提出“民为邦本，本固邦宁”、“天地之间，莫贵于人”，强调要利民、裕民、养民、惠民。今天，我们坚持以人为本，就是要坚持发展为了人民、发展依靠人民、发展成果由人民共享，关注人的价值、权益和自由，关注人的生活质量、发展潜能和幸福指数，最终是为了实现人的全面发展。保障人民的生存权和发展权仍是中国的首要任务。我们将大力推动经济社会发展，依法保障人民享有自由、民主和人权，实现社会公平和正义，使13亿中国人民过上幸福生活。

中华文明历来注重自强不息，不断革故鼎新。“天行健，君子以自强不息。”这是中国的一句千年传世格言。中华民族所以能在5 000多年的历史进程中生生不息、发展壮大，历经挫折而不屈，屡遭坎坷而不馁，靠的就是这样一种发奋图强、坚忍不拔、与时俱进的精神。中国人民在改革开放中表现出来的进取精神，在建设国家中焕发出来的创造热情，在克服前进道路上的各种困难时表现出来的顽强毅力，正是这种自强不息精神的生动写照。

中华文明历来注重社会和谐，强调团结互助。中国人早就提出了“和为贵”的思想，追求天人和谐、人际和谐、身心和谐，向往“人人相亲，人人平等，天下为公”的理想社会。今天，中国提出构建和谐社会，就是要建设一个民主法治、公平正义、诚信友爱、充满活力、安定有序、人与自然和谐相处的社会，实现物质和精神、民主和法治、公平和效率、活力和秩序的有机统一。中国人民把维护民族团结作为自己义不容辞的职责，把维护国家主权和领土完整作为自己至高无上的使命。一切有利于民族团结和国家统一的行为，都会得到中国人民真诚的欢迎和拥护。一切有损于民族团结和国家统一的举动，都会遭到中国人民强烈的反对和抗争。

中华文明历来注重亲仁善邻，讲求和睦相处。中华民族历来爱好和平。中国人在对外关系中始终秉承“强不执弱”、“富不侮贫”的精神，主张“协和万邦”。中国人提倡“海纳百川，有容乃大”，主张吸纳百家优长、兼集八方精义。今天，中国高举和平、发展、合作的旗帜，奉行独立自主的和平外交政策，坚定不移地走和平发展道路，既通过维护世界和平来发展自己，又通过自身的发展来促进世界和平。中国坚持实施互利共赢的对外开放战略，真诚愿意同各国广泛开展合作，真诚愿意兼收并蓄、博采各种文明之长，以合作谋和平、以合作促发展，推动建设一个持久和平、共同繁荣的和谐世界。

——《人民日报》，2006年4月23日

解析：2006 年中国国家主席胡锦涛访美，在耶鲁大学发表了著名的演讲，简短 4 000 言，可谓一篇"中国文明宣言"。胡锦涛从中华文明历史变迁和现实发展的角度出发，全面介绍了当代中国的发展战略和前进方向，以让美国人民更全面、更深入地了解中国。他对中华文明进行了高度概括：一是"中华文明历来注重以民为本，尊重人的尊严和价值"；二是"中华文明历来注重自强不息，不断革故鼎新"；三是"中华文明历来注重社会和谐，强调团结互助"；四是"中华文明历来注重亲仁善邻，讲求和睦相处"。概括道出了中华文明的灵魂和精髓，堪称是中华文明传播世界的重要前提和基础。中华民族在漫长的历史发展中形成的独特的文化传统，不仅影响了古代中国，也影响着当代中国。现代中国强调的以人为本、与时俱进、社会和谐、和平发展，既有着中华文明的深厚根基，又体现了时代发展的进步精神。

案例精选

案例 1

最美女教师张丽莉

2012 年 5 月的佳木斯桃红柳绿，空气中弥漫着紫丁香的浓郁香气。连日来，一个英雄的名字出现在各大媒体报端，流传在大街小巷。当失控的客车冲向孩子们的瞬间，佳木斯市十九中学教师张丽莉用她柔弱的躯体，谱写了一曲英勇奉献的大爱之歌。张丽莉，这个勇敢的名字，神圣地植入黑土地，深深地植进人们的心底。

1. 那一刻，柔弱的她犹如铜墙铁壁

5 月 8 日 20 时 30 分许，佳木斯市第十九中学下晚自习的初三学生涌向四中校门。这时，停在四中门前的一辆大客车因驾驶员误碰操纵杆致使客车突然失控，撞向路边停着的另一辆客车，被撞客车因失控向校门口的学生们冲来。

"面对失控冲过来的汽车，张丽莉老师可以选择退避，但她用手推开、用身体撞开了身边的学生，随即被卷入车下遭到碾轧。如今，她双腿高位截肢。张丽莉老师感动了这座城市，她是佳木斯人的骄傲。"讲起那令人心痛的一幕，佳木斯市第十九中学副校长靳艳萍眼含泪花。

学生孙智鸿回忆说，当时肇事的那辆客车冲出去三四十米，张老师向前一扑，用手将车前一名已经吓傻的学生推到一边，又用屁股将旁边的一名学生顶到了一边，她自己却被猛冲过来的客车撞倒在地。

佳木斯市中心医院院长曹洪涛在接受媒体采访时说，5 月 8 日晚 21 时许，他们收治了六名伤员，五名学生一名老师。其中一名学生只是手外伤，已经出院，其余四名学生伤势不是很严重，还在接受治疗。受伤最严重的是教师张丽莉，医院初步诊断她为双下肢碾轧、失血性休克、骶骨骨折、双上肢及双手碾轧伤，生命垂危。

黑龙江省委书记吉炳轩连夜向佳木斯市委询问张丽莉的伤情和救治情况，指出要尽一切力量，保证最好的医疗水平和条件，全力进行救治。吉炳轩说："张丽莉在万分危险时刻，挺身而出，不顾生命安危勇救学生，表现了一个人民教师慈母般大爱胸怀，展现了纯洁无私的大美形象，体现了中华民族高尚的道德情操，是黑龙江的骄傲，教师的楷模，更是人民的表率和伟大的时代英雄。张丽莉舍己救人的壮举令全省人民为之敬佩和感动，要开展向张丽莉同志学习的活动。”

2. 校园里，她像茉莉花一样充满热情

张丽莉，出生于1984年1月19日。2007年，她从哈尔滨师范大学中文系毕业后，来到佳木斯十九中任教。张丽莉老师在学生中有着极强的亲和力，在师生眼里，漂亮、开朗的张丽莉就像一束茉莉花，亲切、真挚。

张丽莉老师是三年级（3）班的班主任，担任两个班级的语文教学任务。她把一百多个孩子的学习时刻放在心上，宁可放弃休息时间也不愿有一个孩子掉队。在一次古诗知识复习时，三年级（9）班几名同学没有背下来，张丽莉就放弃午休时间，逐一领着背、记、考，直到全部合格为止。

有学生因成绩较低而心情失落时，张丽莉总会用自己独特的方式去关心、去鼓励。在一模考试中，王睿因成绩很不理想在座位上掉泪，张老师发现后，急忙帮着擦去泪水，像妈妈似的说：“孩子，再哭我会心疼的。来，老师帮你分析原因，咱们一起努力把成绩提上来。”一席话，让孩子心中的悲伤全部融化在这温暖中，变成了向上的动力。

“夏天她在教室地上洒水为我们降温，冬天她买来电水壶给我们烧开水喝。”学生张佳岩说，放学时学生等不到来接的家长，她就主动打车送学生回家。开家长会时，她自掏腰包给家长买水喝。

“担任班主任后，她的心思完全放在了学生身上。带班两年多，她起早贪黑，甚至连饭菜也会让给没吃饭的学生。有的学生来不及吃早饭，她就拿出每个月为数不多的工资买来面包、饼干给他们吃。”姐姐对工作的认真、对学生的爱让张丽莉的弟弟感到自豪。

从不请假休息，从不丢落一节课，从不放弃一个学生，为了学生们的进步，张丽莉可以舍弃自己的一切，休息、健康、心血，乃至生命。

“每次放学和张老师一起出校门，她都会拉着学生们说：‘来，咱们一起过马路，别着急，慢点，看着点儿车。’没想到，她为了保护同学被车撞倒，被截掉了双腿，我和同学们都特别难过。”学生闫泽坤泣不成声地说。

张丽莉所展示出来的美，是没有修饰的；张丽莉所展示出来的爱，是发乎于心的。因为自然、因为纯洁、因为厚重、因为高尚，这样的美丽显得更加弥足珍贵。

3. 平日里，她对每个学生都那样善良

5月13日是母亲节。目前张丽莉伤势较为稳定，但存在一定的恶化倾向。为了让她得到更好的治疗，医疗专家组决定，5月12日晚将张丽莉转至哈尔滨医科大学附属第一医院救治。在这个温情的日子里，来自北京、哈尔滨的各路专家正在紧张忙碌着，全力救治母亲一样的老师。然而，人们心底却掠过一缕酸涩，因为，张丽莉的母亲八年前就去世了；2011年她怀孕却因为陪学生上早操跑步而流产，为了带好毕业班，张丽莉跟家人保证：等今年中考结束就要孩子。

婆婆抹着眼泪说：“丽莉是个好儿媳，懂事，善解人意。”

“要么不做，要做就做得最好。这是张丽莉的座右铭。”副校长靳艳萍说，她是我们的教学新秀，是语文教学水平较高的一位老师。

“班上有一位同学生病了，老师带我们几个班干部去探望。打车时，一辆自行车摇摇摆摆就奔向了我，她一把将我揽入怀中，车子刚坏了张老师的裤子，可她却先问我有没有受伤。”三年前的一件小事，让学生闫泓佚至今记忆犹新。

“我家是低保家庭，丈夫去世了，我一个人领着儿子生活，十分辛苦。张老师得知我家的情况后，每个月都给我们 100 块钱，从孩子上初一时就一直坚持，寒暑假也不曾落下。我患有肾病综合征，张老师还经常询问我的病情、安慰我、鼓励我。我和儿子从心底里感谢张老师，希望她快点好起来。”家长赵亚波哽咽得说不下去了。

敦品励学，弘毅致远。哈尔滨师范大学毕业的张丽莉用实际行动诠释了校训精神，践行了“学高为师，身正为范”的从师准则，体现了追求道德、学问、胸怀广阔、意志刚强的品质和决心成为国家栋梁之才的理想。

根植爱，呵护爱，传播爱，因为有了千千万万个张丽莉一样的教师，我们的社会才充满了爱，饱藏着爱，洋溢着爱。

思考讨论

1. 张丽莉老师勇救学生的高尚行动感动了十几亿中国人，你认为她的这一举动是教师职业道德的完美体现吗？为什么？

2. 加强思想道德建设是建设社会主义核心价值体系的必然要求，也是中国特色社会主义文化建设的重要内容与中心环节，你认为我国如何才能加快建立和完善社会主义思想道德体系？

点评

中学教师张丽莉在学生生命安全受到严重威胁的关键时刻，挺身而出，舍己救人，把生的希望留给学生，把死的危险留给自己，以自己的柔弱身躯支撑起一片生命的天空，用行动谱写了一曲感天动地的大爱赞歌。她践行了中华民族见义勇为的传统美德，彰显了人民教师的爱岗敬业的崇高品德。

在改革开放和现代化建设的进程中，一些人出现了不同程度的理想信念模糊、价值取向歪曲、诚信意识淡薄、社会责任感缺乏等问题，加强思想道德建设，包括公民道德、职业道德和家庭伦理道德建设越来越成为一项紧迫的现实任务。张丽莉老师用她的实际行动彰显了爱岗敬业、无私奉献的道德品质，也体现了一名普通公民的思想道德风貌。这种思想道德的先进性要得到弘扬，青年学生应很好学习和领会，使自己逐步树立起健康向上的道德观，养成认真负责、勤劳敬业的良好的职业道德，更好地实现自己的人生理想和人生价值。

我们不仅要学习张丽莉老师临危救人的大爱义举，还要学习她忠诚教育、热爱学生，以高度负责的精神对待工作的崇高品质；学习她作为“80 后”青年积极进取、奉献担当的高远追求；学习她善待身边人，帮助同事、温暖亲人、乐观坚强的优秀品格。“最美女教师”张丽莉的事迹在感动中国的同时，也给我们每个人最真实的感动，要在平凡的岗位上做出不平凡的事。

案例 2

青年留学生胡学友的中国梦

胡学友，1964 年生，湖北武汉人，1987 年毕业于武汉同济医科大学，1990 年在卫生部武汉生物制品研究所获得硕士学位。1995 年，胡学友赴美留学，先后成为美国康涅狄格大学医学院博士后和美国托马斯·杰弗逊大学 KIMMEL 癌症研究所博士后。2009 年，胡学友在宁波开发区创办了瑞达医药科技有限公司。

成立还不到两年时间，宁波开发区瑞达医药有限公司完全自主研发的临床研究数据收集监控系统（eRDDM），打破了国外在这一领域的垄断。前不久，该公司掌门人胡学友作为宁波市唯一入选者，成为中国留学人员回国创业启动支撑计划中的一员。

获得硕士学位后的胡学友，在国内有着一份不错的工作，但他却没有放弃继续求学的念头。“20 世纪 90 年代，美国等发达国家已率先开始把新药临床研究技术与计算机技术紧密结合起来，这让我看到新药临床研究领域更广阔的发展空间，出国留学的想法也由此萌生。”

四年后，胡学友选择赴美留学。他先在美国康涅狄格大学进修肿瘤免疫专业，而后又于美国托马斯·杰弗逊大学 KIMMEL 癌症研究所进行新药计算机领域的学习。短短四年间，胡学友先后成为这两所高校的博士后。

在美国，胡学友妻儿环膝，工作稳定且收入不菲，但是回国创业的声音一直萦绕在胡学友耳畔。“目前，全世界卫生保健和医药研究领域正在发生翻天覆地的变化，这些变化将对新药研发方向和模式产生永久性的影响。国内新药研究领域也正面临一场考验，我要把所学知识带回国内，希望能给国内的新药研究领域带来全新的理念，甚至改变中国临床研究的模式。”

2007 年年底，胡学友开始涉足国内医药研发外包服务领域，他先在一家医药科技公司担任高级数据管理经理。而后，胡学友又在美国新泽西州注册成立瑞达医药科技公司，开始与美国、欧洲等国外知名制药企业、生物技术公司及医疗机构（药物临床研究基地）建立合作伙伴关系。一切准备就绪后，胡学友经过反复考察对比，决定落户宁波开发区科技创业园，创办了宁波瑞达医药科技有限公司。“宁波地理位置适宜，与大城市远近距离适中，很适宜公司发展。另外，这里良好的投资环境与优惠政策也是吸引我的重要原因，科技创业园不仅为我公司减免房租，还在第一时间帮公司解决包括住所、办公地点等问题。”

新药临床研究技术主要被一些国外的大型医药软件企业垄断，而且由于临床研究数据收集管理系统涉及医学、医药法规以及计算机等众多学科知识，数据量庞大，流程复杂，国外公司的产品往往昂贵，购买一套项目系统需要几百万美元，就是租用一个项目系统也要 20 万美元左右。

在美国常春藤盟校和世界著名制药企业工作 10 余年的胡学友，凭借对医学、医药法规以及计算机等学科知识多年的研究与应用，2009 年年底，带领公司研究人员开发全拥有自主知识产权的临床研究数据收集管理系统 eRDDM。

胡学友告诉记者，这一系统是一个能让研究者、数据录入员、临床研究协调员、数据管理员、项目经理和发起者在一个平台上工作和交流的完整系统。该系统具备现代临床研究数据收集管理系统的所有功能，能用于任何临床研究和公共卫生调查的数据管理。而且，所有功能都能在网上实现。这一系统已达到或超过了任何国外中等规模数据收集管理系统的水平。

据了解，瑞达公司的 eRDDM 系统研发成功后，本打算免费提供给北京大学临床研究所使用，但却意外接到了该研究所的采购订单，并且 eRDDM 系统替代了该研究所一直使用的国外软件巨人 Medidata 的产品。此外，上海交大医学院、中山医科大学糖尿病研究所等国内医学界权威机构也取消了原先的进口计划，纷纷订购了瑞达公司的产品。目前，瑞达公司在业内已小有名气，该公司现已在国内获得了两个国家知识产权证书和两项专利，在美国获得了两个知识产权证书和一项专利。

思考讨论

1. “科学无国界，但科学家有国界”，谈谈你对这句话的理解。

2. 你认为海外学成的青年学子归国创业是爱国主义的表现吗？如果有人选择留在国外创业，你又会怎么看呢？

点评

2006 年 3 月，中共中央总书记、国家主席胡锦涛提出了以“八荣八耻”为主要内容的社会主义荣辱观。这是对新时期社会主义道德观的系统总结，为我国公民道德建设树起了新的标杆。胡学友则用自己的人生追求生动地诠释了社会主义荣辱观的深刻内涵。胡学友把报效祖国、服务人民作为自己科学研究的动力和目标，在医学研究领域孜孜以求，永不言败。他曾这样表达自己的志向：“人的追求分三个境界：第一个是向外界证明自己的能力，第二个是尽量让自己周围的人和朋友更加成功，第三个是为国家和人民做出具有深远影响的重大贡献。达到第三个境界是我一生的梦想！”

青年学生应当学习胡学友，树立社会主义荣辱观，把服务祖国和人民做为自己的人生目标，为全社会形成良好的道德风尚做出自己的努力，为国家的繁荣和社会的进步添砖加瓦。

实践项目

解读“八荣八耻”

1. 实践目的

“八荣八耻”是“社会主义荣辱观”的简称。提出“八荣八耻”的目的在于引导中国广大干部群众特别是青少年树立正确的社会主义荣辱观，为我们在当前形势下明辨是非、区别善恶、分清美丑提出了新要求，将在推进公民道德建设中发挥积极作用。本次通过学生自制有关“八荣八耻”PPT 的实践活动，加深学生对“八荣八耻”的认识和理解，帮助学生树立正确的荣辱观和价值观。

2. 实践方案

(1) 时间：利用课余时间进行搜集和准备资料（大约一周时间）。

（2）地点：本市。

（3）形式：以小组为单位，开展学生调研，小组成员协调分工合作。

（4）流程：

① 在上一次课就以布置作业的形式，要求学生利用课余时间搜集相关的图片信息，为本次课的实践项目做好准备。

② 以班级为单位，5～8 人为一个小组，每个小组完成一份 PPT。

③ PPT 的内容可以分为两个部分：一是通过网络、报纸、杂志等搜集相关的图片；二是学生自己在校内拍摄相关的文明与不文明的行为。

④ 借助学校的多媒体网络室，组织学生在多媒体网络室里完成 PPT 制作，课时计划两学时。

⑤ 小组内的学生团结协作，学生可自行协调彼此的任务。例如，有的负责搜集网络图片，有的负责在校园内拍摄，有的负责文字内容处理，有的进行图片的筛选与文字匹配等。

3．实践评价

（1）活动结果：制作 PPT。

（2）评价方式：评分表。将评价结果填入表 10-1。

表 10-1　评分表

评价项目	满分	得分
准备工作是否充分	20	
图片丰富、逻辑顺序合理	30	
能体现对“八荣八耻”的认识	30	
图片质量和数量	20	
总分	100	

辩论：西方文化对中国文化的影响是利大于弊还是弊大于利

1．实践目的

西方文化伴随着改革开放的进程进入中国，对本土文化产生强烈的冲击，当代青年学生受西方文化影响较深，甚至在人生观及价值观方面产生了一些不良的影响。开展此项活动，可以使同学们提高对外来文化的辨别力，从而树立正确对待西方文化的态度，让同学们充分理解社会主义先进文化建设的重大现实意义。

2．实践方案

（1）时间：45 分钟。

（2）地点：教室。

（3）方式：小组辩论。

（4）流程：

① 辩论赛开始。

② 宣布辩题。

③ 介绍参赛代表队及所持立场。

④ 介绍参赛队员。

⑤ 介绍规则、评委及点评嘉宾。

⑥ 辩论赛比赛。

⑦ 规则评委及点评嘉宾退席评议。

⑧ 宣布比赛结果。

⑨ 辩论赛结束。

3. 实践评价

将评价结果填入表 10-2。

表 10-2　评分表

评价项目	满分	得分
语言风度	30	
团体配合	30	
临场反应	30	
时间把握	10	
总分	100	

主题宣讲："我的中国梦"

1. 实践目的

结合师生关注的思想理论热点问题，围绕深入学习宣传贯彻党的十八大精神，邀请专家学者解读"中国梦"的历史底蕴和时代内涵，引导广大青年学生树立正确的世界观、人生观、价值观，弘扬社会主义核心价值观。

2. 实践方案

(1) 时间：利用正常教学时间。

(2) 地点：教室。

(3) 形式：教学班为单位。

(4) 内容：

① 请专家给学生做"我的中国梦"专题讲座。

② 学生在听讲座中，可以和专家自由交流。

③ 听讲座后，学生和教师之间要交流体验和感受。

3. 实践评价

将评价结果填入表 10-3。

表 10-3　评分表

评价项目	满分	得分
听讲座的态度	30	
和专家交流	10	
和同学交流	30	
和教师交流	30	
总分	100	

第十一章　构建社会主义和谐社会

知识提要

早在一个多世纪之前马克思就曾讲过："对和谐之美的追求是人类的本能。"社会和谐，自古以来就是人类的美好憧憬。从现实意义上说，有社会和谐稳定为基础，经济才能持续发展。有社会和谐稳定作保障，百姓才能安居乐业。社会和谐是中国特色社会主义社会的本质属性，是建设社会主义现代化的内在要求，体现了全党全国各族人民的共同愿望。本章通过阐述构建社会主义和谐社会提出的时代背景，指明了构建社会主义和谐社会的科学含义和构建社会主义和谐社会的重要意义；在此基础上提出了构建社会主义和谐社会的指导思想、基本原则和目标任务。

通过本章学习，学生应认识到构建社会主义和谐社会的重要性和紧迫性，掌握和谐社会的科学含义、明确构建社会主义和谐社会的指导思想、基本原则和目标任务，了解关于构建社会主义和谐社会的主要方针政策。

要点搜索

要点 1：构建社会主义和谐社会的现实依据

当前我国社会总体上讲是和谐的，人民当家做主的国体、政体和以公有制为主体的基本经济制度，奠定了我国社会和谐的坚实基础。经过改革开放三十多年的奋斗，我国经济社会各项事业都取得了巨大成就。中国国家统计局所发布的数据显示，2012 年国内生产总值为 51.93 万亿元人民币，比上年增长 7.8%，综合国力大幅度提升；人民生活总体上实现了从温饱到小康的历史性跨越，正向全面小康扎实迈进；各项改革稳步推进，社会的创造力竞相迸发；民主法制建设不断加强，人民群众的民主权利逐步扩大；科技、教育、文化等社会事业加快发展，民族精神得到有力弘扬，人们的精神文化生活日益丰富。可以说，今天的中国生机勃勃，前景充满了光明。

当然，这并不是说我国社会现在没有矛盾和问题。从目前的情况看，一些不利于社会和谐与稳定的因素还不同程度地存在。例如，一些制约经济发展的体制性、机制性障碍依旧存在，资源浪费现象还比较严重；城乡贫困人口还有相当数量，上学难、上学贵和看病难、看病贵等问题还没有根本解决；不同地区、行业和人群之间收入差距有逐渐扩大的趋势等。我们党提出构建社会主义和谐社会，正是着眼于解决这些问题，更好地促进社会的良性发展。

当前，我国人均国内生产总值已超过 5 000 美元，经济社会发展新的阶段性特征更加明显。我们正处于一个爬坡过坎的关键阶段，短期矛盾和长期矛盾叠加，结构性因素和周期性因素并存。随着我国工业化、城镇化和经济结构调整步伐的不断加快，发展不平衡的矛盾日益凸显，社会利益日趋多样化，今后一段时间内我国经济社会发展面临的矛盾和问题可能更复杂、更突出。提出构建社会主义和谐社会，也是我们党立足新世纪新阶段的实际，针对将来可能会遇到的困难和挑战而作出的战略抉择。

从国际上看，经济全球化趋势推动世界经济发展、为各国发展创造诸多有利条件的同时，也给发展中国家带来了挑战和风险。提出构建社会主义和谐社会，也是应对经济全球化的挑战，着眼于进一步把国内的事情办好，始终保持国家统一、民族团结、经济发展、社会稳定，从而在激烈的国际竞争中立于不败之地。

所以，我们党提出构建社会主义和谐社会的战略任务。其基本出发点就是实事求是地承认存在的矛盾和问题，同时着眼于新的国内外形势，逐步解决目前存在的可能面临的各种问题，不断减少不和谐因素，增加和谐因素，提高社会的和谐程度与水平。它充分反映了我们党不断推动社会进步的勇气和决心，表明了我们党在理论和实践上的高度自觉。

要点 2：构建社会主义和谐社会的目标和主要任务

党的十六届六中全会提出到 2020 年构建社会主义和谐社会的目标，内容如下。

一是社会主义民主法制更加完善，依法治国基本方略得到全面落实，人民的权益得到切实尊重和保障。二是城乡、区域发展差距扩大的趋势逐步扭转，合理有序的收入分配格局基本形成，家庭财产普遍增加，人民过上更加富足的生活。三是社会就业比较充分，覆盖城乡居民的社会保障体系基本建立。四是基本公共服务体系更加完备，政府管理和服务水平有较大提高。五是全民族的思想道德素质、科学文化素质和健康素质明显提高，良好道德风尚、和谐人际关系进一步形成。六是全社会创造活力显著增强，创新型国家基本建成。七是社会管理体系更加完善，社会秩序良好。八是资源利用效率显著提高，生态环境明显好转。九是实现全面建设惠及十几亿人口的更高水平的小康社会的目标，努力形成全体人民各尽其能、各得其所而又和谐相处的局面。这九个目标分别反映了和谐社会总要求的各个方面，充实和丰富了全面建设小康社会的内容。

党的十七大将上述九个方面的目标和任务进一步概括为现代国民教育体系更加完善，终身教育体系基本形成，全民受教育程度和创新人才培养水平明显提高。社会就业更加充分。覆盖城乡居民的社会保障体系基本建立，人人享有基本生活保障。合理有序的收入分配格局基本形成，中等收入者占多数，绝对贫困现象基本消除。人人享有基本医疗卫生服务。社会管理体系更加健全。

要点 3：加快推进以改善民生为重点的社会建设

社会建设与人民幸福安康息息相关。必须在经济发展的基础上，更加注重社会建设，着力保障和改善民生，推进社会体制改革，扩大公共服务，完善社会管理，促进社会公平正义，努力使全体人民学有所教、劳有所得、病有所医、老有所养、住有所居，推动和谐社会的建设。

第一，优先发展教育，建设人力资源强国。教育是民族振兴的基石，教育公平是社会公平的重要基础。要全面贯彻党的教育方针，坚持育人为本、德育为先，实施素质教育，提高教育现代化水平，培养德智体美全面发展的社会主义建设者和接班人，办好人民满意的教育。优化教育结构，促进义务教育均衡发展，加快普及高中阶段教育，大力发展职业教育，提高高等教育质量。重视学前教育，关心特殊教育。更新教育观念，深化教学内容方式、考试招生制度、质量评价制度等改革，减轻中小学生课业负担，提高学生综合素质。坚持教育公益性质，加大对教育的财政投入，规范教育收费，扶持贫困地区、民族地区教育，健全学生资助制度，保障经济困难家庭、进城务工人员子女平等接受义务教育。加强教师队伍建设，重点提高农村教师素质。鼓励和规范社会力量兴办教育。发展远程教育和继续教育，建设全民学习、终身学习的学习型社会。

第二，实施扩大就业的发展战略，促进以创业带动就业。就业是民生之本。要坚持实施积极的就业政策，加强政府引导，完善市场就业机制，扩大就业规模，改善就业结构。完善自主创业、自谋职业政策，加强就业观念教育，使更多劳动者成为创业者。健全面向全体劳动者的职业教育培训制度，加强农村富余劳动力转移就业培训。建立统一规范的人力资源市场，形成城乡劳动者平等就业的制度。完善面向所有困难群众的就业援助制度，及时帮助零就业家庭解决就业困难。积极做好高校毕业生就业工作。规范和协调劳动关系，完善和落实国家对农民工的政策，依法维护劳动者权益。

第三，深化收入分配制度改革，增加城乡居民收入。合理的收入分配制度是社会公平的重要体现。要坚持和完善按劳分配为主体、多种分配方式并存的分配制度，健全劳动、资本、技术、管理等生产要素按贡献参与分配的制度。党的十八大报告提出，提高居民收入在国民收入分配中的比重，提高劳动报酬在初次分配中的比重，阐明了深化收入分配制度改革的基本方向，同时提出初次分配和再分配都要兼顾效率和公平，再分配更加注重公平。着力提高低收入者收入，逐步提高扶贫标准和最低工资标准，建立企业职工工资正常增长机制和支付保障机制。创造条件让更多群众拥有财产性收入。保护合法收入，调节过高收入，取缔非法收入。扩大转移支付、强调税收调节，打破经营垄断，创造机会公平，整顿分配秩序，逐步扭转收入差距扩大趋势。

第四，加快建立覆盖城乡居民的社会保障体系，保障人民基本生活，社会保障是社会安定的重要保证。要以社会保险、社会救助、社会福利为基础，以基本养老、基本医疗、最低生活保障制度为重点，以慈善事业、商业保险为补充，加快完善社会保障体系。促进企业、机关、事业单位基本养老保险制度改革，探索建立农村养老保险制度。全面推进城镇职工基本医疗保险、城镇居民基本医疗保险、新型农村合作医疗制度建设。完善城乡居民最低生活保障制度，逐步提高保障水平。完善失业、工伤、生育保险制度。提高统筹层次，制定全国统一的社会保险关系转续办法。采取多种方式充实社会保障基金，加强基金监管，实现保值增值。健全社会救助体系。做好优抚安置工作。发扬人道主义精神，发展残疾人事业。加强老龄工作。强化防灾减灾工作。健全廉租住房制度，加快解决城市低收入家庭住房困难。

第五，建立基本医疗卫生制度，提高全民健康水平。健康是人全面发展的基础，关系千家万户的幸福。要坚持公共医疗卫生的公益性质，坚持预防为主、以农村为重点、中西医并重，实行政事分开、管办分开、医药分开、营利性和非营利性分开，强化政府责任和投入，完善国民健康政策，鼓励社会参与，建设覆盖城乡居民的公共卫生服务体系、医疗服务体系，医疗保障体系、药品供应保障体系，为群众提供安全、有效、方便、价廉的医疗卫生服务。完善重大疾病防控体系，提高突发公共卫生事件应急处置能力。加强农村三级卫生服务网络和城市社区卫生服务体系建设，深化公立医院改革。建立国家基本药物制度，保证群众基本用药。扶持中医药和民族医药事业发展。加强医德医风建设，提高医疗服务质量。确保食品药品安全。坚持计划生育的基本国策，稳定低生育水平，提高人口素质。开展爱国卫生运动，发展妇幼卫生事业。

第六，完善社会管理，维护社会安定团结。社会稳定是人民群众的共同心愿，是改革发展的重要前提。要健全党委领导、政府负责、社会协同、公众参与的社会管理格局，健全基层社会管理体制。最大限度激发社会创造活力，增加和谐因素和减少不和谐因素。妥善处理人民内部矛盾，完善信访制度，健全党和政府主导的维护群众权益机制。重视社会组织建设和管理。加强流动人口服务和管理。坚持安全发展，强化安全生产管理和监督，有效遏制重、特大安全事故。完善突发事件应急管理机制。健全社会治安防控体系，加强社会治安综合治理，深入开展平安创建活动，改革和加强城乡社区警务工作，依法防范和打击违法犯罪活动，保障人民生命财产安全。

要点4:“五位一体”全面实现社会和谐

十八大报告将中国特色社会主义建设从“四位一体”扩展到“五位一体”，进一步完善了中国特色社会主义事业总体布局，明确提出“生态文明建设”。这一调整也是为了实现理性发展，促进人与自然和谐发展。和谐社会不仅包括人与人之间、人与社会之间的和谐，而且包括人与自然的和谐相处。没有人与自然的和谐，就不会有社会的永续发展。正如十八大所指出的：建设生态文明，是关系人民福祉、关乎民族未来的长远大计。正是基于这样的认识，并针对当前我国资源约束趋紧、环境污染严重、生态系统退化的严峻形势，党才把生态文明建设放在了突出地位，与经济、政治、文化、社会建设一起，作为中国特色社会主义现代化事业总体布局的一个重要内容。因而，我们一定要更加自觉地珍爱自然，更加积极地保护生态，为建设和谐社会，实现中华民族永续发展而不懈努力。从经济发展到政治文明，从文化繁荣到社会和谐再到生态文明，中国的发展正呈现着全面构建和谐社会的轨迹，而党的十八大报告，更是展现了未来全面建成小康社会时和谐社会的美好前景。

深度阅读

1. 我国历史上就产生过不少有关社会和谐的思想。比如，孔子说过“和为贵”；墨子提出了“兼相爱”、“爱无差等”的理想社会方案；孟子描绘了“老吾老以及人之老，幼吾幼以及人之幼”的社会状态；《礼记·礼运》中描绘了“大道之行也，天下为公，选贤与能，讲信修睦。故人不独亲其亲，不独子其子，使老有所终，壮有所用，幼有所长，矜、寡、孤、独、废、疾者皆有所养”这样一种理想社会；太平天国运动的领袖洪秀全提出要建立“务使天下共享”，“有田同耕，有饭同食，有衣同穿，有钱同使，无处不均匀，无人不饱暖”的社会；康有为在《大同书》中提出要建立一个“人人相亲，人人平等，天下为公”的理想社会。这些思想虽然带有不同时代和提出者阶级地位的烙印，但都在一定程度上反映了广大人民群众对美好生活的向往。当然，在存在阶级压迫和阶级剥削的旧制度下，这些设想是根本无法实现的。

关于社会主义社会建设的理论，是马克思主义理论的重要组成部分。马克思、恩格斯在继承前人思想成果的基础上，创立了科学社会主义理论，勾画了美好社会的蓝图，指明了实现美好社会理想的正确途径。大家知道，空想社会主义学说是马克思主义的三个理论来源之一。1803 年，法国空想社会主义者傅立叶发表《全世界和谐》一文，指出现存资本主义制度是不合理的，必将为“和谐制度”所代替。1824 年，英国空想社会主义者欧文在美国印第安纳州进行的共产主义试验，也以“新和谐”命名。1842 年，德国空想共产主义者魏特林在《和谐与自由的保证》一书中把社会主义社会称为“和谐与自由”的社会，并指出新社会的“和谐”是“全体和谐”。马克思称这本书是工人阶级“史无前例的光辉灿烂的处女作”。1848 年，马克思、恩格斯在《共产党宣言》中对圣西门、傅立叶、欧文等空想社会主义者的著作和有关主张给予了肯定，明确提出：“提倡社会和谐”是“它们关于未来社会的积极的主张”。在《共产党宣言》中明确提出：“代替那存在着阶级和阶级对立的资产阶级旧社会的，将是这样一个联合体，在那里，每个人的自由发展是一切人的自由发展的条件。”按照马克思、恩格斯的设想，未来社会将在打碎旧的国家机器、消灭私有制的基础上，消除阶级之间、城乡之间、脑力劳动和体力劳动之间的对立和差别，极大地调动全体劳动者的积极性，使社会物质财富极大丰富、人民精神境界极大提高，实行各尽所能、各取所需，实现每个人自由而全面的发展，在人与人之间、人与自然之间都形成和谐的关系。列宁在领导俄国十月革命和社会主义建设的过程中，就建设社会主义社会提出了一系列重要思想。他明确提出：只有社会主义才可能广泛推行和真正支配根据科学原则进行的产品的社会生产和分配，以便使所有劳动者过最美好、最幸福的生活；生气勃勃的创造性的社会主义是由人民群众自己创立的；社会主义国家应当大力帮助农民，消除城乡对立；必须把国民经济的一切大部门建立在同个人利益的结合上面；必须发扬民主，改革国家机关，精简机构，反对官僚主义，最大限度地发挥人民群众的积极性和创造性；必须时时处处千方百计地巩固党同群众的联系，等等。

——新华网，2005 年 6 月 26 日

解析：本段文字节选自胡锦涛 2005 年 2 月 19 日在省部级主要领导干部专题研讨班上的讲话，题目是《提高构建社会主义和谐社会能力》。节选的部分指出了和谐社会理论渊源，首先是我国春秋战国时期和漫长的封建社会以儒家和道家学说为基础的治国学说，是中国传统文化的重要组成部分；其次是马克思主义理论，马克思、恩格斯设想的未来共产主义社会实现了人与人之间、人与自然之间、人与社会之间的关系，是和谐的社会。在我国建设中国特色社会主义的过程中应使所有的劳动者过上美好和幸福的生活，而建设社会主义和谐社会正是实现这一目标的重要途径。

2. 构建社会主义和谐社会，关键在党。必须充分发挥党的领导核心作用，坚持立党为公、执政为民，以党的执政能力建设和先进性建设推动社会主义和谐社会建设，为构建社会主义和谐社会提供坚强有力的政治保证。

（一）提高各级领导班子和领导干部领导社会主义和谐社会建设的本领。各级党委要把和谐社会建设放在全局工作的突出位置，把握方向，制定政策，整合力量，营造环境，切实担负起领导责任。坚持和完善民主集中制，扩大党内民主，推进党务公开，严格党内生活，严肃党的纪律，增进党的团结统一，以党内和谐促进社会和谐。建立科学高效的领导机制和工作机制，明确工作分工，搞好协调指导，增强政治敏锐性，加强对社会建设重大问题的调查研究，提高政策措施的针对性和有效性，解决好本地区本部门影响社会和谐的突出矛盾和问题。坚持正确的用人导向，选好配强领导班子，注重培养选拔熟悉社会建设和管理的优秀干部。深化干部人事制度改革，认真实施体现科学发展观要求的综合考核评价办法，把领导社会建设的绩效列为考核内容，增强领导班子和领导干部统筹经济社会发展的能力。大兴求真务实之风，激励干部真抓实干，加强检查监督工作，确保中央的方针政策和工作部署落到实处。

（二）加强基层基础工作。构建社会主义和谐社会，重心在基层。巩固和发展保持共产党员先进性教育活动的成果，围绕建设社会主义新农村加强农村基层党组织建设，做好企业、城市社区、机关和学校、科研院所、文化团体等事业单位党建工作，推进新经济组织、新社会组织党建工作，扩大党的工作覆盖面，发挥基层党组织凝聚人心、推动发展、促进和谐的作用。健全让党员经常受教育、永葆先进性的长效机制，建立城乡一体的党员动态管理机制，动员和组织广大党员做促进社会和谐的表率。牢固树立群众观点，一切相信群众，一切依靠群众，认真研究和把握新形势下党的群众工作的特点和规律，千方百计把群众工作做深做细做实，始终保持党同人民群众的血肉联系。以增强社会服务功能和提高社会管理、依法办事能力为重点，大力加强基层政权建设。加大对城乡基层组织阵地建设的投入。做好关心照顾老劳模、老党员和帮扶困难党员工作。完善公务员录用制度，注意从基层选拔优秀干部充实各级党政机关，鼓励年轻干部和大学生到基层建功立业。

（三）建设宏大的社会工作人才队伍。造就一支结构合理、素质优良的社会工作人才队伍，是构建社会主义和谐社会的迫切需要。建立健全以培养、评价、使用、激励为主要内容的政策措施和制度保障，确定职业规范和从业标准，加强专业培训，提高社会工作人员职业素质和专业水平。制定人才培养规划，加快高等院校社会工作人才培养体系建设，抓紧培养大批社会工作急需的各类专门人才。充实公共服务和社会管理部门，配备社会工作专门人员，完善社会工作岗位设置，通过多种渠道吸纳社会工作人才，提高专业化社会服务水平。

（四）深入开展党风廉政建设和反腐败斗争。党风正则干群和，干群和则社会稳。反腐倡廉是加强党的执政能力建设和先进性建设的重大任务，也是维护社会公平正义和促进社会和谐的紧迫任务。坚持党要管党、从严治党，贯彻标本兼治、综合治理、惩防并举、注重预防的反腐倡廉战略方针，推进教育、制度、监督并重的惩治和预防腐败体系建设。以思想道德教育为基础，加强党章和法纪学习教育，加强党员干部党性锻炼和思想道德修养，教育党员领导干部做道德表率，推进廉政文化建设，筑牢拒腐防变的思想道德防线。以正确行使权力为重点，用改革的办法推进反腐倡廉制度建设，拓展从源头上防治腐败的工作领域，形成群众支持和参与反腐倡廉的有效机制，健全防范腐败的体制机制。以保证廉洁从政为目标，加强对领导机关和领导干部的监督，把党内监督与各方面监督结合起来，形成监督合力，提高监督实效。

和谐凝聚力量，和谐成就伟业。构建社会主义和谐社会是建设中国特色社会主义的重大战略任务，是对我们党执政能力的重大考验。全党同志要紧密团结在以胡锦涛同志为总书记的党中央周围，带领全国各族人民万众一心、锐意进取，为把我国建设成为富强民主文明和谐的社会主义现代化国家而奋斗！

——《人民政协报》，2006 年 10 月 19 日

解析：本段文字节选自《中共中央关于构建社会主义和谐社会若干重大问题的决定》中国共产党第十六届中央委员会第六次全体会议，全面研究了构建社会主义和谐社会的若干重大问题，作出了八项决定。第八项就是提出加强党对构建社会主义和谐社会的领导的重要性，构建社会主义和谐社会，关键在党。只有充分发挥党的领导核心作用，才能为构建社会主义和谐社会提供坚强有力的政治保证。要求提高各级领导班子和领导干部领导社会主义和谐社会建设的本领，深入开展党风廉政建设和反腐败斗争，保证党在构建和谐社会中的领导作用。

案例精选

案例 1

平凡人生因爱而崇高

2005 年 9 月 23 日早晨，93 岁的他静静地走了。无数活着的人口口相传记住了他——蹬三轮车的老人白芳礼。这不是神话：这位老人在 74 岁以后的生命中，靠着一脚一脚地蹬三轮车，挣下 35 万元人民币，捐给了天津的多所大学、中学和小学，资助了 300 多名贫困学生；而每一个走近他的人都惊异地发现，他的个人生活近乎乞丐，他的私有财产账单上是一个零。

1993—1998 年，老人资助了红光中学的 200 多名藏族学生，月月给他们补助，直到他们高中毕业。白芳礼老人倾尽所能地把他的光和热洒在众多需要帮助的学生身上，学生们从他那里获得的感动和成长，让他收获了无上的幸福。老人忘不了那一年他到南开大学给贫困学生捐款的一幕。当时，学校要派车去接他，他说不用了，把省下的汽油钱给穷孩子买书。他自己蹬三轮车到了学校。捐赠仪式上，老师把这个事一讲，台下一片哭声。许多学生上台从老人那里接过资助的钱时，双手都在发抖。

一位来自新疆的贫困学生，功课优秀，没毕业就被天津一家大公司看中，拟以高薪聘用。这一天，他走上台激动地说："我从白爷爷身上感到了一种前所未有的精神和力量。我正式向学校、也向白爷爷表示：毕业后我不留天津，回到目前还贫困的家乡，以白爷爷的精神去为改变家乡面貌作贡献！"他深深地向白芳礼老人鞠了一躬。全场掌声雷动。老人高兴得流下了眼泪。

事后，老人对他的老友说：“我过得是苦，挣来的每一块钱都不容易。可我心里是舒畅的。看到大学生们能从我做的这一点点小事上唤起一份报国心，我高兴啊！”

他坚守着自己心中的追求，就像战士坚守着战斗的高地。1994 年，白芳礼 81 岁。这一天，他把整整一个寒冬挣来的 3 000 元辛苦钱交给一所学校后，校领导说代表全校 300 名贫困生向他致敬。这话触动了他：现今缺钱上学的孩子这么多，光靠我一个人蹬三轮车挣来的钱救不了几个娃呀！

他琢磨了一夜，第二天一早就把儿女家的门敲开了：“我准备把你们妈和我留下的那两间老屋给卖了，再贷点款办个公司，赚钱支教。”

没几天，在紧靠天津火车站的一块小地盘上，出现了一个 7 平方米的小售货亭，里面摆着一些糕点烟酒等，当头挂着一块牌子——“白芳礼支教公司”。他对受雇的员工宣布：“我们挣来的钱姓‘教育’，每月结算，月月上交。”

小售货亭让白芳礼增加了不少支教的财力，但也没有改变他蹬三轮车的生活。他把售货亭交给伙计打理，自己照样天天出车拉活。他说：“我出一天车总能挣回二三十块钱，可以供十来个苦孩子一天的饭钱呢！”

白芳礼像一个坚守战斗高地的战士一样坚守着他的追求。然而，终于在那一天他感到了无奈。1999 年，天津火车站进行整顿，所有商亭一律被拆除。望着眨眼工夫被拆成一堆垃圾的“白芳礼支教公司”，老人哭了。他老了，腿脚没劲了，以后还指望用什么挣钱给孩子们读书呢？

那年冬天，老人蜷缩在车站附近的一个自行车棚里，硬是给人家看了 3 个月的自行车，每天把所得的 1 角、2 角、1 元、2 元的钱整整齐齐地放在一个饭盒里，等存满 500 元时，他揣上饭盒，蹬上车，在一个飘着雪花的冬日，来到了天津耀华中学。人们看到，他的头发、胡子全白了，身上已经被雪浸湿。他向学校的老师递上饭盒里的 500 元钱，说了一句：“我干不动了，以后可能不能再捐了，这是我最后的一笔钱……”老师们全哭了。

白芳礼的生日是父亲节，一生辛苦无人能忘。一个馒头、一碗水，他曾经如此简单生活；300 名学子，35 万元捐款，他就这样感动了中国。

思考讨论

1.“当代武训”白芳礼的人生轨迹对当代大学生有哪些启示？

2. 白芳礼像一个坚守战斗高地的战士一样坚守着他的追求。我们应如何树立和坚守自己的追求？

点评

白芳礼老人舍己为人的道德情操和崇高的思想境界是社会主义核心价值在一个普通公民身上的具体体现，这种思想和道德准则是构建社会主义和谐社会的思想道德基础。我国随着市场经济体制的确立，西方利己主义文化逐渐被社会中的一部分人认可和践行，利己主义者把利己看作人的天性，把个人利益看作高于一切的生活态度和行为准则，他们往往从极端自私的个人目的出发，不择手段地追逐名利、地位和享受。这种人生态度和准则是和社会主义核心价值体系背道而驰的，也是和构建社会主义和谐社会的目标相矛盾的。利己主义无法正确对待人和自然之间的关系及人与人之间的关系，最终会引发严重的社会矛盾和冲突。因此，构建社会主义和谐社会要以社会主义核心价值体系为思想指导，引导人们树立正确的人生观、价值观，这样才能正确处理各种社会关系，最终实现构建谐社会的目标。

案例 2

和谐发展——哈药集团的理性选择

哈药集团有限公司是我国医药工业企业中的重点龙头企业，是世界制药 50 强之一。为实现节能减排目标，六年磨一剑，到 2006 年哈药集团真正实现了“两高两降”：企业经济规模增长了 2.1 倍，经济效益提高了 2.45 倍；万元产值能耗水平下降率为 14%；污水、烟尘和固体废弃物等累计降低了 33%。

当你走进哈药集团三精制药厂节能循环综合调水车间，你会为眼前的景象所惊叹——经过制药、洗涤等 10 多道工序后处理的循环用水，缓缓流入车间里的养鱼池，上百条金鱼摇头摆尾嬉戏其间来“监测”水质。远远高于国家排放标准的生物检验水质系统，令三精制药厂在全国医药行业节能减排、提质增效中遥遥领先。

更有意思的是，车间里建有一个硕大的鸟笼，里面数只“娇风”、“百灵”、“金钟”等珍禽栖息于内，这也是用来“报警”空气质量的专职“天气预报员”。

在恪守“精益求精做好药”的理念时，三精制药将企业环保品质作为核心竞争力的重要部分打造、提升。他们将标签式的责任制追踪落实到每个人、每件物品、每项资源，把原料、制作、工序、包装、排放等几十个生产环节，联系优化系统循环配置，并用电脑、动物监测分析数据，使企业进入清洁生产、环保生产、节约生产良性循环的轨道，驶出一条“好字优先、科学发展”之路。目前，三精制药厂区绿化率达到 30%以上，已发展成为哈尔滨市著名的工业旅游基地之一。

进入哈药总厂厂区，你会看到十几米高的“防尘罩”将燃料煤罩住，近百米长、几十米宽的气味罩网，笼住回收制药“气味”。污水处理区的十几个大池子正汩汩作响地净化处理污水。利用沉淀的污泥竟能加工上等的植物肥料！这是目前国内医药行业最先进的集物理、化学、生物等污水处理技术于一体的治污系统。

哈药集团信守“实力愈强、责任愈大”的责任意识，将节能减排作为实施品牌战略的先导措施和又好又快发展的推动力，取得了综合能耗低、减排佳、效益好的实际成效。为此，哈药集团所属的骨干企业哈药总厂率先在国内医药企业中获得国家环保总局授予的“甲级环境污染治理设施运营资质证书”。国家环保总局局长周生贤在对该厂节能减排、环保治理工作检查时赞扬说，哈药集团是对松花江流域负责的企业。

哈药集团总经理姜林奎认为：“追求利润最大化，是企业经营的最终目的。在谋利的同时，企业也担负着相应的社会责任，在谋自己企业‘私利’的同时，也要谋社会的‘公利’。企业在取得经济效益的同时，也要兼顾社会效益，不能以牺牲公共环境为代价。一个不讲公益道德的企业是不负责任的企业，注定要被社会文明发展淘汰。我们每年拿出 4 亿多元的销售收入投入节能减排、环境治理中，既是立足眼前利益，又是兼顾长远利益。这是我们落实科学发展，实施品牌发展战略的必要举措。”

哈药总厂占地 7 万平方米的污水处理区居厂区主要位置，甚为抢眼。在容量 6 万立方米，日处理2万吨污水，正冒着气泡的水池子里，是一场微生物先进技术与有机污染物的“殊死搏斗”。现场两台电脑24小时监控污水处理运行状况。经过调节混凝、沉淀、厌氧水解、二级生物处理、沉淀过滤处理后，排放的污水全部达标。

据姜林奎总经理介绍，污水处理车间建设共投资1.1亿元，每年光运行费用就需要5 000万元左右，其中仅电费每小时就需1 000元，而污水处理系统要有专人值守，每天24小时不停歇地工作。

当时，世界著名医药企业美国辉瑞公司到中国寻找委托加工合作伙伴。这家医药公司对合作方提出一个先决条件：绝不与环保不达标的企业合作。当美国辉瑞公司获悉哈药集团节能减排、环保治理的情况后，公司亚洲区工厂安全健康环境负责人山姆博士对哈药总厂进行了详细的实地审查。当天，他在看完了环保车间现场后，直奔哈药总厂经处理后的生产废水排放口。山姆博士接取了一蒸馏管水，晃动了几下后，冲着阳光察看了一会儿水质变化，倒在手上后又放到鼻子下闻了闻。山姆博士对检验结果竖起大拇指——“OK”。他说，哈药总厂在环保上是负责任的企业，其污水处理的深度超出国际标准，我们愿意与这样的中国企业合作。最终，哈药总厂与辉瑞公司牵手成为合作伙伴。

凭借着这种环保品质、品牌优势，哈药集团的1 000多个药品赢得了广泛的市场信誉和消费者的青睐。目前，哈药集团已经陆续在14个国家取得了55个品种规格的优质药品注册证书，其中包括了在美国FDA（Food and Drug Administration，食品和药物管理局）的注册及3个无菌品种的欧洲EDMF（European drug master file，欧盟药品文件）注册。

姜林奎总经理在谈到推进企业循环经济应用时说：“实现哈药集团科学发展，要坚持‘好字优先’原则，把节能减排、环境治理当成提高企业经济运行质量和效益的重要措施，落实到责任人，落实到每个生产过程。我们要对所生产药品的质量精益求精，对社会尽心尽责。做好医药行业环保模范企业。企业越发展，知名度越高，越要肩负起更大的社会责任！”

思考讨论

1. 哈药集团不惜花重金进行“节能减排”，实现企业和自然社会和谐发展，你认为这么做值得吗？

2. 哈药集团协调企业发展和自然保护的复杂矛盾，为构建和谐社会作出了贡献。你认为企业应该对社会作出怎样的承诺？

点评

和谐社会要求企业必须与人、自然界共生，企业是人与自然和谐发展的基本生产载体。实现人与自然和谐发展，关键是要实现企业与自然和谐发展。企业在为社会创造财富的同时，也在不断地消耗着自然界的各种资源。企业的生产经营活动是人类获取和消耗自然资源的主要方式和基本生产载体。由于自然资源是稀缺的，有限的资源制约了企业的盲目掠夺行为，企业财富的创造能力在很大程度上要受制于自然资源的数量与质量，企业发展与自然环境息息相关。只有做到企业与自然和谐发展，才能实现企业的可持续发展，也才能最终实现人与自然的和谐发展

本案例通过介绍世界制药企业50强之一的哈药集团，以他们节能减排、环境保护的

成功实践，阐明了企业在构建社会主义和谐社会中的重要责任和历史使命。“社会和谐，企业有责”。创建和谐企业是建设社会主义和谐社会的重要组成部分，也是实现企业持续快速健康发展的客观需要。哈药集团作为黑龙江省知名企业，在服务和谐社会建设中，积极走出了一条节能降耗、环境治理的成功之路，实现了环境与经济的双赢，体现了人与自然的和谐。走可持续发展之路是构建社会主义和谐社会科学含义的重要体现，让人深深感受到了人与自然、生产活动与环境保护的和谐之美。

实践项目

征集“和谐班级”创建方案

1. 实践目的

班级是学生健康成长的天地，也是培养人才的课堂。营造一个和谐有序的班级环境，有利于促进学生成长、成熟和成才。通过开展本次活动，使学生明确和谐班级创建的目的、意义，增强学生构建和谐班级的自觉性和积极性，在活动中体会构建和谐社会对于每个公民的重大意义。

2. 实践方案

（1）时间：本章内容讲授结束后两课时。

（2）地点：班级。

（3）方式：召开一次“创建和谐班级”主题讨论会。讨论、理解“和谐班级”的内涵，创建的目的与意义，如何创建和谐班级，我该为班级做什么。学生们通过交流和讨论，集思广益，形成一致的建设方案。

（4）流程：

① 任课教师提出创建“和谐班集体”方案征集的具体要求，主题鲜明突出，具有本班特色和可操作性。

② 将学生分成若干小组，每组 3～5 人，并指定负责人。小组协作完成，方式不限。

③ 提出建设方案，每组学生能用 PPT 形式演示方案，并简单说明理由。

④ 学生以“我心目中的谐班级”为题，写一篇心得体会。

3. 实践评价

（1）活动结果：以 PPT 形式演示方案和心得体会。

（2）评价方式：评分表。将评价结果填入表 11-1。

表 11-1　评分表

评价项目	满分	得分
准备是否充分	10	
具体成果内容是否充实、生动	40	
是否提出了建设性意见	30	
对活动认识深刻程度	20	
总分	100	

走进老年公寓

1. 实践目的

我国已经开始进入老龄会社会，养老、敬老成为社会急需解决的重大民生问题之一。组织学生去老年公寓做义工，帮助老人做力所能及的事，使他们在帮老敬老中体验帮助别人的快乐，体验人与人之间和谐相处的乐趣，养成帮老敬老的文明态度，志愿为社会和谐发展做贡献。

2. 实践方案

(1) 时间：本章内容结束后。

(3) 地点：本市。

(3) 方式：教师组织学生去老年公寓为老人义务服务。为老人洗衣服、被褥，以及打扫室内外卫生，与老人谈心、聊天并一起娱乐。

(4) 流程：

① 教师组织学生一起前往学校附近的老年公寓。

② 打扫公寓卫生。

③ 进行文艺表演。

④ 与老人聊天、思想交流，了解其在敬老院的生活状况。

⑤ 活动结束，与老人合影留念。

⑥ 写一篇调研报告：1 000～2 000 字。

3. 实践评价

(1) 活动结果：实践报告。

(2) 评价方式：评分表。将评价结果填入表 11-2。

表 11-2　评分表

评价项目	满分	得分
在敬老院的表现	80	
报告分析的深度	20	
总分	100	

第十二章　祖国完全统一的构想

知识提要

实现祖国完全统一，是全国人民的心愿，是21世纪中华民族肩负的三大任务之一。本章主要论述了香港、澳门和台湾问题的形成及性质，“一国两制”构想形成和发展的过程，以及“一国两制”构想的基本内容，“一国两制”构想的理论意义和实践意义。

通过学习了解以“一国两制”方式中国收回香港和澳门主权的成功实践，以及香港、澳门回归祖国后继续保持繁荣、稳定的现状，认识港、澳问题的解决为早日解决台湾问题发挥了积极的示范作用。了解中国共产党为实现台湾与祖国大陆的完全统一所作的努力，掌握“和平统一，一国两制”的基本方针及解决台湾问题的具体方针，进一步认清实现祖国的完全统一是历史发展不可阻挡的趋势。

要点搜索

要点1：香港、澳门问题的由来及回归历程

香港问题和澳门问题是历史上殖民主义侵略遗留下来的问题。中国的封建制度和生产方式发展到晚清时代已经十分腐朽和落后，一些西方列强趁机侵略中国，瓜分殖民地。1840年，英国政府派出远征舰队向中国发动了侵略战争。次年，侵占了香港岛。1842年，英国和清政府签订了第一个不平等条约——《中英南京条约》，其中规定将已被英国侵占的香港岛割让给英国。此后，英国政府通过挑起和参与发动第二次鸦片战争，于1860年强迫清政府签订了不平等条约——《中英北京条约》，其中规定将九龙司地区（即现九龙半岛界线街以南部分）割让给英国，实现了强占九龙半岛的目的。1898年6月，英国又强迫清政府签署了《中英展拓香港界址专条》，强租了九龙半岛界线街以北、深圳河以南的广大地区以及附近岛屿（后来统称为香港“新界”），从7月1日起租期为99年。至此，英国殖民者通过三个不平等条约强占了整个香港地区。

澳门自古以来就是中国的领土。16世纪中叶，葡萄牙人在向海外扩张过程中到达中国东南沿海一带。1553年，葡萄牙人以“借地晾晒水浸货物”为由，通过向明朝官员行贿的方式，获准在已经开埠的澳门半岛暂时居住，并迅速积聚成屯，扩大在澳的地盘，设立自治机构。鸦片战争后，葡萄牙人趁火打劫，于1845年擅自宣布澳门为自由岛，1848年在澳门海关驱赶了中国官员，动用武力扩大对澳门的占领。1851年，葡萄牙人占领了澳门半岛南面的凼仔岛；1864年又占领了路环岛，逐渐完成了对整个澳门地区的占领，

并实现了殖民统治。1887 年，葡萄牙更胁迫清政府签订了不平等条约——《中葡北京条约》，迫使清政府同意“葡萄牙永驻管理澳门，与葡治理他处无异”。以上事实说明，香港、澳门问题是历史上殖民主义侵略遗留下来的问题，是中国处在落后挨打状况下被割占的。

香港、澳门回归的历程及我们党所作的艰辛努力。新中国成立后，以毛泽东为代表的中国共产党人根据当时的国际国内形势，对香港、澳门地区采取了如下立场：香港、澳门地区是中国的领土，不承认外国强加在中国人民头上的不平等条约。对这一历史遗留下来的问题，将在条件成熟时通过谈判予以和平解决。未解决之前维持现状。1960 年，中央进一步对上述立场归结为“长期打算、充分利用”的工作方针。党的十一届三中全会以后，随着国际形势的变化和我国现代化建设新局面的开创，和平解决香港问题的条件已经成熟。

根据“一国两制”的构想，我国政府和英国政府从 1982 年 9 月到 1984 年 9 月，就解决香港问题进行了 22 轮艰苦的谈判。针对英国方面先后提出的所谓三个条件：有效论、区别对待新界与港九地区、以主权换治权等，中国政府采取了有理有利有节的斗争。1982 年 9 月，邓小平会见访华的英国首相撒切尔夫人，提出“一国两制”构想，双方就香港前途问题展开第一阶段谈判。邓小平强调指出：“关于主权问题，中国在这个问题上没有回旋余地。坦率地讲，主权问题不是一个可以讨论的问题。现在时机已经成熟了，应该明确肯定：1997 年中国将收回香港。就是说，中国要收回的不仅是新界，而且包括香港岛、九龙”，“如果中国在 1997 年也就是中华人民共和国成立 48 年后还不把香港收回，任何一个中国领导人和政府都不能向中国人民交代，甚至也不能向世界人民交代。如果不收回就意味着中国政府是晚清政府，中国领导人是李鸿章!”1984 年 12 月 19 日，中英两国政府领导人在北京正式签署了《中华人民共和国和大不列颠及北爱尔兰联合王国政府关于香港问题的联合声明》及三个附件，宣布中华人民共和国将于 1997 年 7 月 1 日对香港恢复行使主权。1990 年 4 月，七届全国人大三次会议正式批准《中华人民共和国香港特别行政区基本法》。这为香港政权顺利交接、实现平稳过渡打下良好的组织基础。1997 年 7 月 1 日，中英两国政府举行了香港政权交接仪式，中国政府恢复了对香港行使主权，香港回到了祖国的怀抱。在中英就解决香港问题开始谈判后，澳门回归祖国的各项准备工作也开始积极有序地进行。1979 年 3 月 8 日，中葡正式建立外交关系。双方在达成的协议中指出：澳门是中国的领土，目前由葡萄牙政府管理，归还的时间和细节将在适当的时候由两国政府谈判解决。1984 年，邓小平首次提出澳门问题将像香港一样以“一国两制”的方针解决。1985 年 5 月，中国政府和葡萄牙政府就举行谈判解决澳门问题达成了协议。1986 年 6 月 30 日中葡关于澳门问题的谈判开始，到 1987 年 3 月先后举行了四轮会谈，终于达成了协议。1987 年 4 月 13 日，《中华人民共和国政府和葡萄牙共和国政府关于澳门问题的联合声明》在北京正式签署，宣布中国政府将于 1999 年 12 月 20 日对澳门恢复行使主权并设立澳门特别行政区，实行高度自治和澳人治澳。1993 年 3 月 31 日，八届全国人大一次会议通过了《中华人民共和国澳门特别行政区基本法》及三个附件，为澳门的回归奠定了法律基础。1999 年 12 月 20 日，历经 400 多年沧桑的澳门重新回到了祖国的怀抱。

要点 2：台湾问题的实质

台湾问题是中国内战遗留下来的问题，其实质是中国的内政问题。

第一，台湾问题是中国内战遗留问题。1949 年 12 月蒋介石统治集团溃败台湾后，继续打着中华民国的旗号，抗拒统一，图谋反攻大陆。当时，中国人民解放军正要着手解放台湾，国民党统治集团已处于风雨飘摇之中，惶惶不可终日。1950 年 6 月 25 日朝鲜战争爆发，美国军队进入台湾和台湾海峡地区，阻挠中国人民解放军解放台湾，从政治、经济、军事上扶持国民党政权，形成台湾与大陆的对峙局面，台湾问题由此产生。可见，台湾问题是中国内战遗留问题。

第二，台湾问题实质是中国的内政问题。1895 年，日本通过侵略战争从中国割占台湾、澎湖列岛。第二次世界大战中的《开罗宣言》、《波茨坦公告》等有关国际条约都明确规定将台湾、澎湖列岛归还中国。1945 年日本无条件投降后，台湾回归中国，当时的中国政府也恢复了对台湾行使主权。1949 年 10 月 1 日，中华人民共和国中央人民政府宣告成立，取代中华民国政府成为全中国的唯一合法政府和在国际上的唯一合法代表。这是在同一国际化主题没有发生变化的情况下新政权取代旧政权，中国的主权和固有领土疆域并没有由此而改变，中华人民共和国政府理所当然的完全享有和行使中国的主权（其中包括对台湾的主权）。因此，台湾问题实质是中国的内政问题。

第三，台湾问题的复杂性主要是由于美国的反华势力的插手干涉。1950 年 6 月 25 日，朝鲜战争爆发。6 月 27 日，杜鲁门发表声明："我已命令第七舰队阻止对台湾的任何攻击。"在他的声明中，正式提出所谓"台湾地位未定"论，声称台湾未来地位的决定需等到太平洋安全恢复后，由对日和约或由联合国决定。1971 年 10 月，第 26 届联合国大会通过 2758 号决议恢复中华人民共和国在联合国的一切合法权利，并驱逐台湾当局的代表。1972 年 2 月，美国总统尼克松访问中国，中美双方在上海发表联合公报。公报称：美国方面声明，美国方面认识到台湾海峡两边的所有中国人都认为只有一个中国，台湾是中国的一部分，美国政府对这一立场不提出任何异议。1978 年 12 月，美国政府接受了中国政府提出的建交三原则。这三个原则就是美国与"台湾当局"断交、废除共同防御条约及从台湾撤军。中美两国于 1979 年 1 月 1 日正式建立外交关系。至此，中美关系实现了正常化。但中美建交不过三个月，美国国会却通过所谓"与台湾关系法"，并由美国总统签署生效。美国政府根据这个关系法继续向台湾出售武器和干涉中国内政，阻挠台湾和祖国大陆的统一。美国政府对台军售给中美关系的发展和台湾问题的解决增加了新的障碍和阻力。台湾问题产生后至今未能解决，主要原因之一是由于美国等国外反华势力从自身的利益出发不愿意看到一个统一强大的中国出现在国际政治舞台上。美国的对台政策虽然随着形势的变化而调整，但核心是将台湾作为其全球战略中一艘不沉的航空母舰，阻挠中国政府解决台湾问题。

要点 3："台独"的历史演变和发展历程

"台独"思潮是关于解决台湾问题的一种政治主张或思想倾向，即谋求将台湾从中国分离出去，成为一个“独立国家”。“台独”思潮及“台独”运动作为一种非常复杂的社会政治意识及行动，经历了一个长期演变和发展的过程。除日本外，“台独”的始作俑者还有美国。太平洋战争爆发后，美国军方曾计划攻打台湾，登陆后成立军事临时政府，对台湾实行托管，但碍于与中国的同盟关系没有实施。但是，美国军方霸占台湾的野心不死，仍然暗中培训托管台湾的军政人员，物色他们的代理人。于是，具有“上等台湾人”身份，并且顶着美国俄亥俄州州立大学化工博士头衔的廖文毅被选中，被派回台湾。廖文毅回台后，四处散播台湾应交由联合国托管的言论，炮制民意调查，制造“台湾人不愿意受中国管而愿受美国管”舆论，廖文毅还向美国特使魏德迈递交所谓“台湾人民的意见书”，主张台湾脱离中国，交联合国托管。

1947年2月，在国民党接收台湾后短短一年半的时间里，其腐败残暴的统治就激起了台湾人民的反抗，爆发了“二二八”起义。国民党的残酷镇压，埋下了台湾同胞仇恨国民党的种子，也为“台独”的滋生提供了土壤。廖文毅在“二二八”起义后从台湾跑到日本，联合一批逃到日本的“台湾皇民”，成立了“台湾民主独立党”，还拼凑了“台湾共和国临时政府”，自任“大统领（总统)”。使用日本昭和纪年，“国旗”是一面加上月亮的日本太阳旗，开会讲日本语、唱日本歌，十足地体现了“台湾皇民”的本质。但是，后来由于内讧和国民党特务的策反，廖文毅于1965年宣布放弃“台独”立场，解散“台独”组织，回台湾参加“三民主义建设”，由此，在日本的“台独”势力基本瓦解。

20世纪五六十年代，在台湾赴美留学的人员当中也出现了几个“台独”小团体。1964年，台湾大学教授彭明敏起草“台湾人民自救宣言”，主张推翻国民党政权，制定新宪法，建立新国家，因此被捕判刑。此事传到美国后，大大刺激了留美台籍学生的“台独意识”，很快就公开成立了“全美台湾独立联盟”。1970年1月，彭明敏在美国中央情报局特工的帮助下，进入美国政治避难。一批台籍留学生迅速聚集在他的周围，尊他为“台独教父”，同时成立了“全球台湾人争取独立联盟”，集合了几乎所有的海外“台独”团体，盟员遍及美、日两国及欧洲、南美洲、澳洲等地。“台独”势力在日本和美国的活动，虽然在海外的台湾人中有所影响，但在国民党的严密控制下，“台独”势力把“台独运动落实到台湾岛内”的企图始终无法实现。

台湾当局在“刑法”第100条中专门规定了“分裂国土罪”，发现有“台独”活动则毫不留情地打击，境管部门还列出了“黑名单”，严格禁止“台独”分子入境。但是，李登辉上台后，情况发生了变化。1988年8月，李登辉允许被“台独”分子把持的“世界台湾同乡会”第十五届年会首次在台湾召开，一些“台独”分子得以大摇大摆地回到台湾。1990年7月，李登辉召开所谓“国是会议”，被台湾当局长期通缉的彭明敏赫然出现在邀请出席会议的名单中。这件事给“台独”势力以极大纵容，因而开始酝酿把活动重心由海外转移到岛内。随后，李登辉以推行民主的名义，修改了“刑法”第100条，取消了“黑名单”，宣布“台独”属于言论自由范畴，从而为“台独”分子返台打开了方便之门。“台独”分子返台后，组织了五花八门的“台独”组织，传播“台独”主张，他们还投入选举，堂而皇之地跨入政治舞台，从通缉犯一跃变成了“立法委员”或“国大代表”，有人还担任了县长。

“台独”在李登辉纵容下迅速在岛内蔓延开来。李登辉对“台独”的纵容还体现在对主张“台独”的民进党的包庇上。1986年成立的民进党原是一支反对国民党专制统治的力量，但后来逐渐为“台独”分子所控制，于1991年10月该党第五次代表大会上通过了“台独党纲”，变成一个地地道道的“台独党”。李登辉对民进党的这一变化极力进行包庇，不但不追究“台独党纲”违反“人民团体法”有关条文的违法行为，反而以实行“政党政治”为借口，主张培养在野力量，支持民进党的发展。在李登辉的支持下，民进党在台湾政坛上快速膨胀，不断蚕食国民党政权。李登辉还以《圣经》中带领以色列人逃离埃及独立建国的摩西自居，暗示民进党的陈水扁是约书亚（摩西的继承人）。在2000年台湾当局领导人的选举中，李登辉认定主张“台独”的陈水扁是他分裂路线的最佳继承人，因而表面上支持国民党的候选人连战，暗中却在帮助陈水扁，特别是在最后的关键时刻，指示国民党“放水”，在台湾南部发动“弃连保陈”，如其所愿地把陈水扁扶上“总统”宝座。“台独”势力由此得到了前所未有的大发展。现在，“台独”势力已成为阻碍中国实现完全统一的一个重要因素。

要点4：十八大对台政策

十八大报告提出了关于国家统一及两岸关系一系列重大问题的基本主张，确立了当前和今后一段时期大陆对台工作指导思想、基本原则和主要任务，成为未来中共对台工作的纲领性文件。十八大提出“必须坚持‘和平统一，一国两制’方针，坚持发展两岸关系、推进祖国和平统一进程的八项主张，全面贯彻两岸关系和平发展重要思想，巩固和深化两岸关系和平发展的政治、经济、文化、社会基础，为和平统一创造更充分的条件”，同时“要持续推进两岸交流合作。深化经济合作，厚植共同利益。扩大文化交流，增强民族认同。密切人民往来，融洽同胞感情。促进平等协商，加强制度建设。”十八大规划了未来两岸关系和平发展的蓝图，提出了两岸和平发展的前景和未来。对台湾来讲，机遇与挑战并存。

十八大对台政策提出两岸关系和平发展的重要论述，成为两岸巩固成果、开拓前进的最大利好，是台湾发展的重大历史机遇。在新的历史时期，以胡锦涛为总书记的中共中央，自2005年以来提出两岸关系和平发展重要思想，将和平统一的方针赋予了更新的时代性、实践性和指导性，从而有力地推动了两岸关系和平发展进程。两岸关系不但于2008年5月实现历史性转折，开启和平发展新篇章，而且经过两岸双方共同努力目前已进入全面巩固深化期。十八大再次强调和平发展的重要思想，意味着在未来5～10年间两岸关系将保持这一发展方向继续前进，不会发生重大变化，这对台湾来讲是最基本、最重要的发展机遇。

从台湾来看，两岸关系和平发展具有重要的历史意义。自20世纪90年代以来，在李登辉、陈水扁“主政”时期，奉行“两国论”、“一边一国”的“台独”政纲，两岸关系严重倒退，海峡两岸动荡不安，整个台湾社会充满惶恐、迷惘与不安，经济下滑，民生倒退，民众的切身利益受到严重损害。而到了2008年，国民党马英九认同“九二共识”，两岸在一个中国原则的基础上恢复制度性协商。2010年6月两岸成功签署ECFA（Economic Cooperation Framework Agreement，《海峡两岸经济合作框架协议》），18项协议为两岸经济合作和各领域交流创造了良好条件，两岸互利双赢开辟了新天地，两岸共同繁荣实现了大发展。历史证明，两岸分则两害，合则两利，“台独”分裂主张没有出路，在一个中国原则基础上实现两岸和平发展最符合历史潮流，也最符合广大台湾同胞的根本利益。

十八大确定的两岸关系发展方向既为台湾提供了难得历史机遇，同时也为台湾提出了挑战和考验。

其一，在国家统一问题上，两岸能否做到同步前进是一大考验。台湾问题是上世纪四五十年代中国内战遗留下来的历史问题，两岸关系归根结底是两岸政治问题，两岸政治互信能否得到巩固是两岸双方都必须要面对的重大问题。

其二，在未来两岸政治议题上，台湾能否有较大突破是一个重大挑战。十八大报告对两岸政治议题的进展提出了明确方向，这也是两岸关系发展的前景和目标。“希望双方共同努力，探讨国家尚未统一特殊情况下的两岸政治关系，作出合情合理安排”，这一表述显示出大陆对台政策务实的一面，在语气上更加柔性，体现出对台的善意，展现了中共的政治胸怀。接下来两岸政治定位如何解决，需要两岸双方平等协商，需要两岸各界贡献智慧，需要两岸人民共同努力。

其三，在具体的两岸议题上，目前两岸已经进入所谓“深水区”，特别是两岸经济合作将面临更多涉及主权、司法、法律等意识形态领域的问题，单纯的“政经分离”不仅不切实际，而且将为两岸平等协商带来更多不利影响。

其四，台湾面对未来两岸和平发展不断巩固深化的局面，内部如何整合，如何彻底摆脱政党恶斗带来的内耗空转，如何进一步凝聚朝野共识，团结民心，共同奋斗，也是一大考验和挑战。

深度阅读

1. 中国政府为解决香港问题所采取的立场、方针、政策是坚定不移的。我们多次讲过，我国政府在一九九七年恢复行使对香港的主权后，香港现行的社会、经济制度不变，法律基本不变，生活方式不变，香港自由港的地位和国际贸易、金融中心的地位也不变，香港可以继续同其他国家和地区保持和发展经济关系。我们还多次讲过，北京除了派军队以外，不向香港特区政府派出干部，这也是不会改变的。我们派军队是为了维护国家的安全，而不是去干预香港的内部事务。我们对香港的政策五十年不变，我们说这个话是算数的。我们的政策是实行“一个国家，两种制度”，具体说，就是在中华人民共和国内，十亿人口的大陆实行社会主义制度，香港、台湾实行资本主义制度。近几年来，中国一直在克服“左”的错误，坚持从实际出发，实事求是，来制定各方面工作的政策。经过五年半，现在已经见效了。正是在这种情况下，我们才提出用“一个国家，两种制度”的办法来解决香港和台湾问题。

——《邓小平文选》第3卷，人民出版社1993年版

解析：1984年6月22、23日，邓小平分别会见香港工商界访京团和香港知名人士钟士元时的谈话内容要点，编入《邓小平文选》第3卷，篇名为《一个国家，两种制度》。这是邓小平同志在20多年前发表的一篇重要谈话。这篇谈话，尤其是关于“一国两制”

的论述，关于“港人治港”的内涵及爱国者标准的论述，在今天仍有很强的现实意义。

“一国两制”的基本内容是，在中华人民共和国内，国家的主体实行社会主义，香港、澳门和台湾实行资本主义。“一国”是“两制”的前提。认同“一国两制”首先必须认同“一国”，即中华人民共和国，认同国家的主体实行中国特色社会主义。“一国两制”是中国特色社会主义的重要组成部分。“港人治港”必须“以爱国者为主体的港人来治理香港”。“爱国者的标准是，尊重自己民族，诚心诚意拥护祖国恢复行使对香港的主权，不损害香港的繁荣和稳定。”这个标准清楚地表明，爱国和爱港是统一的整体，是不可分割的。任何已经站在治港者行列的人或者有志于加入这个行列的人都必须符合这个标准。

邓小平同志的这篇重要谈话，向世人宣示了中央提出贯彻落实“一国两制”方针的坚强决心，更是为了全面准确地理解“一国两制”方针，把“一国两制”的伟大实践不断推向前进，实现祖国完全统一。

2.（一）坚持一个中国的原则，是实现和平统一的基础和前提。（二）对于台湾同外国发展民间性经济文化关系，我们不持异议。（三）进行海峡两岸和平统一谈判，是我们的一贯主张。（四）努力实现和平统一，中国人不打中国人。（五）面向二十一世纪世界经济的发展，要大力发展两岸经济交流与合作，以利于两岸经济共同繁荣，造福整个中华民族。（六）中华各族儿女共同创造的五千年灿烂文化，始终是维系全体中国人的精神纽带，也是实现和平统一的一个重要基础。（七）两千一百万台湾同胞，不论是台湾省籍还是其他省籍，都是中国人，都是骨肉同胞、手足兄弟。（八）我们欢迎台湾当局的领导人以适当身份前来访问；我们也愿意接受台湾方面的邀请，前往台湾。

——《人民日报》，1995 年 1 月 30 日

解析：1995 年 1 月 30 日，江泽民在北京发表的“新春讲话”，提出对台八项主张。这一重要讲话精辟阐述了邓小平“和平统一、一国两制”的基本思想，提出了现阶段发展两岸关系、推进祖国和平统一进程的八项主张，是发展两岸关系、实现祖国和平统一的纲领性文件。

此讲话为大陆对台政策的丰富和发展。“中国人不打中国人”、两岸领导人不能“老死不相往来”等感性表述，引发台湾岛内及海外热议。

3. 第六条　国家采取下列措施，维护台湾海峡地区和平稳定，发展两岸关系：（一）鼓励和推动两岸人员往来，增进了解，增强互信；（二）鼓励和推动两岸经济交流与合作，直接通邮通航通商，密切两岸经济关系，互利互惠；（三）鼓励和推动两岸教育、科技、文化、卫生、体育交流，共同弘扬中华文化的优秀传统；（四）鼓励和推动两岸共同打击犯罪；（五）鼓励和推动有利于维护台湾海峡地区和平稳定、发展两岸关系的其他活动。国家依法保护台湾同胞的权利和利益。

第七条　国家主张通过台湾海峡两岸平等的协商和谈判，实现和平统一。协商和谈判可以有步骤、分阶段进行，方式可以灵活多样。台湾海峡两岸可以就下列事项进行协商和谈判：（一）正式结束两岸敌对状态；（二）发展两岸关系的规划；（三）和平统一的步骤和安排；（四）台湾当局的政治地位；（五）台湾地区在国际上与其地位相适应的活动空间；（六）与实现和平统一有关的其他任何问题。

第八条　“台独”分裂势力以任何名义、任何方式造成台湾从中国分裂出去的事实，或者发生将会导致台湾从中国分裂出去的重大事变，或者和平统一的可能性完全丧失，国家将采取非和平方式及其他必要措施，捍卫国家主权和领土完整。依照前款规定采取非和平方式及其他必要措施，由国务院、中央军事委员会决定和组织实施，并及时向全国人民代表大会常务委员会报告。

——《反分裂国家法》

解析：2005 年 3 月 14 日十届全国人大三次会议经过表决，高票通过了《反分裂国家法》。《反分裂国家法》的出台，不仅是反“台独”斗争中的一件大事，也是发展与推动两岸关系过程中的一件大事。它标志着祖国大陆的对台方针、政策开始走向法制化，也标志着祖国大陆的反“台独”斗争进入了一个新阶段，必将对遏制“台独”的斗争和推动两岸关系的发展产生深远影响。

《反分裂国家法》的出台和实施，向世人昭示了中国人民反对分裂国家、维护祖国统一的坚定意志和强大民意；以法制“独”，标志着祖国大陆的反“台独”斗争进入到了一个新阶段；对稳定、推动与发展两岸关系具有重要指导意义；有利于维护台海及世界和平。

案例精选

案例 1

台湾问题的由来

台湾岛是我国美丽的宝岛，是镶嵌在祖国东海上的一颗璀璨的明珠。台湾自古属于中国，同大陆是不可分割的整体。16 世纪由于明朝政府疏于管理一度被荷兰殖民者所占。民族英雄郑成功，成功收复了台湾，使其重新成为中国的一个省，由清政府指派官吏进行管理。清朝末年，由于政府的腐败无能，台湾在 1895 年《马关条约》中被割让给日本。第二次世界大战结束后，根据美、苏、英、中四大国关于如何安排战后世界秩序而达成一致的《开罗宣言》和《波茨坦公告》，被日本强占达半个世纪之久的台湾和澎湖列岛，正式由国民党政府收复，重新归入中国版图。然而仅过了四年，在内战中失败的国民党残余势力退居台湾，在美国的支持下与祖国大陆隔海对峙，使台湾再一次与祖国大陆处在了隔绝的状态。朝鲜战争爆发之后，美国政府采纳了麦克阿瑟视台湾为“不沉航空母舰”的战略建议，认定台湾的战略地位对美国在东亚乃至全球对抗共产主义的冷战事业都是至关重要的，决定利用两岸间的紧张局势，使台湾同大陆永久分离。为了给自己武装干涉中国内政的行径开脱，不让国际社会形成“美国入侵别国领土与领海”的负面舆论，美国公然背弃《开罗宣言》和《波茨坦公告》的原则，抛出曾在美国决策圈密谋已久的“台湾地位未定论”为其军队入侵台湾海峡的侵略行径辩护。在 1950 年 6 月 27 日美国总统杜鲁门发表的关于台湾的声明中，强指台湾从日本殖民统治下解放出来后，就变成了一块无主的土地。由于没有任何条约言明日本已将台湾归还中国（对日和约仍未签订），所以要重新确定这块土地的归属。宣称“台湾未来地位的决定必须等待太平洋安全的恢复，对日和约的签订或由联合国考虑”。并公开宣布“已经命令第七舰队阻止对台湾的任何进攻”。接着，美国第七舰队侵入了台湾海峡，美国第十三航空队也进驻了台湾。1950 年 10 月 25 日中国人民志愿军赴朝参战，中美两国在战场上的兵戎相见使美国彻底撕下了其在台湾问题上的“遮羞布”，赤裸裸地从其冷战的全球战略出发，对台湾国民党当局开始从政治、经济、军事等各个方面进行全力支持，与此同时，对中国大陆采取全面遏制的政策。此后几十年中，这种政策成为美国亚洲外交政策中坚不可摧的基础之一。1954 年 12 月，美国与台湾当局签订了所谓《共同防御条约》，这一安全防务条约确立了美国和台湾当局的军事同盟关系，将中国的台湾省置于美国的保护之下。翌年 1 月，美国国会通过台湾问题决议案，授权美国总统在认为必要时可以在台湾和台湾海峡使用武力。这样，不但美国阻止中国人民解放军解放台湾的作法被长期化和固定化了，而且国民党政权也由此度过了政治孤立、经济困难的窘境，得以苟延残喘。台湾海峡的紧张局势因而形成，台湾问题就这样产生并延续了下来。一言以蔽之，是因为美国介入中国内战、干涉中国人民解放台湾才产生了台湾问题。

思考讨论

1. 怎样正确、全面地理解我国政府对台政策的原则立场？我们不承诺放弃使用武力与按照“一国两制”的方针解决海峡两岸和平统一问题之间的关系是怎样的？

2. 江泽民在十六大报告中指出：“解决台湾问题、实现祖国的完全统一，我们寄希望于台湾人民。”“国家要统一，民族要复兴，台湾问题不能无限期地拖延下去。我们坚信，通过全体中华儿女共同努力，祖国的完全统一就一定能早日实现。”你的看法呢？

点评

本案例叙述了台湾问题的由来、产生的过程。台湾问题是中国内战遗留问题，是分裂和反分裂、台独和反台独问题，与“两德”、朝鲜问题有本质的不同。

台湾作为中国的一个省，之所以会成为影响中美和其他少数国家关系的问题，从一开始就是由于美国以其自身利益为考虑而形成的。中国在台湾问题上所表明的坚定立场和对统一的迫切要求，更使美国感到有必要蓄意阻挠两岸的最终统一，阻止整个中华民族的复兴和“大中华”局面的最终形成。因为这种局面一旦形成，无疑会打破美国在西太平洋地区精心维持的战略平衡态势，从而对其全球霸权战略构成威胁。但同时我们也应看到，美国并不愿真的被台湾这枚小棋子拖入与中国展开全面军事对抗的旋涡。因此，维持两岸“不独不统”的关系现状，是美国决策者认为最符合其利益的政策出发点。可见，台湾问题的出现和最终形成有着深刻的历史渊源，也有着强烈的外部因素干涉的印迹。因此，其解决也不可能是一蹴而就的事，必然涉及利益牵扯各方。

根据事物发展的客观规律，其内因必定起着决定性作用。因此，台湾问题的最终解决关键在于两岸人民的共同努力。随着大陆经济的持续快速发展和国际地位的提升，以及两岸在经贸、文化等更多方面交流日益频繁，完成和平统一，实现“共赢”脚步在加快，但如果台湾独立势力一意孤行走独立道路，大陆适当时候也要使用适当武力，实现台湾统一，避免无限期拖延下去。

案例 2

澳门回归——千年之交的中华历史盛事

1999 年 12 月 20 日，作为一个伟大的日子，载入中华民族的史册。这一天，中华人民共和国对澳门恢复行使主权。

(1) 昨天的澳门——千年中叶不幸沦落。澳门，包括澳门半岛、凼仔岛和路环岛，自古以来就是中国的领土，16 世纪中叶以后被葡萄牙逐步占领。1553 年，葡人以船只触礁裂缝需要修理、船上打湿货物需要晾晒为借口，贿赂中国海道副使汪柏，获准上岸。1557 年，形成一个稍有规模的居留地。1840 年鸦片战争爆发，葡人趁机采取冒险措施，悄悄在界墙以北地区编号竖界，勒收地租，后遭中国查禁。1845 年，葡女王玛丽亚二世宣布澳门为自由港，任命海军上校亚马留为澳门总督，要求绝对夺取澳门主权。清政府在葡人威胁下，实际上逐渐放弃了对澳门的主权。1851 年和 1864 年葡萄牙人又先后强占了凼仔岛和路环岛。1887 年 12 月 1 日，葡萄牙在英国的支持下，强迫清政府与之在北京签署了《中葡会议草约》和《中葡和好通商条约》。条约同意葡萄牙永远居住并管理澳门，未经中国首肯，葡不得将澳门让与他国。这样，清政府实际上正式承认了葡萄牙占领澳门的事实。

(2) 今天的澳门——千年结束之际，昂首踏上回归路。新中国成立后，在中国共产党领导下澳门问题得到圆满解决。第一阶段，从新中国成立到 1972 年，对港、澳采取了“长期打算、充分利用”的战略方针。中国政府一直坚持香港、澳门是中国领土不可分割的一部分，不接受帝国主义强加给中国的不平等条约。同时，制定出相应的政策。主要包括“三项原则”（过去的不平等条约必须废除；在条件成熟时通过和平方式解决；在未解决以前维持现状）和“暂不收回”的战略安排。第二阶段，从 1972 年到中共十一届三中全会前后，中国政府不承认澳门属于“殖民地”范畴，重申澳门是中国领土，适当时候予以收回。联合国非殖民地化特别委员会于 1972 年 6 月 16 日通过决议向联大建议从殖民地名单中删去香港和澳门。1979 年 2 月 8 日中葡两国正式建立外交关系。在建交谈判中，双方已签订了一份当时未公开的谅解备忘录，其大意是，澳门是中国的领土，目前由葡萄牙政府管理，在适当的时期，中葡两国通过友好协商来解决。第三阶段，中共十一届三中全会以后，我国政府用“一国两制”这把金钥匙，圆满解决了澳门问题。从 1986 年 6 月到 1987 年 2 月，中葡两国关于澳门问题的外交谈判共举行了四轮。中国与葡萄牙关于澳门问题的分歧已经完全消除。1987 年 4 月 13 日，中葡关于澳门问题的《联合声明》这一历史性文件在北京人民大会堂正式签字。1993 年 3 月 31 日，八届人大一次会议通过《中华人民共和国澳门特别行政区基本法》，澳门进入后过渡期。1999 年 5 月 15 日，选举产生了澳门第一位行政长官何厚铧。1999 年 12 月 20 日，历经 400 多年沧桑的澳门重新回到了祖国的怀抱。

(3)“一国两制”在澳门的成功实践。①澳门在政治上更加稳定。中央政府严格按照澳门特别行政区基本法办事，坚定地支持特别行政区行政长官和政府依法施政，不干预特别行政区自治范围内的事务。澳门特别行政区依照基本法的规定实行“澳人治澳”、高度自治。澳门人民将首次以主人的地位真正独立地走上政治舞台，行使自己管理自己的权利。②澳门在经济上更加繁荣。中央政府全力支持澳门拓展对外联系，加强区域合作，实施内地与澳门更紧密经贸关系安排、开放内地部分地区居民个人赴澳门旅游在内的一系列政策措施，为澳门的发展注入了活力、拓宽了空间。回归前一年澳门就遏制住过去连续4年负增长的经济颓势，到2001年取得4%的增长率。2002年和2003年分别增长10%和15%，增长速度令海内外刮目相看。③澳门的社会更加安定。澳门回归前后的变化，在人们记忆中反差最大、留下印象最深的，可能要数社会治安的“逆转”。特别行政区政府推行“固本培元，稳健发展”施政方针，一方面雷厉风行地强化治安队伍，扑灭犯罪行为；另一方面积极采取各种措施改善投资环境，整顿市场秩序。回归后不久，澳门整个治安形势就发生了大的逆转，杀人、绑架、纵火等严重刑事案件的发案率逐年下降，破案率大为提高。澳门回归后这几年的治安与以往相比恍如隔世。

今天的澳门，社会安定祥和，经济持续增长，民众安居乐业。实践证明，澳门人是完全有智慧、有能力、有办法管理好、建设好、发展好澳门的。

思考讨论

1. 澳门经历的历史沧桑说明了什么问题？
2. “一国两制”在澳门的成功实践对最终完成祖国统一大业具有什么重大意义？

点评

本案例叙述了澳门沦为葡萄牙殖民地的屈辱历史、回归历程及回归后发展的现状，体现出“和平统一，一国两制”伟大构想的巨大作用。

澳门回归宣告了中国人民结束了殖民主义在澳门的统治，标志着外国人占据和统治中国领土的历史彻底结束，彻底洗刷了中华民族的历史耻辱，体现了社会主义中国综合国力的增强和国际地位的提升。澳门顺利回归，是祖国统一大业进程中的重要里程碑。

澳门的顺利回归，为国际上以和平方式解决争端和历史遗留问题开创了典范。澳门回归后的繁荣景象再一次证明“一国两制”战略构想的高度科学性和现实可行性。澳门的顺利回归对解决台湾问题具有重要的示范作用，可以为最终解决台湾问题创造条件，积累经验。

案例3

跨越海峡的握手

2005年国民党主席连战率领中国国民党大陆访问团赴大陆访问是国共两党关系史上的大事，是继1993年“汪辜会谈”之后海峡两岸关系发展中的一件大事。

载入史册的时刻。2005年4月29日下午3时整，人民大会堂北大厅。中共中央总书记胡锦涛微笑着伸出右手，中国国民党主席连战微笑着伸出右手，两只手伸过60年的历史风雨，紧紧地握在一起。胡锦涛发表重要讲话。他说：“你们的来访是中国共产党和中国国民党关系史上的一件大事，也是当前两岸关系中的一件大事，从你们踏上大陆的那一刻起，我们两党就共同迈出了历史性的一步。”“历史的辛酸让我们曲曲折折，一直到今天才能够见面，所以我说有点相见恨晚的感觉。”连战对胡锦涛说。他表示，以迎接未来这种主导的理念来追求未来，相信“逝者已矣，来者可追”。

为民族立生命，为万世开太平。中国国民党主席连战4月29日上午访问北大并发表了主题为“坚持和平，走向双赢”的精彩演讲。连战由北大是中国现代新思潮的发源地，谈到自由的思想，北大、台大系出同源，一脉相传，相互辉映，追溯了中国近百年以来的思想发展史，并寄希望各位能够“为民族立生命，为万世开太平”，浓缩成八个字就是“坚持和平，走向双赢”。随后，连战还回答了北大师生的提问。

南京拜谒中山陵。4月27日上午，连战率中国国民党大陆访问团拜谒南京中山陵。这是两岸分隔56年来，中国国民党主席首次亲临谒陵。这天中山陵正门开启。连战一行着装肃穆。穿过刻有孙中山手书“博爱”二字的牌坊，踏上长长的墓道，拾级而上。连战发表了简短的讲话。他说，今年是中山先生逝世80周年，也是对日抗战胜利60周年。在这样一个时刻，他代表中国国民党，率同所有团员，以庄严、虔敬的心情来到创党总理中山先生灵寝前，致上最高的敬意。看到这么多民众自发自动前来共襄盛举，我们感到无比振奋。连战表示，中山先生是两岸共同尊崇的革命先行者。让我们大家一起追随革命先行者的脚步共同努力，共同图强，做一个扬眉吐气的中国人。

台商就是双赢的代表。上海是台商最密集的地区。据权威部门统计，2005年在上海市区的常住人口中，台商的数量不少于20万人。5月2日中午，连战在上海对大陆台商及当地工商界发表演讲。连战在演讲中阐述了对两岸经贸关系发展的看法。连战说，对于大陆过去一二十年来辉煌建设的发展成就，台商与有功焉，与有荣焉，参与其中的资本技术与人才，正是代表双赢这个目标的先锋部队，台商就是双赢的代表。连战说，前途是非常光明，未来是非常亮丽，只要我们共同努力，掌握当前，开拓未来，共创和平，共享发展，共谋策略，双赢互利一定能够完成。

连战一行圆满结束了8天7夜的大陆访问行程，于2005年5月3日，返回台湾。

思考讨论

2005年中共中央总书记胡锦涛与中国国民党主席连战的握手为什么被称为“载入史册的时刻”?

点评

本案例叙述了国民党主席连战率领中国国民党大陆访问团赴大陆访问的行程，几十年后再聚首体现了两党的共同夙愿，体现了国共两党为实现祖国统一所做的努力。

政治互动是解决台湾问题过程中的一个无法逾越的阶段。自国民党溃退台湾后，中国共产党本着和解的精神，多次试探与国民党进行合作的机会，但是随着国民党退居台湾，也把两党的恩怨关系带到了台湾，造成两岸的长期隔绝。2005年4月，应中国共产党的邀请，中国国民党主席连战冲破“台独”势力的重重阻力，访问大陆，与中国共产党领导人举行历史性会晤，这是时隔60年后国共跨过海峡两岸的首次握手，成为推动两岸关系发展的新的里程碑。胡锦涛与中国国民党主席连战的握手和会谈既有深远的历史意义，又有重大的现实意义。连战宣示了中国国民党反对“台独”的立场，中国共产党和国民党在坚持“九二共识”、“反对台独”的基础上，达成了“五点愿景”，建立了党对党的沟通、协商机制，开启了中华民族、两岸之间，多党合作，反对“台独”，促进统一的新局面，对推动两岸关系的和平发展产生了深远影响，在一定程度上缓解了两岸之间非常紧张的局势。

案例 4

“一国两制”的伟大构想

“一国两制”作为实现祖国统一大业的创造性构想，是邓小平理论的重要组成部分。这一构想首先是从探索解决台湾问题开始。台湾问题是国内战争遗留下来的内政问题。为了谋求这一问题及早解决，早在 20 世纪 50 年代我党和政府就提出了“第三次国共合作”、“和平解决问题”的设想。60 年代初，毛泽东、周恩来进一步提出“一纲四目”的政策。“一纲”是台湾必须回归祖国。“四目”包括：台湾回归祖国后，除外交必须统一于中央，所有军政大权、人事安排由台湾领导人决定；所有军政及建设经费不足部分，由中央拨付；台湾社会改革可以从缓，协商解决；双方互不派人进行破坏对方团结之事。由于受当时国际环境的影响和其他因素的制约，我们的这些积极主张和设想，未能付诸实践。

20 世纪 70 年代初到 80 年代，国际形势发生了巨大变化。1971 年 10 月联合国恢复了中华人民共和国在联合国的合法席位。1972 年，中美两国签署了《上海公报》，美国承认台湾是中国的一部分，世界上只有一个中国。1976 年 10 月我国结束了长达十年的“文化大革命”，国内形势的变化和国际局势的缓和，为我国和平解决台湾问题提供了有利时机。

1979 年元旦，全国人大常委会发表《告台湾同胞书》，提出结束两岸分裂状态，实现祖国和平统一的设想和主张。1981 年 9 月 30 日，全国人民代表大会常务委员会委员长叶剑英发表《关于台湾回归祖国实现和平统一的方针政策》的谈话，具体提出了实现祖国统一的九条方针。就叶剑英的上述谈话邓小平指出：“九条方针是以叶剑英委员长名义提出来的，实际上就是‘一个国家，两种制度’，‘两制’是可以允许的，他们不破坏大陆的制度，我们也不要破坏它那个制度。”关于“一国两制”的概念，第一次开始正式使用。

1982 年 9 月，邓小平会见英国首相撒切尔夫人时明确指出，关于收回香港主权问题，可以用“一个国家，两种制度”的方法解决。同年 12 月，全国人大五次会议通过的《中华人民共和国宪法》明确规定，国家在必要时可设立特别行政区，在特别行政区内实行的制度按照具体情况由全国人民代表大会的法律规定。这就为实现“一国两制”构想提供了法律依据。1983 年后，邓小平又多次对“一国两制”作了更具体深入的阐述，使这一科学的构想进一步具体化。1984 年 5 月，在第六届全国人大二次会议上，正式提出了“一国两制”的战略构想，并获得大会通过。这样“一国两制”就成为一项具有法律效力的基本国策。

1984 年 6 月，邓小平接见香港工商界访京团时指出：“我们的政策是实行一个国家，两种制度。具体说，就是在中华人民共和国内，十亿人口的大陆实行社会主义制度，香港、台湾实行资本主义制度。”1984 年 12 月，中英两国政府签署了《联合声明》，宣布中国政府将于 1997 年 7 月 1 日对香港恢复行使主权；1987 年 4 月，中国和葡萄牙政府签署了关于澳门的《联合声明》，宣布中国政府将于 1999 年 12 月 20 日对澳门恢复行使主权。根据宪法规定，设立香港和澳门特别行政区，香港和澳门现行的社会制度和生活方式保持不变。“一国两制”构想的进一步发展。

1997 年 7 月 1 香港回归，1999 年 12 月 20 日澳门回归，这样“一国两制”基本国策由理论变为现实。它们的回归，是中国历史上的两件大事，标志着中华人民共和国的强大和中国人民在完成祖国统一大业的斗争中所取得的重大胜利，标志着“一国两制”基本国策在解决香港和澳门问题上获得圆满成功。香港和澳门的回归，对于振奋民族精神，进一步推动祖国统一进程产生了重大而深远的影响。

思考讨论

1. 如何正确认识“一国两制”构想的战略意义？
2. 为什么说“一国两制”是各方面都容易接受的、促进祖国和平统一的最佳方式？

点评

本案例叙述了中国共产党对台湾政策演变的过程，即由武力解放台湾到“和平统一，一国两制”的变化。

“一国两制”构想的提出，反映了时代的特点，顺应时代发展的要求。和平与发展已成为当今时代的两大主题。维护世界各个地区的和平、安定、经济繁荣，已成为客观形势发展的需要。不同社会制度的国家可能和平共处，共同发展；一个国家内部社会制度的不同的地区，由于共同的民族利益，共同的历史文化传统等因素的影响，可以消除隔阂，和睦共处，实现和平统一。

“一国两制”构想是邓小平理论的重要组成部分，是坚持实事求是的思想路线的产物。根据变化了的国际国内形势，创造性地提出统一祖国后，香港、澳门、台湾继续实行资本主义制度，大陆主体则继续实行社会主义制度的设想。这一与以往任何时代相比“具有非常不同内容的新思维、新观念”，是中华民族政治智慧的伟大创造，是当今世界最富于想象力和最具有时代特征的全新的政治思想之一。它是指导我们完成国家和民族统一大业的重要的理论基石。

实践项目

主题演讲

1. 实践目的

通过本次演讲，加深学生对“一国两制”构想的认识，激发学生炽热的爱国情怀和增强积极实现祖国和平统一的愿望。演讲题目可围绕“台湾是中国不可分割的一部分”、“‘一国两制’是实现祖国统一的伟大构想”等主题进行，题目由演讲者自拟。

2. 实践方案

(1) 时间：每名学生 5 分钟左右。

(2) 地点：教室。

（3）方式：演讲。

（4）流程：

① 宣布比赛规则。

② 演讲赛开始。

③ 宣布比赛结果。

④ 辩论赛结束。

3. 实践评价

将评价结果填入表 12-1。

表 12-1　评分表

评价项目	满分	得分
语言风度	60	
临场反应	30	
时间把握	10	
总分	100	

听学术报告：台湾问题的历史与现实

1. 实践目的

通过听学术报告，使学生深入了解台湾问题的由来和实质，明确台湾问题是中国的内政的重要观点，充分理解台湾政党概况及主张、“台独”思潮的来龙去脉、中国共产党对台政策演变、影响台湾未来走向主要因素等，使学生既要看到实现两岸统一的历史任务的复杂性和艰巨性，又要看到通过艰苦细致的工作实现一国两制的巨大希望，增强学生对中华民族实现国家和平统一的信心。

2. 实践方案

（1）时间：本章讲授结束时进行，2 学时。

（2）地点：学术报告厅或多媒体教室。

（3）方式：学术报告。

（4）内容：听报告后写小论文。

3. 实践评价

将评价结果填入表 12-2。

表 12-2　评分表

评价项目	满分	得分
内容要求	60	
字数要求	30	
创新性	10	
总分	100	

第十三章　国际战略和外交政策

知识提要

第二次世界大战特别是冷战结束以来，国际关系和国际格局发生了重大变化。本章通过阐述世界多极化和经济全球化背景下，和平与发展仍然是当今世界的主题，明确中国坚定不移地走和平发展道路；通过介绍独立自主和平外交政策的形成和发展过程，明确了独立自主和平外交政策的基本原则，其宗旨是维护世界和平，促进共同发展。体现了中国人民热爱和平的真诚愿望，展现了中国共产党人的世界眼光、广阔胸怀和外交能力。

通过对本章的学习，学生应了解第二次世界大战后国际形势的发展变化及主要特点，认清在经济全球化和世界多极化的背景下，和平与发展仍是当今世界的主题；掌握我国独立自主的外交原则、方针和政策，坚决反对霸权主义、维护世界和平。

要点搜索

要点 1：和平与发展是当今时代的主题

维护世界和平是当今世界的重大问题。世界大战在一个相当长的时期内可以避免，我们有可能争取较长时期的和平环境，这是世界各种矛盾发展变化和世界抑制战争因素不断增长的合力作用的结果。

第一，两次世界大战的浩劫给人类造成了深重灾难和沉痛教训，世界各国人民对和平十分渴望，民心所向，对霸权主义和世界大战形成越来越大的遏制力量。

第二，世界经济的发展加深了各国利益的相互交织和相互依赖，冷战结束后多极化进程使世界各种主要力量彼此制衡，对霸权主义战争政策的牵制力量在增加，成为制约战争的一个重要因素。

第三，核武器等毁灭世界的战争工具形成的“恐怖平衡”，也成为制约战争的一个重要因素。

第四，广大发展中国家力量的发展，对世界和平与发展起着不可低估的作用，通过和平方式解决国际争端越来越受到国际社会的重视。

发展经济是世界各国的核心问题。生存与发展是广大发展中国家的首要任务，继续发展和保持优势也是发达国家面临的问题，对内图稳，对外思和，是多数国家的政策取向。

和平与发展是当今世界两大带有全球性的战略问题，是东西方之间、发达国家与发展中国家之间全局矛盾的集中体现。和平与发展是相辅相成的，世界和平是促进各国共同发展的前提条件，各国的共同发展则是保持世界和平的重要基础。

和平与发展成为时代主题，并不意味着这两个问题已经解决。不公正不合理的国际政治经济旧秩序没有得到根本改变。影响和平与发展的不确定因素在增加。传统安全威胁和非传统安全威胁的因素相互交织，恐怖主义危害上升。霸权主义和强权政治有新的表现。民族、宗教矛盾和边界、领土争端导致的局部冲突此起彼伏。南北差距进一步扩大。世界还很不安宁，人类面临着许多严峻挑战。总体和平、局部战争，总体缓和、局部紧张，总体稳定、局部动荡，是当前和今后一个时期国际局势发展的基本态势。2005 年 9 月，胡锦涛在联合国成立 60 周年首脑会议上进一步明确指出，和平与发展仍然是时代主题，全球总体上保持和平与稳定。但是，世界还很不安宁。世界和平与发展这两大问题还没有得到根本解决，要和平、促发展、谋合作是时代的主旋律。

要点 2：世界政治多极化的趋势

冷战结束后，世界政治格局演变的总体趋势是向多极化的方向发展。所谓多极化，是指多个具有强大经济、政治、军事实力的国家或国家集团能够对国际局势产生影响，并决定世界的走向。目前，世界多极化的格局尚未形成，但多极化的趋势日益明显。现今，它包括美国、日本、欧盟、中国、俄罗斯，还包括预测中的第三世界某些国家集团和某些地位正在上升的地区大国。

美国：世界上唯一的超级大国，它力求维护和加强在国际事务中的主导地位和作用，但其实力与第二次世界大战初期相比已有所下降。苏联解体、冷战结束，美国成为唯一超级大国，特别是伊拉克战争之后，美国单极世界论凸显。2008 年金融危机爆发，美国霸主地位减弱、国际影响力下降，否定美国单极世界的“无极论”抬头。与此同时，西欧、日本等盟国的经济实力日益增强，与美国的分歧甚至是对抗日益增多。

欧盟：欧洲联盟的成立与发展大大加快了欧洲的一体化进程，欧盟作为当今世界上最大的经济实体，成为影响世界政治、经济发展的重要因素，其与美国的对抗能力与日俱增。

日本：现在是世界上第三大经济强国，正在以经济实力为后盾谋求政治大国的地位，在亚太地区和世界扩大势力和影响。

中国：改革开放三十多年，中国经济持续增长，国内生产总值世界第二，综合国力不断提高，作为发展中的社会主义大国，是维护世界和平和地区稳定的坚定力量，一个和平、稳定、繁荣、发展的中国对世界的和平与发展，无疑将产生重要影响。

俄罗斯：具有巨大的经济潜力，随着其国内经济的逐步好转和对外战略的调整，仍不失为世界强国，正在为自己争取更大的影响和活动领域。

广大第三世界国家：从总的趋势来看，它们的经济实力在提高，在国际社会中的影响也在日益扩大，是制约霸权主义、强权政治的主力军。

由上可以看出，世界朝着多极化方向发展是客观趋势。世界几大力量如美、日、中、俄、第三世界国家这几大力量在努力扩大自己的影响，并按自己的构想建立世界新格局。但即使是美国也不可能独霸世界，而其他几股势力更不可能在世界事务中取得支配权。近年来，各个国家和国家集团，尤其是大国之间的关系经历了一系列的调整变动，表明世界多极化趋势有了进一步的发展，也表明多极化世界日益为众多国家所认同。

但多极化是一个渐进的过程，其发展过程中也会出现曲折和反复。冷战后，美国作为仅存的超级大国，利用其雄厚的综合国力追求对世界的主导地位，挑起了冷战后三次大规模的地区性战争，在对外事务中表现出越来越强烈的单边主义色彩。尤其小布什政府更加强调依靠军事实力，对外我行我素。“9・11”事件之后，借口反恐斗争，把世界纳入美国主导的政治秩序之中，一度造成某种“单极世界”的表面现象，为世人所关注。但从实质和长期发展来看，这种“单极”的表象只是暂时的，多极化才是世界格局的变化方向。冷战后世界多极化的进一步发展、大国间综合国力的均衡化表明，世界的发展将逐步走向稳定的多极化格局，一国独霸天下的“单极世界”则是不可能的。

要点 3：独立自主和平外交政策的基本原则

独立自主和平外交政策的基本原则，是我国对外交往活动的根本准则，是在外交工作实践中探索出来的处理对外关系的根本依据。严格按照这一政策准则办事，既有利于维护世界和平，又有利于推动我国社会主义建设事业的发展。

第一，坚持独立自主地处理一切国际事务的原则。独立自主是马克思主义的重要原则，是我国革命和建设事业取得胜利的宝贵经验之一。独立自主，就是坚持从我国的实际情况出发，依靠自己的力量，同任何国家友好相处，但不允许任何国家损害我国的尊严和主权。不管国际风云如何变幻，我们都始终不渝地奉行独立自主的和平外交政策。

第二，坚持和平共处五项原则为指导国家间关系的基本原则。和平共处五项原则的精髓，就是国家主权平等。和平共处五项原则既适用于社会制度相同的国家，也适用于社会制度不同的国家；既适用于发展中国家，也适用于发达国家；既适用于国家间的政治关系，也适用于国家间的经济关系。

第三，坚持同发展中国家加强团结与合作的原则。中国是发展中国家，加强同第三世界国家的团结与合作是我国外交政策的基本立足点，中国将一如既往地同其他发展中国家一道，在维护各自国家的独立主权上相互支持，在经济、文化方面加强交流。

第四，坚持爱国主义与履行国际义务相统一的原则。在处理国际事务和对外关系时，既要坚决维护本国人民的根本利益，在涉及我国主权领土完整、国家利益、国家安全的问题上决不妥协退让，同时又要注意维护世界和平和世界人民的根本利益，把爱国主义和国际主义紧密结合起来，把本国人民的根本利益和前途与世界人民的根本利益和前途紧密结合起来。

要点 4：十八大后中国外交之变——塑造积极有为、负责任的大国外交

十八大报告对中国外交的根本目标、旗帜、道路、开放战略、基本政策、主要原则和布局等基本内容的表述仍然不变，但有一些新提法：提出国际形势“四化”，首次将文化多样化、社会信息化与世界多极化、经济全球化并列提出；提出“高举和平、发展、合作、共赢”的旗帜，首次增加“共赢”两个字；提到公共外交与人文交流。还有些提法，

像网络安全、太空安全、建设海洋强国、维护我国海外合法权益、全球治理、发挥负责任大国作用、建立新型大国关系、增强国际话语权、支持扩大发展中国家在国际事务中的代表性和发言权、建立新型全球发展伙伴关系等。这些提法彰显了中国外交未来将更为积极主动，更多地发挥大国的作用与影响。相比十七大报告，十八大报告主要在三个方面体现了中国外交之变。

首先，中国作为世界新兴大国的立体外交思路更加清晰。从国别区域看，在继续重视对主要大国、周边国家外交的同时，加强了对发展中国家和多边外交的布局。从领域看，除原有政治、经济和安全方面的外交之外，更加重视海洋、海外、网络、太空等领域的利益保护。

其次，外交更加积极主动，在心态、姿态、行动及理念上都表现出积极担当、开拓进取的姿态。既注重服务发展、促进发展，营造良好的外部环境和条件，同时也强调依靠发展，发挥大国作用和影响。

最后，外交更加趋于务实。例如，十八大报告中明确提到了维护“海外合法权益”和“国家海洋权益”，建设海洋强国，并强调“推动国际秩序和国际体系朝着公正合理的方向发展”。

从习近平就职国家元首后的首访对象和访问路线便可看出，中国真诚致力于推动国际关系更加民主化、国际秩序和国际体系更加公正合理发展。这可以称作中国的“世界梦”——世界新秩序，持久和平、共同繁荣的和谐世界。习近平这一代中国领导人，在外交政策上更加务实灵活，同时姿态上也更为从容自信，在语言风格上，更喜欢用直白、精练的方式阐述自己的外交理念。习近平清晰地传递出新外交战略的新思路，即处理国际关系时强调“合作共赢”，处理与俄美等大国关系时追求“平等关系”，在追求本国利益时兼顾别国合理关切。一些国家根据历史上“国强必霸”的逻辑，不怀好意地渲染“中国威胁论”，公开主张围堵、遏制中国。然而，中国一不输出革命，二不输出饥饿和贫困，三不去折腾他国。中国的复兴是和平的复兴，是打破大国崛起定律的复兴。

深度阅读

1. 中国是联合国安全理事会的常任理事国，中国知道自己的责任。有两条大家是信得过的，一条是坚持原则，一条是讲话算数。我们不搞政治游戏，不搞语言游戏。我个人爱好打桥牌，但是中国在政治上不爱好打牌。不仅今天如此，建国以后，在毛泽东主席，周恩来总理领导我们国家的时候就如此。所以，国际上许多朋友都信任我们。我们对许多国家，尤其是第三世界国家的境遇都是理解的。中国的对外政策是一贯的，有三句话，第一句话是反对霸权主义，第二句话是维护世界和平，第三句话是加强同第三世界的团结和合作，或者叫联合和合作。为什么现在我特别强调第三世界这一点，因为反对霸权主义和维护世界和平对于第三世界有特殊的意义。霸权主义的受害者是谁？难道是美国和苏联？美国和苏联是搞霸权主义的，他们不是受害者，欧洲、日本、大洋洲和加拿大等发达国家也不是受害者，东欧有一点受害。如果世界和平被破坏，首先受害的是谁？第二次世界大战以后，实际上没有什么和平，大战没有打，但是小战不断。小战在哪里打？在第三世界。根源还不是超级大国在哪里挑拨，在那里擦手！长期以来超级大国就是利用第三世界的冲突来达到他们的目的，所以，尽管第三世界本身有这样或那样的问题，直接受害的还是第三世界的国家和人民。这就决定了有切身利益的第三世界是真正反对霸权主义和维护世界和平的主力，这不是以人们的意志为转移的，是由第三世界所处的地位和切身利害关系决定的。

我们不是悲观主义者，我们只是提出战争的危险性。我们说战争的因素在增长，但制止战争的因素也再增长。从联合国的角度可以看出，第二次世界大战后，国际政治中积极的因素是第三世界的兴起。在联合国中，第三世界的成员增加了。对这个变化的价值要给予正确的估量。霸权主义还要继续横行下去。但是，他们像过去那样随意主宰人民的命运的时代已经过去，第三世界尽管穷，但在国家政治中的分量已经大大增加，这是任何人不能忽视的。当然第三世界国家之间目前协调不理想，这个问题复杂得很，要在这方面做工作。至于中国我们力量有限，作用也很有限。人们说，中国在第三世界处于特殊的地位。我们说中国只是第三世界的一员，作为第三世界的一员，我们要尽到自己的责任。很多朋友说，中国是第三世界的头头，我们说，头头可不能当，头头一当就坏了。搞霸权主义的名誉很坏，第三世界的头头的名誉也不好，这不是客气话，是真实地政治考虑。

我们历来不相信裁军会有什么效果，但是我们是赞成谈判的。有人说中国好战，其实，中国最希望和平。中国希望至少二十年不打仗。我们面临发展和摆脱落后的任务。我们摆在第一位的任务是在本世纪末实现现代化的一个初步目标，就是达到小康的水平。如果能实现这个目标，我们的情况就比较好了。更重要的是我们取得了一个新起点，再花三十年到五十年的时间，接近发达国家的水平。我们不是说赶上，更不是说超过，而是接近。所以我们希望有一个和平的国际环境，一打仗，这个计划就告吹了，只好拖延。从现在到本世纪末一个阶段，再加三十至五十年，就是说我们希望至少有五十年到七十年的和平时间。我们提出世界和平不是在讲空话，是基于我们自己的需要，当然也符合世界人民的需要，特别是第三世界人民的需要。因此，反对霸权主义、维护世界和平时我们真实的政策，是我们对外政策的纲领，现在世界上有人怀疑，一旦中国现在这些领导人不在了，中国政策会不会改变。我刚才回答了这个问题，不会变，变不了！如果中国想发展起来，就需要这样做，谁也变不了。但这也不是一厢情愿的事情，如果国际上有人把战争强加于我们，我们也不害怕，无非拖延若干年，打完仗再搞建设。我们的对外政策是符合我们这个宏伟目标的，尽管这个目标人家看起来微不足道，但我们自己仍称为宏伟目标。

——《邓小平文选》第 2 卷，人民出版社 1994 年版

解析：通过这个材料，主要了解中国的对外政策的主要内容：一是反对霸权主义；二是维护世界和平；三是加强同第三世界的团结和合作。发达国家搞世界霸权，在国家政治和关系中挑拨离间，引发了一些冲突和战争，是对世界和平的威胁，如果和平遭到破坏，中国和第三世界是直接的受害者，因此，中国和第三世界国家是维护世界和平的主要力量。中国维护世界和平的愿望也是自身发展的需要。我们面临发展和摆脱落后的任务，首先是实现小康水平，然后再用几十年的时间，接近发达国家的水平，我们的对外政策要和这个目标一致。

2. 杨洁篪在钓鱼台国宾馆接受采访，分析了当前及未来五年我国面临的国际形势，

并就中美关系、周边外交等一系列问题阐述了自己的看法。

新形势下推进中美关系有三点尤为关键。一是要相互了解，增进互信。中国始终不渝走和平发展道路，始终不渝奉行互利共赢的开放战略。要加强互信，就要学会尊重对方的核心关系，去除旧的思维定式，坚持相向而行。二是要相互尊重，平等相待。应尊重中美社会制度、文化传统、发展阶段不同等客观现实。不应去谋求改变对方，更不应把自己的模式强加于对方，而应通过平等对话，妥善处理摩擦和分歧。三是要扩大合作，互利共赢。通过把双方共同利益的蛋糕做大，使两国人民在扩大交往中获得更多实惠，使两国经济通过彼此合作得到更好的发展。采取保护主义，打贸易战、货币战等只能使双方利益受损，给双边关系带来更多麻烦。

如何评价当前中国与周边国家的关系？中国始终坚持“与邻为善、以邻为伴”的周边外交方针。政治上，我们同亚洲各国高层交往密切，互信不断增强。2010 年，我国同几乎所有亚洲国家都实现了高层互访。经济上，我们致力于促进互利共赢，利益融合加深。我国与亚洲国家贸易总额年均增长超过 20%，连续多年成为亚洲最大进口市场和日、韩、印等国成为第一大贸易伙伴。安全上，我们主张树立以互信、互利、平等、协作为核心的新安全观，推动谈判解决朝核等地区热点问题，反恐、防扩散等合作也不断加强。人文交流上，我们大力推动教育、文化等合作，亚洲国家来华留学人数一直保持在 10 万人以上，我们在亚洲地区建立了 100 多所孔子学院和学堂。区域合作上，我们积极参加 10＋1、10＋3、中日韩、东亚峰会、亚太经合组织、上海合作组织等机制合作，并为这些机制的发展完善发挥了重要作用。中国将继续致力于同各国一道，共同营造和平稳定、平等互信、合作共赢的亚洲。

“十二五”期间我国外交工作有哪些重要部署？“十二五”时期，国际形势有望保持总体和平稳定，我国总体有利的外部环境不会改变，仍处于可以大有作为的重要战略机遇期。我们要认真学习贯彻十七届五中全会精神，继续抓住和用好重要战略机遇期，坚持外交为国家发展服务的主线，坚定地维护国家主权、安全、发展利益，创造更加有利的外部环境。继续推进大国关系，构筑总体稳定、相对均衡、合作共赢的大国关系框架。不断深化周边睦邻友好，巩固和平稳定、共同发展的有利周边环境。加强与发展中国家的传统友谊，夯实其在我国外交全局中的基础地位。积极参与多边合作，在国际体系改革中发挥重要建设性作用。扎实推进经济外交，为加快转变经济发展方式服务。大力开展安全外交，维护好我国主权安全利益。积极开展公共、人文外交，大力推动中国特色外交理论体系建设。

——人民网，2011 年 1 月 12 日

解析：杨洁篪在钓鱼台国宾馆接受采访，分析了当前及未来五年我国面临的国际形势，并就中美关系、周边外交等一系列问题阐述了自己的看法。新形势下推进中美关系三点关键内容，说明了中美关系只有本着互信互利的原则，才能有前途。与周边国家的关系，中国会始终坚持“与邻为善、以邻为伴”的外交方针。局势表明在未来一段时间内我国仍将奉行独立自主、和平外交的政策，并充分利用有利的国际形势抓住机遇求发展。

案例精选

案例 1

新中国外交历程

到20世纪末，新中国成立50多年来，中国坚持奉行独立自主的和平外交政策，经受了国际风云的考验，取得了引人瞩目的外交成就。

1. 新中国成立到20世纪50年代末期

在国际舞台上，社会主义和帝国主义两大阵营严峻对峙，亚非拉民族解放运动风起云涌。美国继续坚持反共、反华政策，妄图把新中国扼杀在摇篮之中。

为了巩固来之不易的民族独立和解放，毛泽东提出了“一边倒”的战略思想，我国把发展同苏联和其他社会主义国家的关系放在首位。1949年年底、1950年年初，毛泽东、周恩来访问苏联，两国签署了《中苏友好同盟互助条约》。

我国积极谋求建立新型国际关系。周恩来根据毛泽东关于世界各国和平共处和大小国家一律平等的思想，于1953年首先提出，并于1954年同印度和缅甸共同倡导了和平共处五项原则，得到国际社会的普遍赞同。

我国积极支持并参加了1955年4月在印度尼西亚万隆举行的亚非会议。以周总理为首的中国代表团，坚持“求同存异”的方针，推动会议在和平共处五项原则的基础上达成了著名的万隆十项原则。

1954年4月，我国以五大国之一的身份，参加了关于朝鲜问题和印度支那问题的日内瓦会议。周恩来总理兼外长率团与会，在会上发挥了重要作用，扩大了新中国在国际事务中的影响。

2. 20世纪50年代后期到60年代末

世界上各种力量分化、改组。苏联走上与美国争夺世界霸权的道路。苏美两国力图保持两极格局，竭力加强对各自盟国的控制，中苏关系恶化，社会主义阵营分裂；西欧国家独立倾向发展，帝国主义阵营矛盾重重。与此同时，亚非拉民族解放运动蓬勃发展，不结盟运动兴起，成为国际舞台上的一支重要力量。

毛泽东冷静分析了当时的国际形势，提出了“两个中间地带”的战略思想，靠第一中间地带，争取第二中间地带，反对两个超级大国的霸权主义。根据上述战略，我国大力加强同第一中间地带的亚非拉各国的团结与合作，奉行睦邻友好政策，积极支持不结盟运动的正义主张和行动。我国同亚非国家之间的高层互访日益频繁，特别是周总理对亚非国家进行的三次访问及其提出的中国对外援助八项原则，产生了深远影响。中国积极发展同第二中间地带国家的关系。1964年同法国建交，我国对欧关系取得重大突破。

50年代末期，苏联提出有损我国主权的要求，遭我国拒绝后，苏联进而采取一系列恶化两国关系的措施。我国不畏强暴，奋勇击退苏联的多次武装入侵。1969年9月，应苏方要求，周恩来总理同苏联部长会议主席柯西金在北京机场举行了会晤，双方达成维持边界现状、防止武装冲突、进而谈判解决边界问题的谅解。

3. 20世纪60年代末到70年代末

苏联军事实力迅速膨胀，苏美争霸出现了苏攻美守的态势。美国为对付苏联的挑战，谋求从越南脱身，寻求同中国接近。

针对当时的国际形势，毛泽东提出了划分三个世界的战略思想和从日本到欧洲一直到美国的“一条线”的战略，团结一切可以团结的力量集中对付苏联的威胁。

中美之间的坚冰开始被打破，从恢复中美大使级谈判，开展乒乓外交，接待基辛格秘密访问，直到实现尼克松总统访华。中美双方先后发表《上海公报》《建交公报》和《八·一七公报》。1979年中美建交后，邓小平应邀访美，推动了两国关系的发展。

1972年中日建交，1978年两国签署《中日和平友好条约》。这一时期，苏联从北、西和南三个方面对中国形成包围之势。《中苏友好同盟互助条约》已名存实亡，我国决定不再延长该条约，中苏同盟关系正式结束。苏联入侵阿富汗后，我国同世界各国一道反对苏联的入侵，支持阿富汗人民的反抗斗争，有力地遏制了苏联的扩张势头。

1971年10月，第26届联合国大会以压倒多数，通过了关于恢复中华人民共和国在联合国的一切合法权利、并立即把国民党集团的代表从联合国一切机构驱逐出去的提案，帝国主义孤立中国的政策彻底破产。1974年4月，邓小平率领中国代表团出席联合国第六次特别会议，阐述了中国对世界局势和建立国际经济新秩序的主张。

4. 20世纪80年代

苏联由于不断向外扩张，战线过长，特别是陷入阿富汗战争后，内外矛盾加深，国力下降。美国从越南战争脱身后，内外处境有所改善。美苏争霸态势转入均衡、僵持阶段。西欧、日本进一步崛起。

面对新的国际形势，邓小平对国内、国际战略作出新的调整：一是改变“以阶级斗争为纲”，坚持以经济建设为中心；二是改变原来认为战争危险迫在眉睫的看法，认为在较长时间内不发生大规模的世界战争是可能的，维护世界和平是有希望的；三是改变“一条线”战略，坚定地站在和平力量一边，谁搞和平我们就拥护谁，谁搞霸权和战争，我们就反对谁。

根据这一新战略，我国努力争取继续改善和发展同美、日、欧的关系，同时改善对苏关系。1989年5月，苏联领导人戈尔巴乔夫访华，同邓小平举行了最高级会晤，本着“结束过去，开辟未来”的精神，两国实现了关系正常化。

继续发展同周边国家和广大发展中国家的关系。在处理我国与邻国之间主权争端的问题上，邓小平提出“主权属我、搁置争议、共同开发”的主张，缓解了我国同有关国家的关系。我国按照“平等互利、讲求实效、形式多样、共同发展”四项原则，不断扩大同发展中国家的经贸合作与交流。

根据“和平统一、一国两制”构想，我国同英国和葡萄牙经过谈判，确认中华人民共和国政府分别于1997年7月1日和1999年12月20日恢复对香港和澳门的行使主权。

5. 20世纪90年代

随着冷战结束、两极格局瓦解，各种力量重新分化组合，世界朝着多极化方向发展。和平与发展依然是世界的两大主题，但霸权主义和强权政治依然存在，威胁着世界和平与稳定。面对新的形势，以江泽民为核心的第三代中央领导集体，坚持以经济建设为中心，坚持邓小平外交思想和独立自主的和平外交政策，积极谋求在和平共处五项原则基础上同世界各国发展友好合作关系，推进国际政治、经济新秩序的建立，开创了我国外交工作的新局面。

(1) 维护国家的独立、主权、统一和尊严。打破西方制裁，反"台独"、反分裂，处理"炸馆"和"撞机"事件，反"西化"、"分化"图谋等一系列斗争中，以江泽民为核心的党中央既坚持原则，又策略灵活，既敢于斗争，又善于斗争，充分显示中国捍卫主权和民族尊严的坚强决心，赢得国际社会的广泛支持。

(2) 加强同广大发展中国家的团结与合作。中国积极发展同朝鲜半岛北、南双方的友好关系，参加旨在建立半岛和平机制的中、美、朝、韩四方会谈，为维护半岛及东北亚地区的和平与稳定做出了建设性贡献。我国与东盟建立起睦邻互信伙伴关系。中国先后于1996年和1997年同俄罗斯、哈萨克斯坦、吉尔吉斯斯坦和塔吉克斯坦签署了关于在边境地区加强军事领域信任和相互裁减军事力量的两个协定，参加中、俄、哈、塔、吉五国领导人会晤。

(3) 推动建立国际新秩序。我国强调，国际政治、经济新秩序应以和平共处五项原则和公认的国际关系准则为基础，要尊重世界的多样性。

(4) 致力于与大国和发达国家构筑新型关系的框架。1996年4月，中俄建立平等信任、面向21世纪的战略协作伙伴关系。1997年5月，中法建立面向21世纪的全面伙伴关系。同年10月，中美两国领导人决定，中美两国共同致力于建立面向21世纪的建设性战略伙伴关系。11月中国和加拿大两国领导人就建立面向21世纪的中加全面合作伙伴关系达成共识。1998年10月，中英建立全面合作伙伴关系。12月，中日建立致力于和平与发展的友好合作伙伴关系。

(5) 积极开展多边外交，在国际事务中发挥独特的建设性作用。我国积极参加联合国等组织发起的一系列旨在促进南北对话、加强南南合作的活动。我国同七十七国集团建立了行之有效的合作关系，并作为观察员参加了不结盟运动的重要活动。作为联合国安理会常任理事国之一，我国主持正义，力主通过和平方式解决伊拉克武器核查危机和南斯拉夫科索沃问题。中国积极参与国际裁军领域的活动，为达成《禁止化学武器公约》和《全面禁止核试验条约》做出了积极贡献。

以胡锦涛为总书记的党中央在新的世纪，坚持和平与发展的时代观不动摇，积极推动各种力量和谐并存，维护世界和平与稳定，促进各国共同发展和繁荣，进一步开创了我国外交工作的新局面。中国在2005年提出了"和谐世界"的理念，促进了国际合作的进展，建立了新的对话机制，作出了援助发展中国家的具体承诺，加大了文化外交的力度，在灾害之年通过不同寻常的救援行动显现了中国与世界同呼吸共命运。

2013年中国国家主席习近平履新后的首次外事访问，给予外界把脉中国外交新动向的一次机会。从访问俄罗斯和非洲到出席金砖国家领导人会晤，既是对此前外交政策的延续，也有新一届中国最高领导层的外交新思维。

思考讨论

1. 我国独立自主的和平外交政策包括哪些具体内容?

2. 新中国50多年的外交工作经历了怎样曲折的发展历程？如何理解我国对外政策的宗旨和根本原则？

点评

本案例回顾了新中国成立以来50余年外交工作的光辉历程，阐明了不同时期中国的外交战略与方针政策。通过本案例的学习，学生应进一步明确我国对外政策的宗旨是维护世界和平，促进共同发展；明确我国对外政策的根本原则是独立自主。

回首过去的百年，前50年，贫穷落后的旧中国的外交史就是一部屈辱史。新中国建立之后，中国外交才开始以崭新的姿态面向世界。维护我国的独立和主权，促进世界的和平与发展，是中国外交政策的基本目标。这50余年，我国坚持奉行独立自主的和平外交政策，经受住了国际风云的考验，取得了令人瞩目的外交成就。

以毛泽东为核心的第一代中央领导集体开启了中国外交新篇，使新中国在国际舞台上逐渐站稳了脚跟，为中国外交的进一步发展奠定了坚实的基础；20世纪80年代初邓小平根据形势的变化，对国内、国际战略作出了新的调整，改变了“一条线”战略，提出了“和平与发展”战略，中国坚定地站在和平力量一边，进一步完善和发展了我国独立自主的和平外交政策。进入90年代，随着冷战结束、两极格局的瓦解，世界朝着多极化方向发展。以江泽民为核心的第三代中央领导集体，坚持毛泽东和邓小平两代领导核心的外交思想，冷静观察，沉着应对，不怕压，不信邪，坚决维护国家的主权和尊严，积极谋求在和平共处五项原则基础上同世界各国发展友好合作关系，推动建立公正合理的国际政治经济新秩序，开创了我国全方位外交的新局面。以胡锦涛为总书记的党中央在新的世纪，坚持和平与发展的时代观不动摇，提出了“和谐世界”等新的理念，进一步开创了我国外交工作的新局面。新中国历届领导人展现了新中国外交一步步走向成熟、朝气蓬勃的新中国一步步走向世界的崭新形象。

独立自主和平外交政策的形成、发展，丰富了马克思主义的理论宝库，开创了我国外交工作的新局面，推动了国际秩序向公正合理的方向发展，努力营造一个和平、发展与繁荣的和谐世界。

案例2

中国海军远赴索马里护航

为了保护中国船舶、人员安全并保护世界粮食计划署等国际组织运送人道主义物资船舶的安全，中国政府决定派遣海军舰艇打击海盗。由海军南海舰队两艘驱逐舰和一艘综合补给船组成的编队于2008年12月26日从三亚起航前往亚丁湾、索马里海域。中国政府此举的意义已经远远超越了这次行动本身，必然产生深远的影响。

1. 重要的政治决定，深远的战略影响

我们处在一个全球化的时代，各国的利益更加地相互交汇、相互依存。同时，世界也面临着各种不同的传统安全威胁和非传统安全威胁相互交织的情况，非传统安全威胁呈上升趋势的情况。经过改革开放三十多年洗礼的中国，与世界的联系前所未有地密切，中国的前途命运与世界的前途命运已密不可分。中国的发展离不开世界，世界的繁荣稳定也离不开中国。中国的国家安全离不开一个和平、安定的世界，世界的和平与稳定也离不开一个安全的、对国际安全合作事业积极作为的中国。中国政府所作出的向亚丁湾、索马里海域派遣海军舰艇保护往返船只的决定是一个重要的政治决定，是具有历史标志性的决定，它意味着中国作为国际社会一个负责任的大国，正在履行自己对推动建设和谐世界的承诺，正在以实际行动维护世界和平、促进共同发展。它同时也向世界展示，正在和平发展进程中的中国运用自己的军事力量向国际社会提供“公共产品”，而不是奉行侵略别国的“炮舰政策”，更不是凭借军事力量进行扩张，牟取私利。

2. 新的使命，新的考验

中国和平发展已经站在一个新的历史起点上，中国人民解放军肩负着伟大而光荣的历史使命。为此，需要提高军队应对多种安全威胁、完成多样化军事任务的能力，既要能够坚决执行维护国家主权、安全、领土完整的传统任务，也要能够走出国门，为维护世界和平贡献力量。中国改革开放三十多年以来，国防与军队建设取得了巨大的成就。中国人民解放军由一支封闭的、技术装备落后的、数量规模型的军队朝着机械化与信息化复合式发展，向着正规化、革命化和现代化的军队转型。必须指出，我军的能力建设与担负的使命还存在些许不足。特别是此次海军舰艇赴亚丁湾、索马里海域执行打击海盗、为过往船只提供安全保护的任务，肯定要面临很多前所未有的挑战，需要克服许多困难。虽然我们的海军舰艇编队已经访问过数十个国家，航迹遍及世界三大洋、五大洲，特别是 2002 年中国海军编队曾经进行的首次环球远航，历时四个多月，总航程 30 000 多海里。但是，这些访问毕竟都是友好访问，除了航行之外，在访问中可以停靠访问国的港口，进行补给与修整。而这次赴索马里海域执行任务，不但要面对生疏的航道与海区、还要担负巡逻、探测、甄别、拦截、实施强制性措施的任务。此外，如何与在该海域活动的其他国家海军进行联合行动，相互协调合作能力是一个不容忽视的新问题。挑战也是机遇，面对这些新情况、新问题，中国人民海军一定能够克服困难，在行动中摸索，不断提高能力和积累经验，出色地完成祖国赋予的任务，为国家争光，为军队争光。

3. 展示文明形象，避免“安全困境”

对于中国政府决定派军舰前往亚丁湾、索马里海域打击海盗和保护过往船只的决定，世界上大多数国家是给予理解与赞许的，认为这是中国对国际和平的贡献。但不可忽视的是也有一些不和谐的声音，有些人声称这是中国增强海外兵力投送能力的开始，也是海外扩张的尝试等。中国是一个负责任的大国，理应对国际社会和人类做出更大的贡献，因而需要建设一支与国际地位相称的强大的军事力量，这既是维护国家安全与国家发展利益的需要，也是维护世界和平与促进共同发展的需要。没有与国际角色和国际义务相称的强大军事力量，既不能确保国家自身的安全，也谈不上和平发展，更不能在推动和谐世界的建设中贡献国际社会所期待的力量，这等于放弃了对国际社会和人类进步事业的历史责任。富国不意味着称霸，强兵不等同黩武。一个国家军事力量的强弱并不能成为它构成威胁与否的标准，关键是国家奉行怎样的外交政策，如何使用军事力量。处于崛起过程中的中国，发展强大的军事力量容易引发外界的猜疑，近些年“中国威胁论”，特别是“中国军事威胁论”的嘈杂之声时有起伏，这要求我们必须认真对待，否则有可能陷入“安全困境”。我们有理由相信，中国人民海军官兵作为杰出的代表，会以他们出色的努力，向全世界证明，中国人民解放军是一支永远保持防御军事战略的文明之师和威武之师，是一支积极参与维护世界和平、促进共同发展的正义之师，是中国和平发展伟大事业的可靠保卫者，也是地区与世界和平的守护者。让极少数别有用心者的谣言和诬蔑不攻自破。

思考讨论

1. 中国政府为什么派遣海军远赴索马里海域打击海盗？

2. 新世纪新阶段中国军队的历史使命是什么？

点评

随着经济全球化趋势日益明显，使各国经济相互依存、相互影响日益加深，对外交通运输线，特别是远洋交通航线的安全与否已经成为我国国家战略利益的重要一环。索马里海盗的猖獗活动，不仅威胁了我国在红海、印度洋的贸易和运输安全，也危及了世界其他国家在这一地区经贸活动的安全和利益。通过本案例教学，使同学们明确我们要推动重大热点问题和全球性问题的妥善解决，维护我国公民和法人在海外的合法权益。

2008 年 3 月 5 日，国务院总理温家宝在十一届全国人大一次会议上作政府工作报告时就曾经表示，新的一年，我们要推动重大热点问题和全球性问题的妥善解决，维护我国公民和法人在海外的合法权益。中国改革开放三十多年以来，国防与军队建设取得了巨大的成就。中国人民解放军由一支封闭的、技术装备落后的、数量规模型的军队朝着实现机械化与信息化复合式发展，向正规化、革命化和现代化的军队转型，拥有了在新时期维护我国国家战略利益包括海外利益的能力。在此次海军编队远赴索马里护航，中央军委委员、海军司令员吴胜利在欢送仪式讲话中说，海军舰艇编队执行此次护航任务，是我国首次使用军事力量赴海外维护国家战略利益；是我军首次组织海上作战力量赴海外履行国际人道主义义务；是我海军首次在远海保护重要运输线安全。中国政府决定派遣海军舰艇打击海盗，保护中国船舶、人员安全并保护世界粮食计划署等国际组织运送人道主义物资船舶的安全，意味着中国作为一个负责任的大国，正在履行自己对推动建设和谐世界的承诺，正在以实际行动维护世界和平、促进共同发展。

实践项目

观看大型文献纪录片《共和国外交风云》

1. 实践目的

通过观看该片，使同学们了解新中国成立以来我国制定实施的各种外交策略，掌握这些外交政策提出的历史背景，帮助同学们可以充分认识到制定和实施正确的国际战略和外交政策、争取和平的国际环境，对于中国特色社会主义建设的重要意义。

2. 实践方案

(1) 时间：两课时。

(2) 地点：教室。

(3) 方式：利用多媒体观看。

（4）流程：

① 观看纪录片《共和国外交风云》。

② 内容介绍。

③ 观后请同学们以简短的文字描述看完本片后印象最深刻的一两个镜头，200 字以内。

（5）课堂讨论：美俄关系的变化对中国外交政策产生了哪些影响？批驳“中国威胁论”；讨论我国“真正不结盟”政策的战略意图；谈谈中国各个时期外交政策制定的科学依据等。

（6）撰写观后感。

3. 实践评价

（1）实践结果：观后感。

（2）评价方式：评分表。将评价结果填入表 13-1。

表 13-1　评分表

评价项目	满分	得分
参与程度	30	
课堂讨论	30	
观后感	30	
课堂表现	10	
总分	100	

辩论：和平与发展仍是世界主题

1. 实践目的

通过开展此项活动，可以使同学们更好地了解当今的世界战略环境、威胁世界和平的主要根源，以及我国维护世界多样性和多样化的理念。另外，通过这次辩论实践活动，达到培养学生发散思维，提高思辨能力，培养学生团队精神的目的。

2. 实践方案

（1）时间：40 分钟。

（2）地点：教室。

（3）方式：小组辩论。

（4）流程：

① 辩论赛开始。

② 宣布辩题。

③ 介绍参赛代表队及所持立场。

④ 介绍参赛队员。

⑤ 介绍规则评委及点评嘉宾。

⑥ 辩论赛比赛。

⑦ 评委点评及嘉宾退席。

⑧ 宣布比赛结果。

⑨ 辩论赛结束。

3. 实践评价

将评价结果填入表 13-2。

表 13-2 评分表

评价项目	满分	得分
语言风度	30	
团体配合	30	
临场反应	30	
时间把握	10	
总分	100	

第十四章　中国特色社会主义事业的依靠力量

知识提要

中国特色社会主义事业是一项伟大而艰巨的任务。这一任务要紧紧依靠广大工人、农民和知识分子，新的社会阶层也是社会主义的建设者。本章主要论述了工人、农民、知识分子是社会主义事业的依靠力量，以及巩固和发展爱国统一战线、加强国防和军队现代化建设的相关内容。

通过本章内容的学习，学生应了解建设中国特色社会主义是一项艰巨而伟大的事业，完成这一事业，必须依靠广大人民群众，必须巩固和发展爱国统一战线，必须加强国防和军队现代化建设，理解中国特色社会主义依靠力量理论的提出及其意义；在新的历史条件下，正确理解工人阶级仍然是我们国家的领导阶级和当代工人阶级的新变化；理解新的社会阶层也是中国特色社会主义事业的建设者；理解保护民族宗教信仰自由对我国经济和社会发展具有的重要意义和作用；理解人民军队是保卫和建设中国特色社会主义重要力量。

要点搜索

要点 1：当代工人阶级的地位和使命

纵览人类历史，劳动是人类文明进步的源泉，劳动创造世界。正是一代又一代的劳动者的辛勤劳动、伟大创造和英勇斗争，把人类文明不断推向前进。近代以来，工人阶级作为劳动者的最高代表登上历史舞台，预示了一个新世界的诞生。在近现代社会的两大阶级中，代表先进生产力和生产关系的是从事劳动的工人阶级，而不是新的“奴役劳动”阶级——资产阶级。马克思、恩格斯在深入研究资本主义社会后指出：无产阶级即现代工人阶级不仅是与资产阶级“在同一程度上得到发展”的阶级，而且是“掌握着未来的阶级”、“其余的一切阶级都会随着大工业的发展而日趋衰落和灭亡，无产阶级却是大工业本身的产物。”

在当代中国，工人阶级代表着先进生产力和生产关系。19 世纪中叶，在外国资本进入中国开办工厂、矿山的背景下，中国工人阶级先于中国资产阶级产生，比中国资产阶级更早与近代工业和社会化生产相联系。在中国近代工业和社会化生产的发展中，工人阶级成长和进步得比资产阶级更快，它不仅掌握着先进生产方式，而且掌握着先进的思想和科学文化。正是由于代表着先进生产力和生产关系，中国工人阶级在中华民族反抗外来侵略、争取民族独立和人民解放的伟大斗争中所具有的觉悟程度、组织程度和革命的坚决性、彻底性以及奋斗牺牲精神都远胜于中国资产阶级，因而取代资产阶级成为中国革命的领导者，并最终把中国革命引向胜利。新中国成立后，我国工人阶级不仅创造了过去任何时代都不曾达到的先进生产力，而且推动形成了先进的社会主义生产关系。改革开放以来，我国工人阶级在人数、素质、构成、分布等方面都发生了历史性变化，以崭新的形象和姿态代表着我国先进的生产力和生产关系。

展望未来，工人阶级仍将是我国先进生产力和生产关系的代表。当前，以经济全球化与日新月异的科技进步为主要标志，人类文明发展正在进入新的时代。然而，无论经济社会面貌如何改变，无论科技进步和知识更新达到何种程度，其中的主导因素仍然是并且只能是工人阶级的生产劳动和创造活动。工业化、信息化在全球的迅猛发展，使工人阶级在各国都成为一个人数迅猛增加、比重持续增长、素质迅速提升、构成和分布不断优化的阶级，成为生机活力最强、前途最为远大的阶级。

要点 2：“四个尊重”的重大方针和科学的人才观

首先，牢固树立“人才资源是第一资源”的观念，高度重视人才工作。要充分认识人才资源建设对经济社会发展的战略性意义，切实贯彻“四个尊重”的重大方针，大力实施科教兴国战略和人才强国战略，造就数以亿计高素质的劳动者、数以千万计的专门人才和一大批拔尖创新人才，同时要努力培养造就在国际国内产生重大影响的各方面的杰出人才，更好地用人才这个“第一资源”来推动科学技术这个“第一生产力”，用科学技术这个“第一生产力”来落实发展这个“第一要务”。其次，加大人才工作改革创新的力度，切实解决人才工作中存在的突出问题。各级党组织要坚持党管人才原则，树立强烈的人才意识，善于发现人才、培养人才、集聚人才、服务人才，做到知人善任，唯才是举，用当其时，广纳群贤。在人才使用上，要破除不利于人才成长的观念，改革不利于人才施展才华的机制，调整不利于人才创业的政策，建立健全有利于人才成长的培养机制，有利于人才发挥作用的使用机制，有利于调动人才积极性的激励机制，有利于人才脱颖而出的竞争机制，确立“选人和用人失误是过错，埋没和耽误人才也是过错”的观念，破除论资排辈的陋习，纠正求全责备的思想方法，着力营造有利于优秀人才大量涌现、健康成长的良好氛围。最后，大力营造“四个尊重”的社会氛围，开创人人竞相成才的新局面。人才的活力取决于机制和环境。我们不仅要坚持市场配置人才资源的改革取向，遵循人才资源开发规律，建立充满生机和活力的人才工作机制，而且要坚持正确的舆论导向，在全社会形成“四个尊重”的风尚，动员社会各方面力量关心人才工作、支持人才工作、参与人才工作、促进人才工作。在全面建设小康社会，加快推进社会主义现代化的历史进程中，不仅要充分发挥知识分子及各种人才在改革和建设中的作用，而且要使广大干部群众努力提高自己的知识水平，鼓励人人都做贡献，人人都能成才，放手让一切创造社会财富的源泉充分涌流，以造福于人民，共同创造我们的幸福生活和美好未来。

要点 3：新的社会阶层出现和为国家发展做出的贡献

改革开放以来，我国原有的“两个阶级一个阶层”，即工人阶级、农民阶级和知识分子，内部逐渐分化，产生了主要包括民营科技企业的创业人员和技术人员、受聘于外资企业的管理技术人员、个体户、私营企业主、中介组织的从业人员和自由职业人员六个方面人员在内的“新的社会阶层”。随着我国经济社会的发展，还会产生其他新的社会阶层。新的社会阶层的出现是改革开放的产物，是市场主体多元化的产物，是生产力发展的产物，是我国经济发展和社会进步的必然结果。目前的新社会阶层人数大约有5 000万，但加上在相关行业的所有从业人员，总人数约1.5亿，他们掌握或管理着10万亿元左右的资本，使用着全国半数以上的技术专利，并直接或间接贡献着全国近1/3的税收，每年吸纳着半数以上新增就业人员。他们涉及了中国经济和社会生活的各个领域、各个行业。他们不但与国内各阶层、各方面有密切接触，而且与国外组织和个人也有广泛联系。

作为中国特色社会主义事业的建设者，新阶层人员在促进共同富裕、构建社会主义和谐社会、全面建设小康社会中发挥着重要作用。他们的主要贡献可以归纳为以下几个方面。一是推动了经济发展。新的社会阶层运用自己所拥有的生产要素，直接参与或服务于生产过程，是推动我国经济发展的一支重要力量。二是扩大了就业门路，缓解了就业压力。新的社会阶层通过自主创业，广泛吸纳社会劳动力，拓宽了就业渠道，有效地缓解了我国面临的人口与就业的巨大压力。三是推动了社会主义市场经济体制建构。新的社会阶层作为市场经济最活跃要素的主体，他们的产生、发展、壮大对社会主义市场经济体制的构建具有极大的推动作用。四是促进了社会主义民主法制的建设。新的社会阶层人士来源广泛、构成复杂、思想活跃，他们在经济实力增强、个人财富增加后，逐渐产生政治上的诉求，参与意识不断增强，希望在国家的政治和社会生活中发挥作用。

当然，我们说新的社会阶层中的广大人员是中国特色社会主义事业的建设者，并不是否定工人、农民、知识分子、干部和解放军指战员在建设中国特色社会主义事业中的主体地位。包括知识分子在内的工人阶级和农民阶级，始终是推动我国先进生产力发展和社会全面进步的根本力量。新的社会阶层中的不少人正是从上述各种群体中分化出来的，彼此之间存在着紧密的联系。他们之间尽管个人财产多寡不同，但并不存在根本的利益冲突。在建设中国特色社会主义的伟大进程中，全国人民的根本利益是一致的，各种具体的利益关系和内部矛盾可以在这个基础上进行调节。新的社会阶层人士内部构成复杂，素质参差不齐，在少数人中还存在着某些缺点、错误，甚至不法行为。因此，中央强调指出，既要充分肯定和发挥新的社会阶层的重要作用，又要加强教育引导，促进非公有制经济健康发展。总之，不同的阶层划分更多是经济意义上的，而不是政治意义上的。新的社会阶层究其实质仍旧是中国特色社会主义事业的建设者，他们在推动经济社会发展、全面建设小康社会中发挥着重要作用。

深度阅读

1. 党的三代领导关于工人阶级性质和历史地位的论述。

人民民主专政需要工人阶级的领导。因为只有工人阶级最有远见，大公无私，最富于革命的彻底性。整个革命历史证明，没有工人阶级的领导，革命就要失败，有了工人阶级的领导，革命就胜利了。

——《毛泽东选集》第4卷，人民出版社1991年版

工人阶级最重要的特点之一就是同社会化的大生产相联系，因此它的觉悟最高，纪律性最强，能在现时代的经济进步和社会政治进步中起领导作用。

——《邓小平文选》第4卷，人民出版社1994年版

我们党所领导的改革和社会主义现代化建设的全部活动与整个进程，都必须全心全意地依靠工人阶级，这在任何时候、任何情况下都不能动摇。

——《江泽民论有中国特色社会主义》，中央文献出版社2002年版

解析：这是党的三代领导人对工人阶级性质和历史地位的重要论述。中国共产党与中国工人阶级是血肉相连、休戚与共的鱼水相依的关系，工人阶级必须始终坚持党的领导、党必须始终全心全意依靠工人阶级的实践真谛。中国工人运动的产生、存在和发展，成为中国共产党得以诞生的必要条件之一；中国工人阶级的优秀品质，为中国共产党的建立提供了根本条件。我们党始终把全心全意依靠工人阶级作为根本方针，越是在重大历史关头、越是在应对各种风险挑战之际，越是强调“必须全心全意地依靠工人阶级”。历史雄辩地证明，党全心全意地依靠工人阶级，工人阶级坚定不移地跟党走，是党和人民事业的力量之源、胜利之本。

2. 要壮大爱国统一战线，团结一切可以团结的力量。促进政党关系、民族关系、宗教关系、阶层关系、海内外同胞关系的和谐，对于增进团结、凝聚力量具有不可替代的作用。要贯彻长期共存、互相监督、肝胆相照、荣辱与共的方针，加强同民主党派合作共事，支持民主党派和无党派人士更好履行参政议政、民主监督职能，选拔和推荐更多优秀党外干部担任领导职务。牢牢把握共同团结奋斗、共同繁荣发展的主题，保障少数民族的合法权益，全面贯彻党的宗教工作方针，发挥宗教界人士和信教群众在促进经济社会中的积极作用。

——《高举中国特色社会主义伟大旗帜，为夺取全面建设小康社会新胜利而奋斗》(党的十七大报告)

解析：这是2007年中国共产党召开的十七大上胡锦涛总书记所作的报告关于统一战线、民族和宗教的重要论述，为我们做好统战工作、促进民族团结、维护民族宗教信仰自由指明了方向。要积极吸纳党外人士参加各级人大、政府、政协，加大党外人士政治和实职安排力度，畅通政治诉求，支持参政议政，广泛听取民意，汇聚各方力量，促进社会和谐，促进科学民主决策。要积极支持各民主党派搞好政治交接主题教育活动，促进参政党建设。牢牢把握各民族共同奋斗、共同繁荣发展的主题。关心少数民族群众的切身利益，加强流动少数民族人口的管理，保护他们的合法权益。充分履行统战部门工作职能，为少数民族群众及其子女提供脱贫、就业、升学等方面的服务，让他们切身体会到中华民族大家庭的温暖，营造和谐融洽的民族关系。加强党对宗教工作的领导，加强宗教事务管理，坚决抵御宗教渗透。要全面贯彻党的宗教工作基本方针，努力实现宗教与社会和谐相处，各宗教和谐相处，信教群众与不信教群众、信仰不同宗教群众和谐相处。积极引导宗教与社会主义社会相适应，引导宗教界积极开展扶贫帮困和社会慈善活动，为构建和谐社会服务。

案例精选

案例 1

中国农民的"凤凰涅槃"

两千多年来，农民一直是中国最大的弱势群体。新中国成立后，特别是改革开放这三十多年，农民的弱势群体地位得到极大改善的同时，农民阶级开始迅速分化和迁徙。最具有社会学意义的现象是，进城务工农民以乡镇企业为跳板异军突起，势不可当、坚忍不拔地行走在城乡之间，并以工人阶级后备军和城市居民预备队的姿态，执着而耐心地等待着社会的认可。这是有史以来中国农民最伟大的"凤凰涅槃"，是中国产业工人划时代的整体性更新。

我国有多少农民工？国家统计局于 2012 年 4 月发布《2011 年我国农民工调查监测报告》。据抽样调查结果推算，2011 年全国农民工总量达 2.527 8 亿人。总体看，我国农民工人数持续增加，2011 年新增农民工 1 055 万人。但 2011 年增速较 2010 年有所回落。2009 年以来各年农民工增速分别为 1.9%、5.4%和 4.4%，2011 年增速回落是我国经济主动调整的结果之一。

农民工属于什么阶层？这些年来，农民工的阶层定位并没有得到社会应有的重视，人们都习惯于把农民工与农民相提并论，似乎农民工与农民没有什么区别。然而，事实上，农民工已不是原来意义上的农民，他们正在迅速从农民阶层中分离出来，逐步成长为一个新的社会阶层。一些农民工无论是职业还是观念，都已经不是传统意义上的农民了。他们不但是现代产业工人，其中优秀分子还是现代企业的管理者和高级技工。2004 年中央 1 号文件明确指出，农民工已经是产业工人的一个组成部分。这一判断非常正确，意义重大。从全国看，一方面，制造业仍然是吸纳农民工就业的第一大行业，但由于需求回落等多方面因素影响，制造业农民工占比开始回落；另一方面，从事建筑业的农民工占比自 2008 年以来大幅上升，尤其是在中西部地区，建筑业才是吸纳农民工就业的最大行业。当然，这种分离和融入还处于一个艰难而漫长的过渡期，相当长的时间里农民工的农民"血统"还会延续下去。

农民工处于何种生存境况？由于种种原因，这些年来农民工一直作为边缘化的特殊群体工作和生活着，他们的基本权利和合法权益没有得到充分而有效的保障，许多农民工的生存境况令人堪忧。从一定意义上说，农民工既是改革开放的受益者，又是社会的受害者。作为"廉价劳动力"，农民工工资水平低。在用工企业的概念中，农民工与廉价劳动力画等号。农民工工资水平很低，同工不同酬，是一个普遍的社会就业现象。据有关部门统计，2004 年我国农民工年均收入 8 000 元左右，而城镇工人年均收入 15 000 元左右，相差近 1 倍。2011 年农民工月收入 2 049 元，比 2010 年增加 359 元，增幅达 21.2%，但与城镇工人比还有差距。在激烈的市场竞争中，许多企业长期以来把压低农民工工资作为降低企业成本、追求利润最大化的主要手段。即便是很低水平的工资，企业还是想方设法拖欠。这在建筑行业是普遍存在，在其他行业也屡禁不止。涉及工资和工时问题，农民工不得不跳进计件工资和加班加点的陷阱。另外，农民工是工伤工亡的高危人群，安全事故频繁发生。无论是输出地还是输入地，农民工的社会保障都严重滞后，绝大部分农民工是在保障缺失的情况下从事相当艰苦、甚至高度危险的工作。

思考讨论

1. 农民工现象是怎样形成的?

2. 解决好农民工问题具有怎样的重大意义?

点评

本案例叙述了改革开放以来我国形成的特殊群体——农民工形成原因、数量、性质和生存境遇。

20 世纪 80 年代初，中国城市街头出现了手拿瓦刀、木锯上门揽活儿，或挑担推车，沿街贩卖农副产品的农民，还有人靠亲戚、熟人的介绍进城当保姆。他们是最初进入城市的农民工。他们为城市建设添砖加瓦，成为改革开放以来中国社会经济发展的新的生力军。

但他们的生存和发展空间不容乐观，解决好农民工问题已刻不容缓。解决农民工问题，是落实科学发展观的迫切需要，是构建社会主义和谐社会的必然要求，解决农民工问题，是建设中国特色社会主义的一项战略任务。

案例 2

当代工人阶级的楷模——窦铁成

窦铁成，1956 年 10 月出生，陕西蒲城人，中共党员，初中文化程度。1979 年参加工作，现任中国中铁一局电务公司电力工、高级技师。窦铁成 1994 年荣获全总火车头奖章，1998 年荣获全总火车头奖章，1998 年荣获铁道部劳模，2001 年被评为陕西省企业工委优秀共产党员，2002 年被评为工程总公司优秀共产党员。参加工作 28 年来，窦铁成负责安装的铁路变配电所 38 个，全部一次性验收通过，一次性送电成功，全部获得优质工程。施工过程中，窦铁成解决技术难题 52 个，解决送电运行故障 310 次，提出合理化建议及小改小革 30 次，提出设计变更 6 次并全部被采纳，窦铁成用自己所学知识节省成本、为企业创造效益 1 380 万元。

1. 从普通技工到电力专家

新时期的工人应该是什么样? 中铁一局电力工人窦铁成给出了最生动的诠释。20 世纪 70 年代末，初中毕业的窦铁成成为中铁一局电力工人。从此，窦铁成的身影成了工地最抢眼的一道风景：他喜欢凑到老师傅身边，递工具、打下手、问这个、学那个。在白天繁忙的工作间歇，深夜工友的鼾声中，他啃书本、跑电路、记笔记、看图纸。窦铁成说，我没有文凭，但我不能没有知识，“你要把一个事情干好，要从理论上和实践上掌握很多东西，否则什么事情也干不成。这个专业出来好多新技术，你不学习是不行的。人都有向高处走的愿望，越是你掌握的东西多，你越是能站在更高的角度去搞技术比较高的工程。”

电务公司业务也从电力跨越到铁路电气化，窦铁成每一步都没有落下，始终走在新技术的前端。利用所学到的知识，窦铁成打赢了无数的攻坚战，解决了数不清的技术难题。他化险为夷的传奇故事开始在企业迅速传开：一位普通的初中文化程度的技术工人，一位从来不会被难倒的“电力专家”。

2. 干一行，干好一行

在铁路工程建设领域，业务方经常会将中铁一局电务公司承接完工的项目列为“免检产品”。他们说，窦铁成干的工程，算得上精品，绝对放心。“哪里工程有困难，现场工人一看见他去，心里就跟吃了“定心丸”一样。只要窦师傅在，好像这个活就不很难，他一去人心就定下来了。”2006年，第六次铁路大提速的标志性工程——浙赣铁路电气化改造工程启动。板杉铺牵引变电所是浙赣线上规模最大、技术最新的牵引变电所。极富挑战性格的窦铁成欣然领命。施工现场环境恶劣。窦铁成光着膀子，对照着设备说明书和专业书认真计算，裸露的皮肤被蚊虫叮得满是疙瘩。变电所的变压器引入线设计要求为铜板双导线，但国内没有这种产品，而工期也在一天天逼近。窦铁成反复推敲，组织大家利用现场既有的铜牌、铜螺栓等材料，加工制作了符合功能要求的全铜间隔棒，该技术在900多公里的浙赣线上迅速推广，既保证了工期，又节约成本4倍多。

3. 带好团队，让铁路延伸到远方

在鄂尔多斯东乌铁路棋盘井镇施工现场，记者见到了窦铁成。他脸庞黝黑，身子显得有点单薄。长期的野外作业使他比实际年龄看起来要老得多。就是这位和蔼朴实的技术工人，在中铁一局电务公司，却有非常强的凝聚力和感召力。大家说，窦铁成的魅力在于：严格起来像块铁，热心起来像团火。为了中国铁路的延伸，窦铁成精心锻造着每一个人才。他培养的徒弟35人成为技师，5人成为高级技师，他被大家称为窦教授。在中铁一局电务公司，一半多工人都是窦铁成带出来的徒弟。这些徒弟组成了一个业务精湛、管理严格、敢于挑战的团队，成为铁路电务领域战无不胜的一支尖兵队伍。因为有像窦铁成这样带出来的一个个团队，中铁一局成为我国铁路建设的一支铁军，完成了全国四分之一的铁路建设。中铁一局副总曹根子：“操作工人文化素质、专业素质、技能素质要整体提高，这样才能使任何建筑产品达到最优。像窦师傅这样，不但自己干，自己能成才，成为高技能高水平的一个工人，而且能够带好一帮徒弟，带好一支队伍，企业如果有了这支队伍，任何困难都能克服。”

思考讨论

窦铁成怎样诠释了当代工人具有的优秀品质?

点评

本案例叙述了当代工人阶级的楷模——窦铁成的先进事迹。向我们展示了当代工人阶级良好风貌，为我们如何正确认识当代工人阶级性质、地位和新变化起到了榜样作用。

窦铁成同志是新时期涌现出来的“知识型员工”的先进典型，他的事迹充分体现了当代工人阶级对党、对国家、对企业高度负责的主人翁责任感，充分体现了“劳动光荣、知识崇高、人才宝贵、创造伟大”的时代精神，充分体现了无私奉献、团结互助的崇高品质。我们要深入学习窦铁成忠诚企业、爱企如家的主人翁精神，敢于攻坚、勇攀高峰的创新精神，团结互助、乐于奉献的团队精神。积极培养和提高全国3.5亿工人阶级窦铁成精神，对于提高产业工人地位，发挥工人阶级的主力军作用，提升生产一线员工队伍素质，都具有十分重要的意义。

案例3

“神六”的启示

2005年11月26日，中共中央、国务院和中央军委在人们大会堂举行大会，隆重庆祝神舟六号载人航天飞行圆满成功。完美“神六”是十多万人才共同的杰作。对于如何用好人才这个普遍关注的话题，完美“神六”进行了完美的生动示范。

人才者，用之则愈出，置之则愈匮。使用出人才。有了人才，就要用好人才。邓舞燕，她的工作叫“箭体垂直度调整”，即发射前让箭体尽可能保持垂直姿态。“神六”发射任务，她负责火箭姿控总体，并同时担任火箭十个分系统之一利用系统的指挥。2002年参加神舟四号发射时，她还是个刚从大学毕业的小丫头，2003年“神五”发射时，她第一次正式独立担当火箭利用系统指挥。在航天系统，像邓舞燕这样短短三年就成长为技术骨干的年轻人，并不少见。

有了人才，就要大胆地使用，不拘一格地使用，为“人尽其才”创造一个宽松的用人环境。看看载人航天工程副总指挥、中国航天科技集团公司总经理张庆伟的成长，就会明白，一个好的用人环境，可以造就一大批优秀人才。1992年3月的一天，酒泉卫星发射中心传来了激烈的争吵声。刚刚30岁出头的张庆伟时任长征二号F火箭副总设计师，代表火箭总体部门到戈壁滩与发射场进行技术协商。议题一直进展得比较顺利，但当讨论到载人发射塔架是否封闭时，空气中有了火药味儿。发射场方面的观点是：加强技术区，简化发射区。对此，领导表示认同。而张庆伟提出，按火箭对高安全性和高可靠性的要求，塔架必须是封闭的，而且要精雕细刻建成封闭塔。“我们在发射场待的时间比你小子的年龄都大，哪有你指手画脚的道理?”自诩真理在握的发射场专家没把眼前这位固执的小伙子放在眼里，“噌”地一下站起来，拍响了桌子。没想到对面这位属牛的小伙子丝毫不服软，也拍案而起，而且讲得头头是道。经过多方论证，张庆伟提出的方案最终被采纳。

用好人才是人才工作的一个关键环节。要想用好人才就需要建立一套完善的用人机制，只有健全的机制才能让更多的人才脱颖而出。为了留住人才用好人才，航天科技集团公司六院最突出的一个举动，就是破格提拔了一批“小高工”。正常评高工要经历九年，一些技术表现突出的年轻人，在工作五年甚至三年时就位列“高工”，和几十年工龄的老师在一起，被戏称为“小高工”。良好的用人机制，使人才有了“用武之地”，有了事业心和成就感，激发出更大的活力。如果没有良好的机制，就留不住人才，培养不出人才，也用不好人才。

思考讨论

1. 完美“神六”进行了完美的生动示范。请问：“神六”载人航天飞行圆满成功的因素有哪些?

2.“人才者，用之则愈出，置之则愈匮。”从实施载人航天工程以来，我国在航天科技工作领域形成了怎样的人才使用环境和机制？

点评

本案例叙述了如何留住、培养和用好人才的正确做法和成型经验。“四个尊重”中尊重人才是关键。只有用好人才，才能更快推进中国特色社会主义伟大事业向前发展。

2005年，金秋十月神州再度欢腾，载人航天成就举世瞩目。实施载人航天工程10多年来，参与这项伟大事业的航天工作者牢记党和人民的重托，通过自力更生、自主创新，我国载人航天科技的发展又迈出了重要的一步，突破了一批具有自主知识产权的核心技术，锻炼和培养出了一大批能够站在世界科技前沿、勇于创新的高素质人才，再一次让人们看到“尊重劳动、尊重知识、尊重人才、尊重创造”的重要性。

劳动、知识、人才、创造，是推动当代中国先进生产力发展的四个基本要素。人才是知识资源的载体，人才的本质在于创造性。贯彻执行“四个尊重”的方针，就要认真实施人才强国战略，在全社会营造鼓励人们干事业、支持人们干成事业的社会氛围。透过“神六”，我们看到了航天人才队伍强大的活力，领略到机制和环境对用好人才成就事业的重要性。

案例4

近看我国新的社会阶层

改革开放以来，我国出现了新的社会阶层，归纳起来有以下六个：民营科技企业的创业人员和技术人员、受聘于外资企业的管理技术人员、个体户、私营企业主、中介组织的从业人员和自由职业人员。以上六个社会阶层，尽管在财产状况、文化层次、社会地位、社会职业上有所区别，但都具有一个共同的特征，即他们都不属于过去人们常说的“公家人”。然而，倘若追根溯源的话，这些阶层中的许多人原先实际上也是“公家人”，诸如国有企业的经营管理者和职工，党政机关干部，高等院校、科研院所的专业技术人员等。

我国新的社会阶层的出现与社会变革的大背景有关。具体分析起来，主要有以下几方面原因。第一，基本经济制度的变化。我国从过去单一的公有制经济转变为公有制为主体、多种所有制经济共同发展。经济领域的制度创新给我国新的社会阶层的产生提供了制度基础。不少人陆续脱离原来的工作岗位，转而从事非公有制经济，或“下海”经商，自我创业，或进入民营科技企业、外资企业等经济组织，或成为自由职业人员。第二，经济体制的变化。随着市场经济体制的不断发展和完善，社会的劳动分工日益精细，为新的社会阶层的出现提供了从业条件。提供就业、广告、公关、信息、咨询、家政、劳务、房地产等服务的服务性中介组织便是其中的一种类型。中介组织从业人员这一新的社会阶层遂应运而生。第三，产业结构的变化。改革开放以来，随着社会生产力的长足发展，我国的产业结构发生了重大变化，第一产业产值在国民经济总产值中所占的比重下降，第二、第三产业比重上升，促成就业结构、社会阶层结构的变化。综上所述，新的社会阶层的出现是我国经济发展和社会进步的必然结果，是不以人们的意志为转移的。

由于新的社会阶层人员素质参差不齐，在他们中不同程度地存在着偷税漏税、制假贩假、克扣员工工资、腐蚀领导干部、败坏社会风气等丑恶现象。对于违法者，当然要依法进行查处，加大监管力度，积极引导他们遵纪守法。需要指出的是，上述违法乱纪的人在新的社会阶层中毕竟仅占少数。应当看到，在党的路线方针政策指引下，新的社会阶层中的广大人员，通过诚实劳动、合法经营，为发展社会主义社会的生产力和其他事业做出了重要贡献。其中的一些优秀分子也因此赢得了社会的尊重。他们的贡献主要体现在以下几个方面。第一，推动了经济发展，增加了国家税收。新的社会阶层运用自己所拥有的生产要素，直接参与或服务于生产过程，是推动我国经济发展的一支重要力量，同时也为国家增加了税收。第二，扩大了就业门路，缓解了就业压力。新的社会阶层或者自主择业，或者以自己创办企业招工的方式，吸纳了很大一部分待业人员和公有制部门的富余人员，从而扩大了就业门路，缓解了就业压力。第三，为社会公益事业做出贡献。新的社会阶层中的不少人，自己富了不忘国家，不忘社会，积极参加“希望工程”、“光彩事业”等社会公益活动，以各种方式回报社会。从总体上看，新的社会阶层拥护党的领导和社会主义制度，拥护党的路线方针政策，遵纪守法，热爱祖国。他们勇于开拓，为我国的经济发展和社会进步作出了自己的贡献，他们都是中国特色社会主义事业的建设者。对为祖国富强贡献力量的社会各阶层人们，我们都要团结，对他们的创业精神都要鼓励，对他们的合法利益都要保护，对他们优秀分子都要表彰，努力形成全体人民各尽所能、各得其所而又和谐相处的局面。

思考讨论

1. 改革开放以来，我国出现了哪些新的社会阶层？为什么会出现这些新的社会阶层？
2. 如何看待改革开放以来我国出现的新的社会阶层？

点评

本案例叙述了改革开放后我国出现的新的社会阶层的组成、产生的原因、如何正确看待等问题。

80 多年前，在大革命的烽火中，毛泽东撰写了著名的《中国社会各阶层的分析》一文，运用阶级分析的方法，深刻揭示了各个阶级的经济地位、政治态度及其相互关系，为制定新民主主义革命的纲领、路线、方针、政策提供了科学的理论依据。改革开放以来，我国社会结构发生了很大变化，出现了民营科技企业的创业人员和技术人员、受聘于外资企业的管理技术人员、个体户、私营企业主、中介组织从业人员、自由职业者等新的社会阶层。对于这些新的社会阶层，人们众说纷纭。有一些人对新的社会阶层不理解，怀有偏见，甚至把他们看成是“异己”、“另类”、“剥削者”。如何正确认识这些对我国经济和社会生活影响越来越大的新的社会阶层，具有重要的理论意义和实践意义。

新的社会阶层的出现是我国经济发展和社会进步的必然结果，与社会变革的大背景有关，符合社会主义社会生产力发展的要求，是不以人们的意志为转移的。新的社会阶层中的大多数人是从工人、农民、知识分子和干部队伍中分化出来的劳动者。从总体上看，新的社会阶层中的广大人员，拥护社会主义制度，拥护党的路线方针政策，遵守国家法律，热爱祖国。他们勇于开拓，敢冒风险，走出了一条创业之路，为我国的经济进步和社会发展做出了自己的贡献。把新的社会阶层中的广大人员作为中国特色社会主义事业的建设者，是从实际出发、尊重实践、尊重群众得出的科学结论。

实践项目

开展理论研讨、论文写作活动

1. 实践目的

通过围绕“当代中国工人阶级科技知识分子的代表”为主题的讨论，使学生加深对中国社会阶层的生存状态、理想愿望的了解，使他们认识到改革开放以来中国社会阶层的新变化及各阶层在社会主义建设中发挥的作用，是中国特色社会主义事业的依靠力量。

2. 实践方案

(1) 时间：1～2周时间。

(2) 地点：教室、图书馆。

(3) 方式：集体研讨、撰写论文。学习小组（可以以寝室为单位）每位成员就本小组所承担的研讨主题进行讨论并撰写论文，并就本小组所承担的研讨主题撰写研讨报告上交。

(4) 内容：研讨可围绕以下两个主题（案例）进行。

一是2010年美国《时代》周刊揭晓年度人物，“中国工人”登上亚军位置，成为榜单上唯一的一个群体。《时代》写道，中国今年能成功保八，归功于数以千万计背井离乡的中国工人。但是实际上目前中国工人还面临着收入不高，地位下滑的情况。请谈谈你对目前工人阶级的地位的理解和对中国社会新兴的社会阶层的看法。

二是已故著名科学家钱学森曾问过：“为什么我们的学校总是培养不出杰出人才?”请谈谈“钱学森之问”引发了全社会对拔尖创新人才培养问题怎样的关注和思考。

3. 实践评价

(1) 活动结果：讨论及论文。

(2) 评价方式：评分表。将评价结果填入表14-1。

表 14-1　评分表

评价项目	满分	得分
研讨情况	30	
论文质量	70	
总分	100	

开展参观考察农村、工厂的社会实践活动

1. 实践目的

教师组织学生到思想政治理论课实践教学基地（新农村建设典型、现代化工厂等）参观考察，观察当代农民和工人及其他社会阶层的工作和生活状况，使他们增强对今日中国社会各阶层的感性认识。

2. 实践方案

(1) 时间：1天或1周时间。

(2) 地点：实践教学基地或学生家乡城市、农村或工厂。

(3) 方式：学生利用“五一”、“十一”假期考察家乡情况，社会实践的地点（区域）一般为社会主义现代化建设的一线现场，撰写调查报告上交。

(4) 实践报告写法和格式：

××大学××学院××专业

年级：________　　班级：________　　姓名：________　　学号：________

实践单位：××××公司（村）

实践时间：2012年×月×日至2012年×月×日　　　共×天

关于××××实践调查报告

一、实践目的：介绍实践的目的，意义，实践单位或部门的概况及发展情况，实践要求等内容。这部分内容通常以前言或引言形式，不单列标题及序号。

二、实践内容：先介绍实践安排概况，包括时间、内容、地点等，然后按照安排顺序逐项介绍具体实践流程与实践工作内容、专业知识与专业技能在实践过程中的应用。以记叙或白描手法为基调，在完整介绍实践内容基础上，对自己认为有重要意义或需要研究解决的问题重点介绍，其他一般内容则简述。

三、实践结果：围绕实践目的要求，重点介绍对实践中发现的问题，并提出解决问题的对策、建议等。分析讨论及对策建议要有依据，有参考文献，并在正文后附录。分析讨论的内容及推理过程是实践报告的重要内容之一，包括所提出的对策建议，是反映或评价实习报告水平的重要依据。

四、实践总结或体会：用自己的语言对实践的效果进行评价，着重介绍自己的收获体会，内容较多时可列出小标题。总结或体会的最后部分，应针对实践中发现的自身不足之处，简要地提出今后学习、实践锻炼的努力方向。

3. 实践评价

(1) 活动结果：调查报告。

(2) 评价方式：评分表。将评价结果填入表14-2。

表14-2　评分表

评价项目	满分	得分
调研表质量	30	
调研时间	20	
调研报告质量	50	
总分	100	

第十五章　中国特色社会主义事业的领导核心

知识提要

党的建设是一项新的伟大工程。本章主要论述了党建设的基本理论。中国共产党的执政地位是历史和人民的选择结果；中国共产党是中国工人阶级的先锋队，同时是中国人民和中华民族的先锋队；加强党的执政能力建设和先进性建设是重大任务，是党实现好维护好发展好最广大人民群众根本利益的现实途径。

通过对本章的学习，学生应了解和掌握中国共产党是建设中国特色社会主义事业的领导核心，立党为公、执政为民，是党的根本宗旨的体现，是党始终恪守的政治立场；充分认识以加强党的执政能力建设和先进性建设为重点、全面推进党的建设新的伟大工程的现实途径和重大意义。

要点搜索

要点 1：全面提高党的建设科学化水平

党的十八大报告在党的建设方面提出了许多新观点、新举措。十八大报告指出，我们党担负着团结带领人民全面建成小康社会、推进社会主义现代化、实现中华民族伟大复兴的重任。形势的发展、事业的开拓、人民的期待，都要求我们以改革创新精神全面推进党的建设，全面提高党的建设科学化水平。党的建设方面，纯洁性是马克思主义政党的本质要求而我们党的光荣传统是先进性建设的前提和基础。正因如此，继党的十六大、十七大提出执政能力建设和先进性建设，十八大又提出了加强纯洁性建设，丰富和发展了党的建设主线；建设学习型、服务型、创新型马克思主义执政党，这一目标与建设学习型社会、服务型政府、创新型国家相适应，更加突出了党的宗旨意识和群众观点，更加突出了改革创新意识，反映了时代进步和社会发展对党的建设的新要求，有助于改善党的领导方式、执政方式和改进党的作风与形象。

十八大报告提出的党的建设的新思想、新举措，是党的建设理论创新、实践创新、制度创新的重要成果，是进一步加强党的建设的根本要求和战略部署，是我们党与时俱进、勇于创新的重要体现，表明我们党对自身建设规律的认识和顺应时代变革、把握人民期待、运用规律完善并提高自己的能力达到了新高度、新境界。不仅要把科学发展观切实贯彻到现代化建设全过程，同时要贯彻体现到党的建设各方面。

要点 2：影响党同人民群众的血肉联系的因素

当前，在党与群众联系改善关系的过程中，出现了或存在着一些不容忽视的干扰性因素，妨害了党群关系的密切。

第一，经济性障碍。在当前突出的人民内部矛盾中，经济问题是产生诸多社会矛盾的总根源。有些地方党群关系紧张，与经济发展滞后有直接关系。一方面，经济发展滞后制约了群众物质和文化生活需要的满足。这些地方改革步子不大，经济发展落后，群众跟党奋斗了几十年，山河依旧，贫困未除，生活过得仍旧比较艰难。群众要求改善生活的愿望日益紧迫。另一方面，经济发展滞后导致了群众利益受到了不应有的损失。一些地方由于落后，财政困难，无论是办事业，还是养人头，也无论是发展生产，还是改善生活，都遇到钱的问题。

第二，体制性障碍。虽然几经改革，迄今仍存在着“官本位”现象。所谓“官本位”，就是“以官为本”，一切为了做官，有了官位，就什么东西都有了。“官本位”体制的最大问题是领导干部升降去留完全取决于“上面”，导致了干部“对上不对下负责”的通病，这也是一些干部把党的“密切联系群众”的优良作风演化为“密切联系领导”的庸俗作风的体制原因。这种“官本位”体制严重制约了党群关系的改善。

第三，政策性障碍。十一届三中全会以来，党的路线方针政策得到了全国人民的衷心支持和拥护，群众怕“政策多变”，希望政策稳定，反映了群众的心愿。但是，我们也不能不看到，一些具体的政策还有不完善的地方。

第四，政治性障碍。当前人民群众对党和政府意见最大的恐怕是腐败现象。腐败是政治生活中的一个“毒瘤”，是离间党群关系的最大因素。腐败现象的存在与蔓延给党群关系蒙上了一层厚厚的阴影。腐败现象的“久治不愈”也降低了党在群众心目中的崇高威望。腐败现象虽然发生在少数人身上，但却影响了整个党的形象。

第五，思想作风性障碍。在同样的大环境下，为什么有的党员干部群众关系好而有些却很糟呢？根子还在自己的素质上。首先是官僚主义思想。毛泽东历来痛恨官僚主义，他曾用“霸王别姬”的典故来说明搞官僚主义脱离群众的危险性。其次是形式主义作风。形式主义是一种片面追求形式而忽视内容的形而上学的观点、方法和作风。最后是强迫命令的作风。思想政治工作是我们党的传统政治优势。我们党历来认为，对于人民内部矛盾，要用和风细雨的方法去解决，做好耐心细致的思想政治工作。

要点 3：改善党和人民群众的血肉联系

第一，思想上要充分相信群众。相信历史是由人民群众创造的；相信人民群众能够自己解放自己，党不过是群众的“领路人”，党所做的一切，都是使人民群众认清自己的利益，团结起来自己解放自己，所以党的干部一定要克服“救世主”思想，恩赐观念；相信群众中蕴藏着无穷的智慧和创造力，所以要虚心向人民群众学习，去集中群众的智慧；相信我们手中的权力是人民赋予的，而不是上级“恩赐”的，更不是自己凭本事“挣”

来的。

第二，行动上要一切为了群众。我们党的宗旨是全心全意为人民服务，反映在群众路线中就是“一切为了群众”，只有我们在行动上真正做到了“一切为了群众”，才能让人民群众相信我们党，信任我们党，而这正是密切联系群众的必备条件。由此可见，人民群众支持拥护我们党并不是无条件的，而是有条件的。如果我们不为人民谋利益，人民也就有权不拥护我们。

第三，工作中要“一切依靠群众”。新时期要做到“一切依靠群众”，必须着重抓好两方面的工作。首先，是在决策中善于集中群众的智慧。在决策前要广泛深入群众调查研究，认真了解民情，广泛征求群众的意见和建议，问政于民；在决策中要严格执行党的民主集中制原则，把科学决策建立在民主决策基础之上；在决策后要密切关注来自方方面面的信息反馈，及时对决策作出必要的修正与完善。其次是在用人中要体现群众公认原则。

第四，方法上要广泛深入群众。怎样才能广泛地深入群众？走马观花式地“视察”不行，蜻蜓点水式地“调研”也不行，必须身入群众生活圈，心入群众内心深处才行。到群众中去主要有以下几件工作要做。首先，同人民群众共甘苦，深入群众的生活，体验群众的疾苦，不当高高在上的官僚主义者。其次，倾听群众的意见和呼声，了解群众的愿望和要求，把握群众的情绪和脉搏，及时向党组织反馈信息，作为组织决策的依据。最后，向人民群众学习，集中群众的智慧和力量。

要点4：十八大对党章的修改和意义

中国共产党第十八次全国代表大会通过了《中国共产党章程（修正案）》。十八大对党章的修改主要集中在六个方面。

第一，对科学发展观作出新的定位和阐述。把科学发展观列入党的指导思想，把科学发展观写在我们党的旗帜上，是这次党章修改的最大亮点和最突出的历史贡献。这体现了党的指导思想的与时俱进，有利于把科学发展观贯彻到我国现代化建设全过程、体现到党的建设各方面。同时，充实了党的十六大以来党的理论创新特别是科学发展观定位的内容。这有利于全党正确理解科学发展观的理论内涵和精神实质，进一步把思想和行动统一到科学发展上来。

第二，充实完善中国特色社会主义重要成就的内容。中国特色社会主义道路，中国特色社会主义理论体系，中国特色社会主义制度，是党和人民长期奋斗、创造、积累的根本成就。党章修正案“确立了中国特色社会主义制度”是这次修改新增的内容。将中国特色社会主义道路、理论体系、制度作为一个整体在党章进行完整表述，对于深化全党同志对中国特色社会主义的认识，增强坚持中国特色社会主义自觉性和坚定性，有重要意义。

第三，充实了坚持改革开放的内容。改革开放是强国之路，是新时期最鲜明的特点。我国过去30多年的快速发展靠的是改革开放，未来发展也必须坚定不移地依靠改革开放。党章修正案增写了只有改革开放，才能发展中国、发展社会主义、发展马克思主义的内容。充实这方面的内容，对坚定推进改革开放有重要意义。

第四，充实了中国特色社会主义总体布局的内容。这方面的一个重大修改，是把生态文明建设同经济建设、政治建设、文化建设、社会建设一道，纳入中国特色社会主义事业总体布局。适应这一修改，党章修正案专门对生态文明建设作出阐述，包括总体要求、指导原则和工作着力点。这样修改，使中国特色社会主义事业总体布局更加完善，使生态文明建设的战略地位更加明确，有利于全面推进中国特色社会主义事业。同时，党章修正案对经济建设、政治建设、文化建设、社会建设内容也进行了充实。

第五，充实完善关于党的建设总体要求的内容。根据近些年来党建设积累的经验和形势任务对党的建设提出的新要求，党章修正案对总纲部分关于党的建设的总体要求作了适当修改。增加了加强党的纯洁性建设，整体推进党的思想建设、组织建设、作风建设、反腐倡廉建设、制度建设，全面提高党的建设科学化水平，建设学习型、服务型、创新型的马克思主义执政党等新内容，体现了我们党对马克思主义执政党建设规律认识的深化，有利于进一步加强和改进党的建设，应对党面临的考验和风险，切实提高党的执政能力，保持和发展党的先进性、纯洁性，不断增强党的创造力、凝聚力、战斗力。

第六，对部分条文作了适当修改。总结吸收近年来党的建设成功经验，并与总纲部分的修改相衔接，党章修正案对条文部分关于党员、党的基层组织和党的干部这三条作了一些修改。

深度阅读

1. 全心全意地为人民服务，一刻也不脱离群众；一切从人民的利益出发，而不是从个人或小集团的利益出发；向人民负责和向党的领导机关负责的一致性；这些就是我们的出发点。

——《毛泽东选集》第 3 卷，人民出版社 1991 年版

解析：毛泽东在 1945 年中共七大政治报告中再次强调了“为人民服务”的思想，它是适应时代要求而产生的一种新的道德思想。党的七大正式把“为人民服务”的思想写进党章，第一次明确了“全心全意为人民服务”是中国共产党的根本宗旨。全心全意为人民服务的思想意义重大，不仅是人生价值的出发点和归宿，也是检验党员廉政的根本尺度。

2. “在中国来说，谁有资格犯大错误？就是中国共产党。犯了错误影响也最大。”到了 1992 年，邓小平进一步指出：“中国要出问题，还是出在共产党内部。”那么，中国共产党在哪个方面会犯“大错误”呢？1989 年 6 月邓小平说：“对我们来说，要整好我们的党，实现我们的战略目标，不惩治腐败，特别是党内的高层的腐败现象，确实有失败的危险。”

——《邓小平文选》第 3 卷，人民出版社 1994 年版

解析：邓小平的这些思想，核心就是提醒中国共产党，要成为社会主义现代化事业的坚强领导核心，就必须时刻注意加强党的建设，改善党的领导；坚决预防和惩治腐败，密切党与群众的血肉联系，不断增强党组织的凝聚力和战斗力。党中央提出了要加强党的执政能力建设和先进性建设，这是根据新世纪新阶段党所面临的新形势新任务而作出的战略决策，必须将之作为“党执政后的根本建设”抓紧抓好。

九十多年来党的发展历程告诉我们，坚决惩治和有效预防腐败，关系人心向背和党的

生死存亡，是党必须始终抓好的重大政治任务。我们党对长期执政条件下滋生腐败的严重性和危险性，对改革开放和社会主义现代化建设全过程都要反对腐败，认识是清醒的。我们党旗帜鲜明、一以贯之反对腐败，反腐倡廉建设不断取得新的明显进展，为推进改革开放和社会主义现代化建设提供了重要保障。同时，反腐败斗争形势依然严峻、任务依然艰巨。如果腐败得不到有效惩治，党就会丧失人民信任和支持。全党必须警钟长鸣，充分认识反腐败斗争的长期性、复杂性、艰巨性，把反腐倡廉建设摆在更加突出的位置，以更加坚定的信心、更加坚决的态度、更加有力的举措推进惩治和预防腐败体系建设，坚定不移把反腐败斗争进行到底。

——胡锦涛《在庆祝中共成立90周年大会上的讲话》，新华网，2011年7月1日

解析：胡锦涛同志在“七一”讲话中的这一结论，是站在党和国家工作全局的高度，在认真回顾我们党90年反腐倡廉建设的光辉历程、深刻总结反腐倡廉建设规律的基础上，对反腐败斗争的极端重要性作出的科学论断，对于深入推进反腐倡廉建设具有重要的意义。实践充分表明，人心向背是决定一个政党、一个政权兴亡的根本性因素；政风廉洁，从来是赢得民心，实现政治清明、社会安定繁荣的重要一环。纵观古今中外历史，人心向背直接导致政权更迭，而执政者的清廉与腐败则是决定人心向背的重要因素。回顾党的历史，我们党能够不断发展壮大，建立新中国，成为执政党，最根本的原因就是代表最广大人民的利益，赢得了人民群众的信赖和支持。我们要巩固党的执政地位，实现新的历史使命，同样离不开人民群众的真心拥护。因此，我们要把坚决惩治和有效预防腐败作为必须始终抓好的重大政治任务，保持党的廉洁，做到廉洁执政。

案例精选

案例1

警钟长鸣

治国必先治党，治党必须从严。在改革开放和发展社会主义市场经济的进程中，坚决反对和防止腐败，是全党一项重大的政治任务。新世纪的脚步悄然来临，回顾我党反腐败斗争情况，过往的一幕幕骤然浮现……

镜头一：刑场上的枪声

公元2000年3月8日，在南昌北郊省公安厅看守所的一间普通的房子里，一场震惊全国的审判已经进入尾声。审判长宣读完最高人民法院核准死刑的命令后，令被告人在送达文书上签字。矮小的胡长清在椅子上站立起来，缓步走到桌子前，接过书记员递过来的钢笔，最后一次写上自己的名字。而后，法警把他押上一辆囚车。8时43分，囚车停下来，胡长清被4名法警从车上押下。8时44分，枪声响了。一个腐败分子结束了自己的一生。胡长清，原江西省人民政府副省长，被判受贿罪、行贿罪和巨额财产来源不明罪，2000年3月8日在南昌被执行死刑。这是一起新中国成立以来江西省发生的职务最高、性质最严重、情节最恶劣、社会影响最坏的高级领导干部经济犯罪案件。

镜头二：一个高级领导干部的毁灭

作为一名党的高级干部，他本应牢记党的宗旨，为党和人民努力工作，然而，他却利用党和人民赋予的权力，伙同情妇疯狂攫取钱财，大肆收受贿赂，款物合计人民币达4 000余万元。2000年9月14日，经最高人民法院核准，曾任全国人大常委会副委员长、中共广西壮族自治区委员会副书记、广西壮族自治区人民政府主席的成克杰被执行死刑。这是新中国成立以来高级干部中数额最大的受贿案件，这也是新中国成立以来职务最高的领导干部因受贿犯罪被处以极刑。

镜头三："慕马"大案

2001年10月10日，辽宁省大连市中级人民法院、江苏省南京市中级人民法院分别作出一审判决，判处沈阳市原市长慕绥新死刑，缓期二年执行；判处沈阳市原常务副市长马向东死刑。慕绥新，原辽宁省副省长、省委政法委副书记、中共沈阳市委副书记、沈阳市政府市长。任职期间，慕绥新收受100余人的钱物，折合人民币共计1 000余万元，并有巨额财产来源不明，成为震惊中外的"慕马大案"主角之一。

镜头四：李纪周特别档案

姓名：李纪周　　性别：男　　出生年月：1942年

职务：公安部原副部长，全国打击走私领导小组原副组长

党纪政纪处分：开除党籍，开除公职　　罪名：受贿罪，玩忽职守罪

犯罪事实：自1994年下半年至1997年8月，李纪周利用其担任公安部部长助理、副部长的职务便利，多次收受贿赂，干预下级公安机关查处不法分子的走私犯罪活动。其中：收受厦门远华公司董事长赖昌星通过各种手段贿赂的人民币100万元、美元50万元、港币3万元，并受赖昌星请托，干预海南公安边防部门对某外籍油轮违法进口柴油的查处；帮助远华公司办理香港、内地两用汽车牌证一副。收受广东开平建安公司董事长周民兴贿赂一万美元，为其向公安系统推销激光瞄准器提供便利。此外，李纪周还多次滥用职权，要求广东有关公安机关放行和退还广东新英豪公司因涉嫌走私犯罪被查扣的汽车和货物。

刑罚：2001年10月22日，北京市第一中级人民法院对李纪周作出一审判决，判处其死刑，缓期两年执行，剥夺政治权利终身，并处没收个人全部财产。

镜头五："河北第一秘"李真的最后结局

2003年11月13日，闻名国内外的"河北第一秘"李真在唐山市刑场被依法执行死刑。李真，在担任河北省委办公厅秘书、副主任、省国税局副局长、局长期间，利用职务之便，受他人的请托，为他人谋取利益，索取和非法收受财物折合人民币共计676万余元、美元16万余元。李真还伙同他人共同侵吞东方租赁有限公司河北省办事处人民币1 872万元及秦皇岛中兴电子有限公司股份和尼瓦利斯有限公司股份共计人民币2 967万余元。

思考讨论

1. 从胡长清、成克杰落马到沈阳"慕马"大案曝光，从李纪周的腐败档案到"河北第一秘"李真的最后结局，一件件巨贪恶吏的认罪伏法，说明了什么问题？

2. 反腐败，事关党的生死存亡，是一项长期而艰巨的历史任务。如何正确认识我党

目前的反腐败斗争形势？

点评

反腐败，事关党的生死存亡，是一项长期而艰巨的历史任务。以全心全意为人民服务为根本宗旨的中国共产党人所建立的政权，是人民当家做主的政权，决不能容忍腐败的存在和蔓延。

从胡长清、成克杰落马到沈阳“慕马”大案曝光，从李纪周的腐败档案到“河北第一秘”李真的最后结局，一件件巨贪恶吏的认罪伏法，不仅表明了我党惩治腐败的力度和决心，而且再一次向世人昭示，法网恢恢，疏而不漏，任何腐败分子只要胆敢触犯党纪国法，等待他们的必将是法律的严惩。当然，我们还必须清醒地认识到，反腐败不只是处理几个案件，而是一项长期的、艰巨的任务，要做好打持久战的心理准备。警钟长鸣，反腐败斗争任重道远。

案例 2

腐败与苏共的垮台

纵观世界政党史，一个政党的兴衰成败，应该说是很常见的现象。但对于苏联共产党的垮台来讲，确有许多地方值得我们思考。这是因为：第一，苏共是世界上第一个社会主义国家缔造者列宁亲手建立的政党，为社会主义革命和建设立下了不朽功勋；第二，苏共独掌政权 74 年，不像东欧一些国家，苏共无论是在党内还是在社会上都不存在形成致命威胁的反对派；第三，苏共不是在战争中被拿枪的敌人所征服，而是不战而败，是“和平”解决的问题，是党的总书记戈尔巴乔夫亲自宣布解散了苏共。那么是什么原因导致苏共如此悲惨的境地呢？

苏共自己打败了自己。苏共在腐败面前打了败仗，可以从以下几个方面得到验证。

第一，1991 年 8 月 25 日之后，苏共作为一个拥有 88 年历史、近 2 000 万党员、独掌政权 74 年的大党，犹如被拆除了地基的大厦轰然倒塌，迅速土崩瓦解，陷入被动挨打的境地，政权交替之“顺利”出乎人的意料。在“八·一九”事件中很少有群众支持苏共，相反地却有不少人站到“民主派”一边去了。党的总书记戈尔巴乔夫被赶下台后，西方国家给予他勋章和不少颂扬；在苏联，却有很多群众说他是“西方的宠儿，苏联的灾难”，“他该下台，苏联都没有了，还要他干什么?”这与苏共夺取政权前后以及反对外国武装干涉和卫国战争时期，人民群众前仆后继、不怕流血牺牲，来捍卫国家尊严、党的事业的壮举，形成了鲜明的反差。实际上，1989 年前后，苏联国内曾经作过一个“苏联共产党究竟代表谁”的调查报告。结果令人十分吃惊，认为苏共代表劳动人民的只占 7%，代表工人的只占 4%，代表全体党员的只占 11%，而代表官僚、干部、机关工作人员的竟达 85%。

第二，苏联剧变后的进程证明，最大的赢家不是黑市倒爷，甚至也不是持不同政见者，而是过去党和政府的各级领导成员，他们摇身一变成了今天俄罗斯的新显贵。据俄国《消息报》报道：到 1996 年，苏联官员出身的人员，在总统周围占 75%，政党领袖中占 57.1%，地方精英中占 82.3%，政府中占 74.3%，经济领域精英中占 61%。这些人中来自苏联经济部门的官员在政府中占42.3%，在经济领域占37.7%。

第三，有学者指出："苏共的垮台，是经济失败必然导致政治失败的一个例证。"的确，虽然苏联在短短一段时间中走过了西欧资本主义国家用了100年才走完的工业化道路，一跃成为欧洲第一工业国，尤其在军事上成为能与美国抗衡的"超级大国"，但是苏共在经济上的确有很多失误，算不上成功。但经济是怎样失败的呢？让一群搞特权的蜕化变质分子带领人民群众去发展生产力，岂非痴人说梦？显然，并不是经济失败在先，而是权力异化在先，是苏共党内的很多干部官僚背叛人民在先。这才是苏共搞不好生产力、政治上不堪一击的症结所在。记得列宁在十月革命后，曾用一个简明的公式来表达社会主义：苏维埃＋电气化＝共产主义（社会主义）。几十年过去了，在苏联，苏维埃（政权）有了，电气化也有了，而社会主义却消失了。当年这样的问题就曾引起过东欧共产党人的认真思考。社会生产力的发展，是不是就直接意味着万事大吉？

第四，对于苏共的瓦解，戈尔巴乔夫无论如何都难辞其咎。但能把主要责任推到戈氏一人头上吗？似乎不能。其一，归根结底，人民群众是历史的真正创造者，而不是某个人或英雄，更不是"叛徒"和"坏蛋"，否则，岂不是抬高了戈氏的历史地位？其二，苏共作为一个大党，有一整套的选拔干部的机制，怎么会选一个自掘坟墓的人？况且，1985年苏共中央政治局在推选苏联党和国家领导人时，认为戈氏是"唯一正确的选择"。尽管历史不能假设，但假若没有戈尔巴乔夫，苏共和苏联历史又会怎样呢？迄今为止，还没有证据表明，某个人仅凭个人的能量和威望就能改变社会形态。

第五，苏联解体和苏共垮台难道是像考茨基等人早就鼓吹的那样——俄国不具备社会主义革命的条件，俄国社会主义革命和建设是活不成的早产儿吗？不是，如果一切都按"规律"和人们的所谓科学设计所规定，那岂不是"命定论"？一切都没有偶然性和主观能动性，那么我们为什么还要花大力气强调不仅解释世界，而且要改造世界？显然，历史之树毕竟不依自然而春华秋实，它还要靠人们的热情和奋斗，否则对正义社会的渴望，对真理的追求，对自由、平等的向往岂不是可以不请自来？历史既是决定的，也是选择的。退一步讲，即使是早产儿，只要肌体基本正常，也可以用后天补先天不足。列宁曾在《无产阶级革命和叛徒考茨基》、《论我国革命》等文中十分精彩而系统地论述过这个问题。

毫无疑问，西方的"和平演变"起了推波助澜的作用，但内因决定外因，否则会陷入"外因决定论"，尽管戈尔巴乔夫确实过高估计了西方政治家的真诚。正如美国学者大卫·科兹所言："无法想象，中央情报局连在美国大门口的菲德尔·卡斯特罗都消灭不了，竟有能力策划把苏联这样的超级大国搞垮"，"外部压力始终是事态进程中的一个因素，但是起主要作用的是社会主义国家的内因"，"真正原因来自苏共内部，我这里指的是大约10万人左右的占据着党政机关重要领导岗位的精英集团"，这个"精英集团绝大部分成员倾向于资本主义"。正所谓：物先自腐，而后虫生；堡垒最容易从内部攻破。

思考讨论

1. 就在20多年前，苏共这样一个有着88年历史的大党和苏联这样一个有着74年历史的国家在没有战争、没有外敌侵略的情况下瓦解了。请问：谁是苏共和苏联的真正掘墓人？

2. 邓小平说，苏联剧变"促使我们很冷静地考虑一下过去，也考虑一下未来"。苏共和苏联的际遇能够给中国共产党提供怎样的经验教训和借鉴？

点评

苏共亡党、苏联解体问题出在苏共内部，苏共的“失魂”是根本原因。20多年前的苏东国家剧变给世界社会主义运动带来了严重挫折，改变了世界政治版图。历史表明，苏联解体是苏共后期丧失党魂、蜕化变质的结果。而戈尔巴乔夫盲目的政治改组和匆忙的民主化正是这一过程的加速器和导火索。

苏共政治改革失败导致丧失党魂的教训警示中共，必须以执政能力建设和先进性建设为重点加强党的建设，深入推进党风廉政建设和反腐败工作，始终保持党的先进性、纯洁性；政治改革是社会主义制度的自我完善，坚持四项基本原则，做到坚持正确的方向。坚持“稳定压倒一切”，政治改革必须有利于国家的稳定和民族团结，必须有利于提升政治民主、政治稳定和政治效率，必须在党的坚强统一领导下走出一条全面的、科学的政治发展道路。

案例3

感动中国人物

镜头一：践行信念好村官——沈浩

两任村官，六载离家，总是和农民面对面、肩并肩。他走得匆忙，放不下村里道路工厂和农田，对不住家中娇妻幼女高堂。那一年，村民按下红手印，改变乡村的命运；如今，他们再次伸出手指，鲜红手印，个个都是他的碑文。

沈浩是安徽省财政厅派驻小岗村的选派干部。他带领村民办工业、兴商贸、科学种田，以市场经济的头脑发展种植、养殖和高效农业，发展农家乐生态旅游。2006年，小岗村跻身2005年度“全国十大名村”。2007年年初，小岗村被授予安徽省乡村旅游示范点称号。2006年年底，沈浩任职三年届满即将离开。小岗村村民们在挽留沈浩的申请书上按满了鲜红的手印，请求沈浩带领他们干三年。沈浩留下来了。又是三年的默默苦干。2009年，任期又将期满。186名小岗村村民又在挽留沈浩的申请书上按下红手印。这一次上天让村民们的愿望落空了。2009年11月6日，沈浩在小岗村临时租住的房子内去世，年仅46岁。这一次，沈浩永远留在了小岗村。

镜头二：舟曲之子——王伟

大雨滂沱，冲毁了房屋掩埋了哭喊。妻儿需要你的肩膀，而人民更需要你的脊梁。500米的距离，这个战士没有回家，那个最漆黑的夜晚，他留给自己一个永远不能接起的电话，留给我们一种力量。

王伟，27岁，陕西省大荔县埝桥乡游斜村人，某甘肃总队甘南藏族自治州支队舟曲县中队副中队长。2010年8月7日晚11时20分，雷电、暴雨笼罩着舟曲县城，27岁的王伟正在单位值班，不敢一个人住在家的妻子当晚睡在娘家。屋外的雨越下越大，王伟立即向中队领导汇报雨情，准备应对突发事件。哨响起，73名战士带上雨披和应急灯开始清点人数。完毕不久，营房开始晃动……11时48分，王伟带领25名官兵冒雨冲入泥石流现场。天像裂开了口子，雨水砸在王伟脸上，周围一片漆黑，即使打开应急灯，能见度也不足五米。扶着倒塌的碎石，凭借着记忆与呼救声，王伟与救援队战士搜寻着生还者。没有任何工具，王伟和救援官兵徒手掀开瓦砾，他与战友营救 20 多个小时，让 23 条生命逃离了死神的威胁，而自己怀孕 2 个月的妻子和岳父母一家四口人却遇难，被浑浊的泥石流无情吞噬。救灾的那几天，王伟总会习惯性地掏电话、看妻子的未接来电。“不知道她最后会说什么……”王伟拭去眼泪又说：“我现在就想多救人，多救出一个人，心里才能好受一些。”

镜头三：“雷锋传人”——郭明义

他总看别人，还需要什么；他总问自己，还能多做些什么。他舍出的每一枚硬币，每一滴血都滚烫火热。他越平凡，越发不凡，越简单，越彰显简单的伟大。

郭明义，男，1958 年 12 月生，辽宁鞍山人，1982 年复员到齐大山铁矿工作。1996 年至今，任齐大山铁矿生产技术室采场公路管理员。入党 30 年来，他时时处处发挥先锋模范作用，在每个工作岗位上都取得了突出的业绩。从 1996 年开始担任采场公路管理员以来，他每天都提前两个小时上班，15 年中，累计献工 15 000 多小时，相当于多干了五年的工作量。工友们称他是“郭菩萨”、“活雷锋”，矿业公司领导则称因郭明义使整个“矿山人”的精神得到了升华。

思考讨论

在和平年代，如何体现和保持中国共产党党员的先进性？

点评

由沈浩到王伟再到郭明义，他们身上时刻体现着共产党员的先进性。共产党员保持先进性，一是要有正确的目标。一个共产党员，也一定要有自己的理想，要有自己的目标，要有为实现这个目标的坚韧不拔精神。既要实现自己的目标，但不能“争”，不能不择手段。如果为了目标，损人利己，心胸狭窄，嫉贤妒能，即使有所成就，也是有限的成就。二是要有广阔的胸怀。党员要具有全局意识、大局意识、世界眼光等，必须要有虚怀若谷的气度，海纳百川的胸襟，听得进逆耳之言，经得起误会曲解，受得住委屈非难，咽得下酸甜苦辣。做到一切以党的事业为重，一切以群众利益为要，精诚团结，和谐共事，时时处处维护团结，真心实意促进团结，努力做团结共事的表率。三是要有开拓的勇气。共产党员先进性在各个不同岗位上的党性表露，就在于“服务群众的意识能否得到真正加强，方便群众的举措能否得到真正落实、岗位奉献的行动能否得到真实体现”。党员必须把保持共产党员先进性，作为人生的毕生追求，用崇高的理想信念、务实的工作作风来自觉践行“三个代表”重要思想和科学发展观，在服务基层、服务群众、服务社会等方面当表率、做榜样。四是要有不懈的坚持。党员要最善于克服困难。中国共产党在成立之日起，就把全心全意为人民服务作为自己的根本宗旨和行为准则。在新时期它要求共产党员必须带头吃苦、带头工作。它要求共产党员必须站在经济建设的最前沿，开拓创新，锐意进取，勇于致富。因此我们共产党人一定要善于学习一切先进的东西，一定要善于克服困难，将“政治上靠得住、工作上有本事、作风上过得硬”很好地统一起来。

实践项目

开展研究性学习活动：苏联解体的主要原因

1. 实践目的

通过对“苏联解体的主要原因”的研究性学习活动，使学生更多地了解到苏联解体的深层原因，其中之一就是党的建设没有搞好，党员的堕落腐化，官僚主义作风严重，使学生进一步加强对建党重要性特别是党保持与人民群众血肉联系重要性的认识。

2. 实践方案

(1) 时间：利用课余时间（大约两周时间）。

(2) 地点：图书馆、寝室或教室。

(3) 方式：研究性学习。

(4) 流程：

① 小组设计研究性学习题目。

② 小组成员分头查找资料。

③ 制作 PPT 课件。

④ 课堂展示、讲解。

⑤ 教师点评。

3. 实践评价

(1) 活动结果：研究性学习、PPT 课件及讲解情况。

(2) 评价方式：评分表。将评价结果填入表 15-1。

表 15-1　评分表

评价项目	满分	得分
研究性学习情况	30	
PPT 课件质量情况	30	
讲解情况	40	
总分	100	

观看纪录片《旗帜》

1. 实践目的

10 集大型文献纪录片《旗帜》权威、全面反映了中国共产党 90 周年伟大历程、光辉成就和宝贵经验。教师布置学生课余时间观看《旗帜》（可选两三集），看后让学生撰写心得体会，进一步激发学生爱国爱党热情，增强他们积极投身于社会主义建设洪流中的责任感和使命感。

2. 实践方案

(1) 时间：利用课余时间（大约两周时间）。

（2）地点：寝室或图书馆。

（3）方式：观看、撰写心得体会。

3. 实践评价

（1）活动结果：观看及心得体会情况。

（2）评价方式：评分表。将评价结果填入表 15-2。

表 15-2　评分表

评价项目	满分	得分
观看情况	30	
心得体会质量情况	70	
总分	100	

参考文献

[1] 毛泽东. 毛泽东选集（第一卷）[M]. 2 版. 北京：人民出版社，1991.

[2] 毛泽东. 毛泽东选集（第二卷）[M]. 2 版. 北京：人民出版社，1991.

[3] 毛泽东. 毛泽东选集（第三卷）[M]. 2 版. 北京：人民出版社，1991.

[4] 毛泽东. 毛泽东选集（第四卷）[M]. 2 版. 北京：人民出版社，1991.

[5] 邓小平. 邓小平文选（第一卷）[M]. 2 版. 北京：人民出版社，1994.

[6] 邓小平. 邓小平文选（第二卷）[M]. 2 版. 北京：人民出版社，1994.

[7] 邓小平. 邓小平文选（第三卷）[M]. 北京：人民出版社，1993.

[8] 刘志迎. 管理科学理论在思想政治教育中的应用 [M]. 合肥：合肥工业大学出版社，2005.

[9] 魏晓文，杨慧民. "毛泽东细想、邓小平理论和三个代表重要思想概论"课教学案例解析 [M]. 北京：高等教育出版社，2007.

[10] 柳礼泉. 毛泽东思想和中国特色社会主义理论体系概论教学研究与教学设计 [M]. 长沙：湖南大学出版社，2009.

[11] 吕志，等. 面向社会，实践育人，高校思想政治理论课实践教学探索 [M]. 广州：华南理工大学出版社，2009.

[12] 渠长根. 发现的魅力：思想政治理论课实践教学优秀成果撷英（2009）[M]. 北京：线装书局，2010.

[13] 黄英，孙焱杰.《毛泽东思想和中国特色社会主义理论体系概论》必读文选导读 [M]. 哈尔滨：黑龙江人民出版社，2011.

[14] 黄英，等.《毛泽东思想和中国特色社会主义理论体系概论》难点疑点热点问题解析 [M]. 哈尔滨：黑龙江人民出版社，2011.

[15] 黄英，等.《毛泽东思想和中国特色社会主义理论体系概论》课程教学模式研究 [M]. 哈尔滨：黑龙江人民出版社，2012.

后　　记

经过一年的努力，这本《毛泽东思想和中国特色社会主义理论体系概论课实践实训教程》终于要和读者见面了。实践教学在思想政治理论课教学中占有十分重要的地位，实践教学的开展可以使师生们在社会实践中更深刻地理解理论，从而更加相信和准确掌握理论，更好地应用理论。本书的编写是为了总结多年来佳木斯大学在思想政治理论课实践教学改革的工作经验，进一步丰富思想政治理论课实践教学的理论，为开展好学生实践教学活动提供理论指导。希望编者的愿望能够在本书的使用中得以实现。